高职高专"十三五"规划教材

统计学基础

第三版

苏爱艳　主编　　王　燕　副主编

化学工业出版社

·北京·

本书系统地阐述了统计学中有关统计数据搜集、整理、描述及分析的基本方法。全书以统计活动过程为主线，以设置前驱性统计任务为切入点，设计了五大模块，九大任务。五大学习模块分别为：认识统计、统计数据的搜集、统计数据的整理、数据特征的描述指标、统计数据分析方法。九大任务分别为：认识统计、统计数据的搜集、统计数据的整理、总量与相对量的测定、集中趋势与离散程度的测定、抽样推断、动态数列分析与预测、统计指数分析、相关与回归分析。本书在修订过程中，为了能进一步提高学生的实操能力，在内容安排上，继续加大了实训内容的比重，以及 Excel 操作的比重。

本书适合高职高专院校经济类各专业学生及教师用书，也可以作为成人培训教材及企业管理人员、统计工作者的参考用书。

图书在版编目（CIP）数据

统计学基础／苏爱艳主编 . —3 版 . —北京：化学工业出版社，2018.9 （2019.11重印）

ISBN 978-7-122-32460-3

Ⅰ.①统…　Ⅱ.①苏…　Ⅲ.①统一学-教材　Ⅳ.①C8

中国版本图书馆 CIP 数据核字（2018）第 135164 号

责任编辑：于　卉　　　　　　　　　文字编辑：李　曦
责任校对：马燕珠　　　　　　　　　装帧设计：关　飞

出版发行：化学工业出版社（北京市东城区青年湖南街 13 号　邮政编码 100011）
印　　装：三河市双峰印刷装订有限公司
787mm×1092mm　1/16　印张 13¼　字数 323 千字　　2019 年 11 月北京第 3 版第 2 次印刷

购书咨询：010-64518888　　　　　　售后服务：010-64518899
网　　址：http://www.cip.com.cn
凡购买本书，如有缺损质量问题，本社销售中心负责调换。

定　　价：38.00 元

前　言

统计作为一种有效的数据分析工具，广泛应用于科学研究和社会经济生活各领域，是人们从事各项科学研究和日常工作必备的基础知识和工具。无论学科层次，统计学一直都是经济管理类各专业的专业基础课程。

本书自 2007 年出版后，又于 2012 年修订，至今一直受到众多高职院校的欢迎。为能更好地贴近学生特点及市场需求，编者总结多年统计教学改革经验，同时吸取了其他院校同行教师的统计教学经验，在保留原书特色的基础上，对教材进行了全面修订。与前两版相比，本次修订无论从教材体例还是内容上，均做了较大改动。

（1）从原来的章节设计改为模块任务设计。按照统计的认知及工作流程设计学习模块，在模块中按照具体的内容或方法设计学习任务，更加方便学生和教师对统计学的整体理解。

（2）具体任务中，"学习目标""任务描述"有助于帮助学生直观地了解本学习任务要解决的是哪些方面的问题、自己要达到的能力，使之在学习中有目标、有方向。

"相关知识""任务解析"有助于帮助学生在具体任务的驱动下，找出解决问题的方法。

"知识图谱"帮助学生总结回顾。

（3）继续强化 Excel 在数据处理及分析中的应用。鉴于目前很多院校统计学课程已实现机房授课，将原来作为一个独立单元设计的 Excel 穿插进相关的知识点中，随时使用。

（4）增加了"查资料""小资料""小训练""思考""讨论"等课堂互动内容的设计，随时加强学生对知识点的理解。

（5）将原来的章习题改为单元能力测试题。方便学生在学习过程中，边学边练边巩固。

（6）对案例进行了更新，采用了大量现实生活中真实的案例资料。

为方便教师教学使用，制作了配套的电子课件、例题材料包、能力训练题目的配套答案及 Excel 数据处理过程。

本次修订，由河北建材职业技术学院苏爱艳主编，王燕副主编，苏爱艳设计了全书框架，拟定修订大纲，负责全书的修改、总纂和定稿。具体分工如下：苏爱艳修订了模块三、模块四、模块五；王燕修订了模块一和模块二。

修订过程中参考和借鉴了国内同行的有关论著和研究成果，在此一并表示感谢。

限于编者水平有限，本书的不当或疏漏之处，恳请同行和读者提出宝贵意见，批评指正，我们将不胜感激。

配备的教学资料包仅供教师参考，可联系出版社或编者邮箱 1600613303@ qq. com 索取。

编者

2018 年 4 月

第一版前言

统计学基础是经济管理类各专业的一门重要专业基础课，对提高高职学生的基本素质和进一步学习其他专业基础课程及专业课程有着极大的帮助。

在人类迈入 21 世纪的今天，社会对各类信息的需求日益增加。对各类信息的搜集、加工、处理正是统计工作要解决的问题。目前，理、工、农、医、人文、社科、管理、军事等所有学科领域，在经营、决策及科研方面都普遍地运用统计分析方法。统计方法已经成为社会生活各领域中最基本的分析方法。本教材正是为了满足这方面的需要，系统地介绍了统计数据的搜集、整理及分析的各种原理与方法，以及在实际工作中的具体应用。

本书本着理论教学以够用为度的原则，强调技能训练，突出能力培养的目标，在编写中紧密结合统计工作实际，培养学生处理统计数据的能力。总体来说，有如下特点。

第一，在每一章的开篇首先明确这一章的学习目标，使学生能够在学习过程中目标明确，有的放矢。

第二，结合身边的实际问题引入本章的小案例，一方面增强学习的趣味性，另一方面使学生能够带着问题去学习本章内容。

第三，每章结束，附有本章小结、实训练习，便于学生总结和复习。

第四，为开阔学生的知识面，在各章后附有拓展性的阅读资料。

第五，强化计算机在统计中的应用，提高学生运用 Excel 软件进行统计分析、解决统计问题的能力。

本书由苏爱艳、李杰任主编，李军任副主编，宁秀君任主审。由苏爱艳设计全书框架，拟订编写大纲，负责全书的修改、总纂和定稿。编写具体分工如下：苏爱艳编写第一章和第四章，以及第五章和第六章的阅读资料；李杰编写第二章、第三章和第九章；周陶编写第五章；张秀芹编写第六章；李军编写第七章和第八章。

在本书的编写过程中，全体编写人员对大纲进行了充分的讨论并进行多次修改，宁秀君教授审阅了本书的初稿，并提出许多宝贵意见，在此表示衷心的感谢。

限于编者水平有限，本书的不当或疏漏之处，恳请同行和读者提出宝贵意见，批评指正，我们将不胜感激。

编者
2007 年 5 月

第二版前言

统计学作为一种有效的数据分析工具，广泛应用于科学研究和社会经济生活各领域，是人们从事各项科学研究和日常工作必备的基础知识和工具。本书是在 2007 年版《统计学基础》的基础上修订而成的，修订后本书内容包括：认识统计、统计调查、统计整理、总量指标与相对指标、平均指标与变异指标，抽样调查与推断、动态数列分析、统计指数分析、相关分析与回归分析。

与第一版比较，修订后的本书在以下几方面力图有所突破和创新。

（1）实用性更强　基于高职教育的人才培养目标及高职学生的特点，此次修订过程中，精减了部分统计分析方法的原理知识介绍及公式推导过程，如抽样调查与推断、统计指数分析等方法，尽可能弱化了纯理论知识，强化了运用统计分析方法处理具体问题的操作训练。这样也降低了学习难度，使学生不再怕"统计"。

（2）使用面更广　修订后的本书，更加突出了 Excel 在统计分析中的应用。学生使用本书，可以较全面系统地学到如何利用 Excel 处理数据，进行数据分析，为以后从业能够得心应手地使用 Excel 打下坚实的基础；同时，对于广大的从业人员，在其从业过程中也经常要用到统计分析的方法来解决实际问题，本书介绍的各种统计分析方法、Excel 的具体应用实例，也不失为一份有效的指导工具。

（3）更加方便教师教学使用　每章配有大量的练习题目，方便教师及学生检验统计基础知识及各种统计分析方法的掌握程度；制作了配套的电子课件，使教师能够从繁琐的课件制作中解放出来；备有各章习题的配套答案及 Excel 数据处理过程，也大大减少了教师的工作量。

本次修订，由苏爱艳、李杰任主编，李军、张秀芹任副主编，宁秀君任主审。由苏爱艳设计了全书框架，拟定修订大纲，负责全书的修改、总纂和定稿。编写具体分工如下：苏爱艳修订第一章；李杰修订第二章和第三章；李军修订了第八章和第九章；张秀芹修订了第四章和第七章；李晓波修订了第五章和第六章；侯铭海编写了第三章、第四章和第七章的 Excel实例部分，并进行了全书的校对。

修订过程中参考和借鉴了国内同行的有关论著和研究成果，在此一并表示感谢。限于编者水平所限，本书的不当或疏漏之处，恳请同行和读者提出宝贵意见，将其发至 ahsu001358 @126. com，批评指正，我们将不胜感激。

本书配有电子教案，可免费提供给采用本书作为教材的教师使用，如需要请联系：cipedu@163. com.

编者

2012 年 2 月

目 录

模块四　数据特征的描述指标 / 63

模块五　统计数据分析方法 / 104

模块一　认识统计

任务一　认识统计

【学习目标】

◆**知识目标**：理解"统计"一词的含义；

　　　　　　了解统计的研究对象及特点；

　　　　　　熟悉统计工作的流程及方法；

　　　　　　理解统计学中的常用概念。

◆**能力目标**：熟练运用统计语言描述社会经济现象；

　　　　　　提高用统计思维观察和分析问题的能力。

【统计名言】

对于追求效率的公民而言，统计思维总有一天会和读写能力一样必要。

——H. G. 威尔斯

统计学是大数据时代最炙手可热的学问。

——查尔斯

学者不能离开统计而研究，政治家不能离开统计而施政，事业家不能离开统计而执业。

——马寅初

【任务描述】

现实生活中，我们每天都可能看到或听到如下叙述：

*有人问老张是做什么工作的，老张说：我是做统计的。

*今天温差真大，早上还是9℃，中午一下子就到了25℃。

*我国每年因交通事故造成中小学生死亡数千人，受伤数万人。因此必须加强对中小学生的安全教育，普及安全知识，提高避险能力。

*坚持每天饮4杯茶以上的男子，死于心脏病的危险减少45%，吃1个或以上苹果的减少50%。

*国内外大量调查资料表明，经常坚持体育锻炼的青少年与不运动或缺少运动时间的同龄人相比，其胸围、肺活量、握力分别会增加5~8cm、500~1500mL、4.6~5.7kg。

*有人说，前面叙述的数据事实是统计；也有人说，搜集、整理数据事实是统计；还有

人说，搜集、分析、分类显示和解释数据才是真正的统计。

究竟什么是统计？统计是一种什么样的学科？主要研究什么内容？我们为什么要学习统计？通过本模块的学习，我们将得到这些问题的答案。

资料来源：余群英，2006，《现代统计技术》，北京：机械工业出版社。

【相关知识】

1.1 统计的内涵

1.1.1 统计的三层含义

"统计"一词在不同的场合，有不同的含义，即：统计工作、统计资料和统计学。

（1）统计工作

统计工作是对社会经济现象的数量方面进行搜集、整理和分析的工作过程，即统计实践活动。常见的统计工作：工业统计、农业统计、经营活动统计等。统计活动从人类产生就开始了，如结绳记事。

小资料：**结绳记事**

古人为了要记住一件事，就在绳子上打一个结。以后看到这个结，就会想起那件事。要记住两件事，就打两个结，如此等等。如果他在绳子上打了很多结，恐怕他想记的事也记不住了，所以这个方法虽然简单但不可靠。据说波斯王大流士给他的指挥官们一根打了60个结的绳子，说："爱奥尼亚的男子汉们，从你们看见我出征塞西亚人那天起，每天解开绳子上的一个结，到最后一个，要是我不回来，就收拾你们的东西，自己开船回去。"

无论在中国还是在外国的历史上，历朝历代、各个政府都会积极利用统计活动为国家管理服务。

小资料：**历史上的政府统计示例**

《尚书·禹贡》记载，公元前两千多年大禹治水时代，大禹将全国分为九州，汇总出了九州的人口和土地数字（1335万人，2438万顷）。

公元前221年，秦始皇统一六国后将全国分为36郡，不但进行了人口普查（2000万人），而且统一了货币和度量衡。

公元前3050年，古埃及建造金字塔，为征集建筑费，对全国人口和财产进行了调查。

古罗马皇帝恺撒·奥古斯都曾下过一道命令，让全世界向他纳税，于是要求每个人都向就近的收税人申报登记。

英国的威廉大帝曾下令测量英国的土地，其目的是征税征兵。

[知识卡片] 统计工作中的常用工具

① 计算器。能完成函数功能的计算，如对数、幂、高次方根的计算；能完成统计功能的计算，如计数、平均数、标准差、平方和等。

② 统计软件。常用的如 Excel、SPSS、SAS、Eviews 等。

③ 统计数表。如二项分布表、泊松分布表、随机数字表、标准正态分布表、t 分布表等。

（2）统计资料

统计资料是统计工作的成果，是统计工作过程中所取得的各项数字以及与之相联系的情况说明等资料的总称。

常见的统计资料形式：统计资料汇编（如统计年鉴）、统计数据、统计表、统计图、统计报告等。

（3）统计学

统计学，即统计学科，是系统阐述统计资料搜集、整理、分析、显示和解释数据的技术和方法。

★ **思考：** 下列资料中，"统计"一词的含义是什么？

① 我们正在学的课程是统计。

② 请统计一下今天的到课人数。

③ 老张就是干统计的。

④ 据统计，2008 年汶川特大地震造成的直接经济损失超过了 1 万亿元人民币。

1.1.2 统计的研究对象

统计的研究对象是大量社会经济现象总体的数量方面。社会经济现象涉及广泛，如劳动力资源、自然资源、社会财富、国民经济分配、金融、信贷、保险、城乡人民物质生活水平、社会生产和建设、商品的交换与流通、政治生活、科学技术的进步等。这些有关国民经济和社会发展的社会经济现象总体的数量方面，都是社会经济统计的研究对象。

社会经济统计的特点：数量性、总体性、具体性。

（1）数量性

统计离不开数字，可以说"没有数字，就没有统计"。其数量性即指应通过各种统计指标和指标体系来反映现象总体数量方面的特征，具体包括三个方面：即数量多少、现象间的数量关系、质与量互变的数量界限。

（2）总体性

总体性是指统计的研究对象是现象总体的数量方面，而不是某个个别事物的数量方面。虽然统计工作是从调查个别事物开始的，但目的并不在于了解个别事物的具体状况，而是要对大量的个体资料进行汇总和分析，用于了解总体的规律性。

（3）具体性

具体性是指社会经济现象在具体时间、地点、条件下所表现的数量，这是不同于数学中的抽象数字的。如：2017 年 12 月份 70 个大中城市新建商品住宅销售价格月同比上涨的城市个数为 61 个，比 1 月份减少 5 个；下降的为 9 个，比 1 月份增加 5 个。这几个数字说明了我国 2017 年 12 月新建商品住宅价格的变动情况，如果抽掉具体的内容，数字也就不能说明任何问题，也就不能再称其为统计数字了。

1.1.3 统计工作的流程

一般将统计工作流程概括为以下的四个阶段（见图 1-1）。

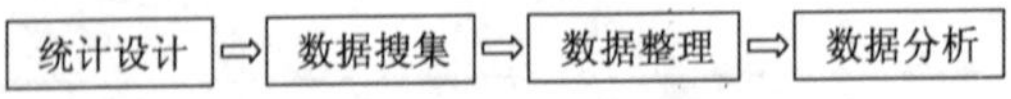

统计设计 ⇒ 数据搜集 ⇒ 数据整理 ⇒ 数据分析

图 1-1 统计工作流程

（1）统计设计

统计设计即根据统计任务和统计研究对象的特点，对统计工作各个方面和各个环节的通盘考虑和安排。主要内容包括：统计指标和指标体系的设计、统计分组和分类的设计、表现统计结果的形式的设计、搜集统计资料的方法和步骤的设计、统计力量的组织和安排及经费的运用等。统计设计的结果表现为各种标准、规定和各种方案、方法，如指标体系、分类目录、调查方案、整理方案等。

（2）数据搜集

数据搜集，即统计调查，是根据统计设计总方案的要求，采用各种调查形式和方法，有组织有计划地向调查单位搜集各种统计资料的过程。这是统计工作的基础环节，其数据的质量直接关系着数据整理及分析的质量。

（3）数据整理

数据整理，即统计整理，是根据统计的目的和任务，对搜集上来的资料进行科学的分类和汇总，为数据分析提供条理化、系统化的综合资料的工作过程。是数据搜集阶段的继续，又是数据分析的前提。

（4）数据分析

数据分析，即统计分析，是根据统计的目的和任务，综合运用各种分析方法和统计指标，对取得的数字资料和具体情况进行定量和定性分析的过程。通过分析发现现象的本质及规律，进而提出有价值的分析资料，用于经济活动的预测及经营管理工作，使之能够充分发挥统计的作用。

★ **思考：** 你认为数据分析完成后的成果资料能以何种形式展现？

1.1.4 统计工作的方法

统计的工作方法，归纳起来，主要有：大量观察法、统计分组法、综合指标法、统计模型法、抽样推断法。

（1）大量观察法

大量观察法，是搜集统计数据的基本方法，是对现象全部或足够多的单位进行观察，以反映现象总体的数量特征。

在我国的统计实践中，广泛运用大量观察法来搜集统计数据。如全面统计报表、普查、抽样调查等，都是通过大量观察，来认识社会经济现象的现状和发展情况的。

★ **讨论：** 你认为广泛运用大量观察法的原因是什么？

大量观察法并不意味着资料越多越好，采集过多的资料会耗费大量的人力、物力、财力和时间，影响调查的经济性和时效性。

小资料： 统计史上最著名的掷币实验

实验者	掷币次数 n	正面次数 m	正面频率（n/m）
维尼	30000	14994	0.4998
皮尔逊	24000	12012	0.5005
皮尔逊	12000	6019	0.5016
蒲丰	4040	2048	0.5069
德·摩根	2048	1061	0.5181

（2）统计分组法

将总体中的所有单位按照一个标志或几个标志划分成若干组成部分，称为统计分组。

统计分组法贯穿统计工作全程，数据搜集离不开分组，数据整理中分组是关键，数据分析更要在分组的基础上来进行。

小资料： 统计分组的最早记录

我国古籍中有记载："古者无文字，其有约誓之事，事大大其绳，事小小其绳。结之多少，随物众寡，各执以相考"。这说明，当时已产生了简单的分组（大事，小事），与简单的分组对应的总量指标（大事件数，小事件数）。

（3）综合指标法

综合指标法，是利用各种综合指标，对社会经济现象总体的数量方面进行综合反映和分析的方法。常用的综合指标有总体特征描述指标（总量指标、相对指标、平均指标、标志变异指标）、动态指标、指数指标、相关与回归指标等。

综合指标法也是贯穿统计工作始终的一种方法，并与统计分组密切联系、相互依存。通过统计分组形成的统计指标及指标体系，有助于帮助我们认识总体内部的数量差异及数量关系。

[知识卡片] 描述统计

综合指标法和统计分组法之间存在密切关系。统计分组如果没有相应的统计指标来反映现象的规模水平，就不能揭示现象总体的数量特征；综合指标如果不进行科学的统计分组，就无法划分事物变化的数量界限，进而掩盖现象的矛盾，成为笼统的指标。实际应用中，两种方法统称为描述统计法。

（4）统计模型法

统计模型法，是在综合指标的基础上，利用指标之间的相互联系，通过建立数学模型模拟社会经济现象相关关系的一种方法。利用这种方法可以对社会经济现象的数量变化进行评估和预测，是经济管理中常用的一种统计预测方法。

（5）抽样推断法

抽样推断法，是通过观察部分单位的特征从而对现象总体数量特征做出判断的研究方法。该方法主要用于不能进行或没必要进行全面调查的现象，实际工作中用得很普遍。

以上五种方法，相互联系，相辅相成，在运用上应注意多种方法的结合。如搜集数据要注意把大量观察和典型调查结合起来。运用大量观察法可以从整体上观察事物变化的规模和趋势，但对于新生的个别事物则必须结合使用典型调查，了解它的成长过程，总结先进经验。在分析方法上还要把综合指标分析和具体情况分析结合起来，这样才能使我们的认识更加全面深入。

★ **思考：** ① 请结合日常生活或工作实践，尝试列举几个抽样推断法的应用？

② 在统计工作的各个阶段，你认为各侧重于哪种方法的使用？请连线。

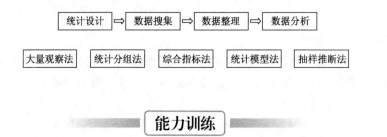

能力训练

一、判断题

1. 社会经济统计的研究对象是社会经济的各个方面。 （   ）
2. 统计是研究现象总体的，因此不需要对个别事物进行调查研究。 （   ）

二、单项选择题

1. "统计"一词的基本含义包括（   ）。

    A. 统计方法、统计分析、统计预测   B. 统计学、统计工作、统计资料

    C. 统计设计、统计调查、统计整理   D. 统计分组、统计汇总、统计分析

2. 社会经济统计的研究对象是（   ）。

    A. 社会经济活动的规律   B. 社会经济现象的数量方面

    C. 社会经济现象的质量表现   D. 社会经济现象的数量关系

三、多项选择题

1. 利用统计方法认识研究对象包括的统计活动有（   ）。

    A. 解释数据   B. 收集数据

    C. 分析数据   D. 整理数据

    E. 报告数据

2. 社会经济现象的数量方面，包括（   ）。

    A. 数量多少   B. 现象间的数量关系

    C. 质、量互变的界限   D. 数量分析方法

    E. 抽象的数量

3. 一个完整的统计工作过程包括的阶段有（　　）。
    A. 统计设计　　　　　　　　　　B. 数据搜集
    C. 数据整理　　　　　　　　　　D. 数据分析
    E. 统计描述

1.2　统计学中常用的基本概念

1.2.1　总体、样本和个体

（1）总体

统计总体，简称总体，是由客观存在的、具有某种共同性质的大量个体构成的整体，也是统计研究对象的全体。

如要调查我市职工的生活水平，我市的全部职工就构成统计总体，因为职工都具备以工资收入为主要生活来源这一共同性质。

要了解我市工业企业的现状，则我市所有的工业企业就是一个总体，这是因为在性质上每个工业企业的经济职能是相同的，即都是从事工业生产活动的基本单位。

（2）个体

个体，又称总体单位，是构成总体的基本单位。根据调查的目的不同，总体单位可以是人、物或生产经营单位。

如上面提到的职工总体，个体就是每名职工；工业企业总体中，个体就是每家工业企业。如要了解某工业企业的设备情况，则该企业的全部生产设备就形成一个设备总体，其中每台设备就是个体。

（3）样本

样本，是从总体中抽取出来的一部分个体构成的集体。抽样的目的是要用样本的数据特征推断总体的数据特征。样本中的每个个体称为样本单位。

如某企业产品的顾客满意度调查，从用户中抽取了5%构成样本，用这部分顾客的满意度数据估计该产品用户的满意度。

［知识卡片］总体和总体单位的关系

总体和总体单位的角色不是一成不变的。随着研究目的和范围的变化，总体和总体单位就会发生变化。同一个客观事物，在某项研究中属于总体单位，但在另一项研究中就可能变成总体。例如，在全国高校这个总体中，某高校就是其中一个单位。但要研究一所典型高校内部的教学情况，如果选中该高校，则该校就成了总体，每位教职工就成了总体单位。

★ **思考：**以自己所在的高校为例，自拟统计任务，列举总体、个体和样本。

1.2.2　单位标志、标志表现和变量

（1）单位标志

单位标志，简称标志，是说明个体特征的名称，也是数据搜集阶段的调查项目，还是统

计分组工作中的分组依据。

如调查我市的工业企业，每家企业的所有制、所属行业、职工人数、工资总额、产值等就是标志，是要调查的具体项目。

（2）标志表现

标志在各单位的具体表现称为标志表现，也是搜集上来的个体的具体数据。如上例中某企业所有制"集体"、所属行业"化工"、职工人数"300人"等，"集体""化工""300人"就是标志表现。

① 不变标志和可变标志。标志按其表现的差异情况分为不变标志和可变标志。

不变标志，即某一标志的标志表现对所有个体而言都是相同的。如某校在校生总体，所属院校对每一在校生来说就都是一样的。不变标志是形成总体的前提。

可变标志，即一个总体中某一标志在各个个体之间的表现不完全相同。只有具备可变标志，才有统计研究的必要。如"性别""年龄""民族"等。

② 品质标志和数量标志。标志按其表现形式的不同分为品质标志和数量标志。

品质标志表示事物质的特征，只能用文字说明，不能用数值表示。如"性别"只能用"男"或"女"来表示。

数量标志表示事物量的特征，只能用数值表示。如"年龄"等。由于数量标志的标志表现为数值，故常将其标志表现称为标志值。

品质标志主要用于统计分组，统计各组单位数，计算结构和比例指标。数量标志还可用于计算标志总量以及其他各种质量指标。

★ **思考：** 日常统计中，我们经常碰到如下情况。

① 用1代表男性，0代表女性；

② 用一、二、三区分产品的不同等级；

③ 用1、2、3区分学生的不同班级。

判断性别、产品等级、班级是品质标志还是数量标志？理由是什么？

（3）变量

统计中常将可变的数量标志称为变量，变量的取值称为变量值。变量与变量值不能误用。例如，学生的"考试成绩"就是一个变量，86分、92分、79分则是变量值。

变量按其取值是否连续，可分为连续变量和离散变量。

连续变量的数值是连续不断的，相邻两值之间可作无限分割，即可取无限数值。例如，身高、体重，其取值必须用测量或计量的方法取得，结果可以带小数。

离散变量的数值都是以整数位断开的，一般用"点数"的方法取得数值，结果为整数。如职工人数、工业企业数、设备台数等。

★ **讨论：** ① 你还能想到区分离散变量和连续变量的其他方法吗？

② 你认为产品产量是连续变量还是离散变量呢？为什么？

1.2.3　统计指标和统计指标体系

（1）统计指标

统计指标，简称指标，是用来说明总体数量特征的概念和数值。是将总体的单位数或标志值加总或对比的结果，从而形成了总量指标、相对指标或平均指标，其结果必须用数值表示。

如，2017 年年末全国私人轿车保有量 18695 万辆，增长 12.9% 。2017 年全年全国居民人均可支配收入 25974 元，人均消费支出 18322 元。

★ **思考**：请指出下列各项中哪些属于统计指标。

    ① 某校共有在校生人数 10000 人。

    ② 某同学上学期期末各科平均成绩 80 分。

    ③ 某职工全年的工资总额。

    ④ 某厂 8 月份 A 产品的人均产量。

统计指标的两种理解：

一是指标名称，如：工业总产值、全国总人口数、在校生人数。

二是指标名称加数值，如：2017 年年末我国人口数为 139008 万人。

统计指标可以从表现形式、反映内容两个角度进行分类，如图 1-2 所示。

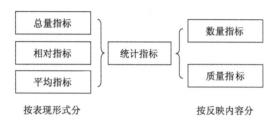

图 1-2　统计指标的类型

（2）总量指标、相对指标和平均指标

指标按表现形式不同分为总量指标、相对指标和平均指标。

① 总量指标。又称统计绝对数，其数值用绝对数表示，其计量单位多为单一的计量单位，少数为相乘形式的复合单位。前者如总人口数、利润总额，后者如用电量等。

② 相对指标。又称统计相对数，是两个有联系的指标进行对比的比值，用来反映社会经济现象数量特征和数量关系，多无计量单位，少数为相除形式的复合单位。前者如比重、人口的性别比例，后者如人口密度等。

③ 平均指标。又称统计平均数，是指总体各单位某一数量标志在一定时间、地点条件下所达到的一般水平的统计指标，表现为相除形式的复合单位。如城镇居民的平均工资水平、某班数学平均成绩、某地区人均消费额等。

★ **小训练**：以学校为例，分别列举至少两个总量指标、相对指标和平均指标。

    总量指标：

    相对指标：

    平均指标：

（3）数量指标和质量指标

指标按其反映的内容不同分为数量指标和质量指标。

① 数量指标用来反映现象总体规模、总水平和工作总量。总体空间范围越大，指标数值越大，因此又称外延指标。如职工工资总额、企业利润总额等。数量指标等同于总量指标。

② 质量指标用来反映现象总体的内部结构、比例、相对水平以及工作质量等。指标数值的大小与总体空间范围没有直接关系，因此又称内涵指标。如人口的性别比例、人均住房面积、职工的平均工资等。相对指标和平均指标均属于质量指标。

（4）指标与标志的区别与联系

区别：指标是说明总体特征的，而标志是说明个体特征的；标志有不能用数值表示的品质标志与能用数值表示的数量标志两种，而无论哪种类型的指标都是用数值表示的。

联系：多数指标是由个体的标志值直接汇总或汇总后再对比计算而来的；由于研究目的不同，研究范围变化，指标和标志之间存在变换关系，如果原来的统计总体变成个体，则相对应的指标也就会变成标志。如要了解某市的全部工业企业情况，每个企业的职工人数是数量标志。如果只了解该市某家企业的职工状况，则此时该企业的职工人数就由原来的标志变成了指标。

（5）统计指标体系

统计指标体系是由一系列相互联系、相互制约的统计指标组成的整体。

如工业企业的经营涉及人、财、物等方面及供、产、销等环节，要了解工业企业的生产经营状况，就应该建立起一套反映人、财、物及供、产、销等内容的指标体系。

表1-1是我国全面建设小康社会实现进程的指标体系。

表 1-1　全面建设小康社会实现进程的指标体系

指　　标	单　位	权重/%	标准值（2020 年）
一、经济发展		29	
1. 人均 GDP	元	12	≥31400
2. R&D 经费支出占 GDP 比重	%	4	≥2.5
3. 第三产业增加值占 GDP 比重	%	4	≥50
4. 城镇人口比重	%	5	≥60
5. 失业率（城镇）	%	4	≤6
二、社会和谐		15	
6. 基尼系数	—	2	≤0.4
7. 城乡居民收入比	以农为1	2	≤2.8
8. 地区经济发展差异系数	%	2	≤60
9. 基本社会保险覆盖率	%	6	≥90
10. 高中阶段毕业生性别差异系数	%	3	= 100
三、生活质量		19	
11. 居民人均可支配收入	元	6	≥15000
12. 恩格尔系数	%	3	≤40
13. 人均住房使用面积	平方米	5	≥27
14. 5 岁以下儿童死亡率	%	2	≤12
15. 平均预期寿命	岁	3	≥75
四、民主法制		11	
16. 公民自身民主权利满意度	%	5	≥90
17. 社会安全指数	%	6	≥100

指　　　标	单　　　位	权重/%	标准值（2020 年）
五、文化教育		14	
18. 文化产业增加值占 GDP 比重	%	6	≥5
19. 居民文教娱乐服务支出占家庭消费支出比重	%	2	≥16
20. 平均受教育年限	年	6	≥10.5
六、资源环境		12	
21. 单位 GDP 能耗	吨标准煤/万元	4	≤0.84
22. 耕地面积指数	%	2	≥94
23. 环境质量指数	%	6	=100

====== 能力训练 ======

一、判断题

1. 总体和个体不是固定不变的，任何一对总体和总体单位都可以互相变换。 （　　）
2. 全国工业普查中，全国企业数是总体，每个工业企业是个体。 （　　）
3. 个体是标志的承担者，标志是依附于个体的。 （　　）
4. 品质标志其表现只能用文字来表现，所以品质标志不能转化为统计指标。 （　　）
5. 数量指标由数量标志汇总而来，质量指标由品质标志汇总而来。 （　　）
6. 离散变量取值只能是整数，连续变量取值只能是小数。 （　　）
7. "男""女"是"性别"这个标志的标志表现。 （　　）
8. 用文字表述的指标是质量指标，用数值表示的指标是数量指标。 （　　）
9. 统计指标都是用数值表示的，所以统计指标都是数量指标。 （　　）
10. 某同学上学期的平均成绩属于统计指标。 （　　）

二、单项选择题

1. 要了解某市国有工业企业生产设备情况，则统计总体是（　　）。
　　A. 该市国有的全部工业企业　　　　B. 该市国有的每一个工业企业
　　C. 该市国有的某一台设备　　　　　D. 该市国有制工业企业的全部生产设备
2. 某地区有 1000 家商业企业，了解这些企业的经营情况，则总体是（　　）。
　　A. 每个商业企业　　　　　　　　　B. 所有商业企业
　　C. 每名员工　　　　　　　　　　　D. 所有商业企业的员工
3. 欲了解 100 名学生的学习情况，则总体单位是（　　）。
　　A. 每一名学生　　　　　　　　　　B. 100 名学生的成绩
　　C. 每一名学生的成绩　　　　　　　D. 100 名学生
4. 标志是（　　）。
　　A. 说明总体特征的名称　　　　　　B. 说明总体单位特征的名称

  C. 说明总体单位的数量特征   D. 说明总体单位数量特征的名称

5. 一个统计总体 ( )，一个总体单位 ( )。

  A. 只能有一个指标   B. 可以有多个指标

  C. 只能有一个标志   D. 可以有多个标志

6. 某学生的统计课考试成绩为 80 分，则成绩是 ( )，80 分是 ( )。

  A. 数量指标   B. 标志值

  C. 数量标志   D. 品质标志

7. 下列属于品质标志的是 ( )。

  A. 工人年龄   B. 工人工资

  C. 工人体重   D. 工人工资等级

8. 在全国人口普查中，下列说法正确的是 ( )。

  A. 全国人口是统计指标   B. 人的年龄是变量

  C. 汉族是品质标志   D. 平均寿命是数量标志

9. 企业的设备台数、利润总额是 ( )。

  A. 都是连续变量   B. 前者是连续变量，后者是离散变量

  C. 都是离散变量   D. 前者是离散变量，后者是连续变量

10. 以某地区全部工业企业为总体，该地区全部工业总产值是 ( )。

  A. 标志   B. 标志值

  C. 指标   D. 指标值

11. 下列属于离散变量的是 ( )。

  A. 职工的工资   B. 商品的价格

  C. 粮食的亩产量   D. 汽车的产量

12. 下列属于数量标志的是 ( )。

  A. 企业经济类型   B. 企业所属系统

  C. 企业占地面积   D. 企业产品品种

13. 要了解某地区工业企业职工情况，下列属于统计指标的是 ( )。

  A. 该地区每名职工的工资额   B. 该地区职工的文化程度

  C. 该地区职工的工资总额   D. 该地区每名职工从事的工种

14. 我校 2017 级新生的平均年龄 18.4 岁，这是 ( )。

  A. 数量标志   B. 数量指标

  C. 品质标志   D. 质量指标

15. 下列属于质量指标的是 ( )。

  A. 设备年生产能力   B. 人口密度

  C. 企业占地面积   D. 税收总额

16. 统计指标体系是 ( )。

  A. 若干个独立的统计指标组成的相互依存的整体

  B. 若干个相互联系、相互制约的统计指标组成的整体

  C. 一系列相互制约的统计指标组成的整体

  D. 一系列互为因果关系的统计指标组成的整体

三、多项选择题

1. 品质标志表示事物的质的特征，数量标志表示事物的量的特征，所以（　　）。
   A. 数量标志可以用数值表示　　　　B. 品质标志可以用数值表示
   C. 数量标志不可以用数值表示　　　D. 品质标志不可以用数值表示
   E. 二者都可以用数值表示

2. 下列标志中，属于品质标志的是（　　）。
   A. 职工的文化程度　　　　　　　　B. 企业规模
   C. 学生的考试成绩　　　　　　　　D. 工人的工龄
   E. 教师的职称

3. 某地区 5 家中小型国有企业的年度工业增加值分别为 100 万元、85 万元、70 万元、65 万元、50 万元，则下列说法正确的是（　　）。
   A. "国有企业"是品质标志　　　　B. "国有企业"是质量指标
   C. "工业增加值"是数量标志　　　D. "工业增加值"是数量指标
   E. "100 万元"是变量值

4. 要了解某地区全部成年人口的就业情况，说法正确的是（　　）。
   A. 成年人口总数是统计指标　　　　B. 职业是品质标志
   C. 某人职业是教师是标志表现　　　D. 统计总体是该地区全部成年人口
   E. 就业率是统计标志

5. 全国人口普查中（　　）。
   A. 全国人口数量是总体　　　　　　B. 每个人是总体单位
   C. 人的年龄是变量　　　　　　　　D. 人的性别是总体单位的标志
   E. 全国男性人口数量是指标

6. 据对某市工业生产进行调查得到的资料，其中的统计指标是（　　）。
   A. 全市工业总产值 10 亿元　　　　B. 全市工业企业主要设备台数 10000 台
   C. 甲厂职工平均月收入 3000 元　　D. 乙厂资金利税率为 20%
   E. 全市工业企业职工人数 15 万人

7. 下列属于离散型变量的是（　　）。
   A. 学生人数　　　　　　　　　　　B. 学生体重
   C. 每千人拥有的医院床位数　　　　D. 电视机产量
   E. 人均粮食产量

8. 下列属于质量指标的是（　　）。
   A. 平均工资　　　　　　　　　　　B. 劳动生产率
   C. 单位产品成本　　　　　　　　　D. 原材料利用率
   E. 职工人数

9. 某公司有下列统计数据，其中数量指标有（　　）。
   A. 年末职工人数 1500 人　　　　　B. 设备利用率 97.4%
   C. 职工月平均工资 3758.64 元　　　D. 2016 年工业总产值 1.6 亿元
   E. 单位产品成本为 12 元

四、综合分析题

1. 列出下表中各总体的总体单位、数量标志（至少两个）、品质标志（至少两个）。

总体	总体单位	数量标志	品质标志
大学生 公司全体员工 8 月生产的汽车 暑假销售的电脑 上年发生的交通事故 商业网点 手机 旅游景点			

2. 判断下列标志属于品质标志还是数量标志。

品牌、职业、产品的满意度（满意、较满意、一般、不太满意、不满意）、市场占有率、学历、考试成绩（百分制）、流动资金占用额、购物方式、月收入

品质标志：

数量标志：

3. 我市城调队随机抽取了 1000 户居民作为固定样本，记录其每月的消费支出情况，连续记录了 12 个月，并对这 1000 户居民 12 个月的每月消费总额及消费构成进行了汇总和分析，以此估计该市居民的消费支出情况。

（1）指出该调查的总体：

样本：

个体：

（2）每月支出额是离散变量还是连续变量？

（3）每户居民的每月支出额是标志还是指标？

4. 在校大学生是一个庞大的群体，特别是近几年，随着高校扩招，我国越来越多的人能够上大学。上大学是很多人的梦想，他们都憧憬着大学校园的生活，然而当他们进了大学后才发现大学生活并非如所想的一样美好，取而代之的却是对校园生活的不满。大学生是十分宝贵的人才资源，他们对校园生活的体验和感受，与他们的学业和成长密切相关，同时也影响着高等教育的生存与发展。

为了解高校学生对学校的认知情况，现有甲、乙两个研究小组，要对学生的满意度情况进行调查，并分别构建了统计指标体系见下表所示。

学生对学校的满意度指标体系（甲小组）

一级指标	二级指标	三级指标
学生对学校的满意度	教育资源	学校规模、硬件设备和服务、校园环境、学习氛围
	教学管理	专业设置、教学计划、管理规章制度、行政人员服务态度、学生知识能力提高、技能训练
	师资队伍	课题授课水平、科研学术能力、职业道德素质、值得信赖的程度
	后勤保障	住宿条件、伙食水平、治安状况、学校医院、学院网络状况
	学生关注	心理咨询服务、对特别学生群体的反应、奖助学金的设置、学费信息透明度、文娱体育活动、对学生就业的关心帮助、社会实践机会

学生对学校的满意度指标体系（乙小组）

一级指标	二级指标	三级指标
学生对学校 的满意度	学校形象	学校在公众中的形象、学校的发展现状、学校发展趋势及目标
	教育服务	专业设置、教材质量、教学内容、师生互动、学术活动、教师素质（学术水平和职业道德）、教学管理队伍素质、教学设施（实验室、多媒体设置、语音室）、教学实习和实践活动、教学经费投入
	学生支持与管理	学校资助制定、学生心理咨询辅导、社团组织与管理、学校提供就业信息
	后勤服务	住宿条件、配套生活设施（银行、超市等）、食堂饮食质量、学校及周边治安状况、学校医院、后勤服务人员服务态度
	校园文化	校园硬环境、校园文化氛围、体育设施和文娱场所、学校网络状况、学校人际交往的融洽程度
	学生忠诚度	对学校的评价、是否会向他人推荐就读本校、毕业后是否会支持母校建设

资料来源：袁威. 统计学原理. 北京：清华大学出版社, 2016.

（1）你认为哪个小组的统计指标体系设计得更好些？为什么？

（2）通过对比两个小组的统计指标体系，谈一谈设计一套科学合理的统计指标体系应该注意哪些问题？

【任务解析】

在理解"统计"一词的含义时，必须把握在不同场合下的三种含义，不能一概而论。

统计学科作为"统计"的一层含义，是阐明如何收集、整理和分析统计数据、指导统计工作的理论与方法的学科，是认识客观世界的工具，已经渗透到自然、社会、经济等各个领域。

在社会生活中，我们无论从事何种工作，做种决策，都要涉及到以下问题：如何收集到更多的有价值的资料，对资料如何整理分析并得出结论，这种结论的可信度如何等。而这些都需要我们必须具备相关的统计知识。

在企业的经营管理活动中，更是离不开统计。直接的统计活动如主要产品产量统计、劳动量统计等，以统计活动为基础的企业经济效益分析、市场调查与预测等。统计知识是企业在竞争激烈的市场环境中，认识市场、研究市场、适应市场的有力武器，是企业提升市场竞争能力获取竞争优势的有效手段。

◆◆ 知识图谱 ◆◆

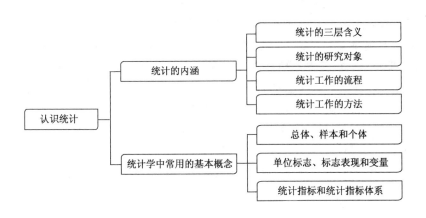

模块二 统计数据的搜集

任务二 统计数据的搜集

【学习目标】

◆**知识目标**：理解统计数据的来源；
　　　　　　掌握数据搜集的不同方式；
　　　　　　熟悉数据搜集方案的设计。
◆**能力目标**：培养设计统计数据搜集方案的能力；
　　　　　　熟练掌握搜集二手数据的途径和方法；
　　　　　　正确选择一手数据搜集的方式和方法。

【统计名言】

生命中没有什么事能让人感到恐惧，我们需要的只是去了解它。　　　　——玛丽·居里

"数据！数据！数据！"他不耐烦地喊道，"巧妇难为无米之炊。"

　　　　　　　　　　　　　　　　　　　　　　　　　　——歇洛克·福尔摩斯

不能解决问题的调查是无用的调查。　　　　——中华人民共和国国家统计局网站

【任务描述】

　　大学生的就业情况已成为当今社会各界广为关注的焦点之一。如果用统计的理论知识来研究这个问题，我们可以分为以下4个步骤：

　　① 统计设计阶段。大学生就业是一个涉及社会、经济、教育和其他相关领域的综合性社会问题，我们需要从复杂的就业现状中，获得反映就业问题的相关指标，如：待就业大学生的数量、社会可提供就业岗位的数量等，从而制定全面、准确的统计方案。

　　② 数据搜集阶段。如何搜集到有关高校毕业生的就业信息和社会各行业可能提供就业岗位的信息，是整个统计活动中至关重要的一个环节，没有相关数据，设计阶段所做的努力都是无用功，自然也无法进行下一步的统计工作。

　　③ 数据整理阶段。把从不同渠道搜集的大量信息进行审核、分类、汇总，得出大学生就业的供求数量关系。

　　④ 数据分析阶段。通过以上3个阶段得到的系统、科学、完整的数据资料，对大学生的供求关系进行剖析、评价，揭示大学生就业过程中存在的问题，指出改善就业环境的思路。

本案例以"大学生就业问题"这样一个人们普遍关注的社会焦点为主题，简单论述了统计工作的 4 个环节。而本模块的学习内容正是围绕着统计工作的第二个阶段——统计数据搜集进行的。在数据搜集过程中，包括了哪些组织方式和调查方法？数据搜集方案设计的内容有哪些？通过本模块的学习，我们将得到这些问题的答案。

资料来源：王苹香，周晓艳，王琪．统计学原理（第 2 版）．北京：人民邮电出版社，2016.

【相关知识】

2.1　统计数据的来源

统计数据的搜集，即统计调查。

任何统计数据，其初始来源都是研究者直接的调查或实验。但从数据使用者的角度看，数据有两个来源：直接来源和间接来源（见图 2-1）。因此统计数据分为两类：原始数据和二手数据。对于多数使用者来说，对一个问题的研究往往是从获取或分析二手数据开始的。

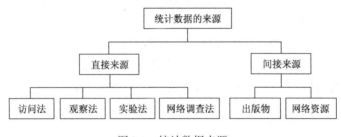

图 2-1　统计数据来源

2.1.1　统计数据的间接来源

二手数据也称为二手资料或次级资料，是指由数据使用者之外的机构或个人通过直接观察或实验获取，现已存在的数据资料。

★ **讨论**：调查大学生上网情况，欲获取二手数据，该怎么做？

（1）获取二手数据的途径

① 来自内部的二手数据。主要是单位的业务资料。如与业务经营活动有关的各种报表、各种会计、统计、业务分析资料。

② 来自外部的二手数据。包括各种纸质的和电子介质的数据，范围广泛。具体有：

统计部门和各级政府部门公布的有关资料，如定期发布的统计公报、定期出版的统计年鉴；

各类经济信息中心、信息咨询机构、各行业协会和联合会提供的市场信息和行业发展的数据情报；

各类专业期刊、报纸、书籍所提供的文献资料；

各种会议，如博览会、展销会、交易会及专业性、学术性研讨会上交流的资料；

广播、电视传媒中的各种数据资料；

互联网上查阅到的各种相关资料等。

小资料：我国提供统计数据的部分政府网站

国家统计局网站：http：//www.stats.gov.cn/

国务院发展研究中心信息网：http：//www.drcnet.com.cn/

中国经济信息网：http：//www.cei.gov.cn/

华通数据中心：http：//data.acmr.com.cn/

中国决策信息网：http：//www.juece.gov.cn/

三农数据网：http：//www.sannong.gov.cn/

中国经济时报网：http：//data.cet.com.cn/

（2）二手数据的优点

二手数据一般是某调查者为其特定目的调查得来的，对于二手数据的使用者来说，数据采集费用低、时间短，可以使研究者以较短的时间和较低的成本获得必要的信息。

二手数据的作用相当广泛，除了分析要研究的问题外，还可以提供研究问题的背景，帮助研究者更好地定义问题，寻找研究问题的思路和途径，构造合适的研究方案等。

（3）二手数据的局限性

主要表现为数据的相关性差、时效性差、准确性差。二手数据是别人为其特定的研究问题而搜集的，与数据使用者当前所研究的口径可能不一致，或许已经过时了，也许数据本身的质量就存在问题，是不可靠的数据。因此，使用二手数据前需要对二手数据进行评估。

2.1.2　统计数据的直接来源

原始数据是调查者通过直接调查或实验所获得的第一手数据。尽管二手数据有搜集速度快、成本低、方便等优点，但有时二手数据并不能回答研究所提出的问题，这时就需要通过直接调查获取第一手资料。进行原始数据的搜集，需要根据具体情况选择合适的调查组织方式和调查方法。

★**讨论**：调查大学生上网情况，如要获取一手数据，又该怎么做呢？

采集原始数据的方法很多，可以归纳为4类：访问法、观察法、实验法和网络调查法。

（1）访问法

访问法是指调查人员将所要调查的事项，以当面、电话或者书面等不同的形式，采用访谈询问的形式向被调查者了解情况以获得所需资料的一种调查方式，也是在市场调查中收集第一手资料最常用、最基本的方法。由于调查人员与被调查者直接接触，所以搜集的资料比较全面准确，但是要求调查人员事先做好准备，要有随机应变的能力及循循善诱的技巧。

① 直接访问。又称面谈访问法，即调查者与被调查者面对面地交谈，被调查者一一回答问题，调查者将答案如实记录下来以便于统计分析的方法。有入户访问、街头拦截式访问等形式。该方法在所有的访问法中费用最高、回收率也最高。

② 小组座谈。采用小型座谈会的形式，由一个经过训练的主持人以一种无结构、自然的形式与一个小组的具有代表性的被访者交谈，从而获得对有关问题的深入了解。一般要求在8～12人，时间在1.5～2小时最为合适。

优点：资料搜集快、效率高；取得的资料较为广泛和深入；能将调查与讨论相结合，即不仅能回答问题，还能探讨原因和寻求解决问题的途径。

缺点：一是对主持人的要求较高，而挑选理想的主持人又往往是比较困难的；二是容易造成判断错误，小组座谈会的结果与其他调查方法的结果相比，更容易受客户或调查者的影响而出现偏差，使后期对资料的分析和说明比较困难；三是有些讨论涉及隐私、保密等问题，也不宜在会上多谈。

③ 电话访问。调查人员通过电话向被调查者询问了解问题搜集资料。优点是速度快费用低，能够在很短的时间内完成调查。缺点是母体不完整可能导致样本失去代表性以及被调查者不合作的情况。

★ 思考：电视剧《我的前半生》中的主人公罗子君多次参与访问调查活动，对照相关知识点，谈谈每次调查用的哪种访问方法？

（2）观察法

观察法是由调查人员在现场对调查的现象进行观察、计数或度量以取得相关资料的调查方法。如对库存商品存量调查、超市的出入向调查等。观察法取得的资料是第一手资料，可以保证资料的准确性，但所耗人力、物力、时间都较多。

★ 思考：在商场新产品试销的柜台，常采用观察法搜集相关数据，对此你了解多少？

（3）实验法

实验法是通过某种实践活动的验证去搜集一手资料的方法。如医疗统计中的疗效统计调查、吸烟危害健康调查、设备冷却液的流速对产品加工质量的调查等。

优点是能获得较准确的信息和丰富的资料，便于决策。缺点是需要花费较多的人力、物力、财力和时间。

小资料：咖啡的盛装之道

日本一家咖啡店的老板发现不同的颜色能使人产生不同的感觉，他邀请了 30 位顾客做了一个实验。他让每位顾客喝掉 4 杯完全相同的咖啡，但是分别盛装在红、黄、青、咖四种不同颜色的杯子里，然后让顾客回答哪种颜色杯子里的咖啡浓度正好。结论是，大家都认为青色杯子里的咖啡浓度太淡，黄色杯子里的正好，红色杯子的咖啡太浓，还有部分人认为，咖啡色杯子里的咖啡太浓。于是，咖啡店老板就改用了黄色的杯子，减少了原料，降低了成本。

如果咖啡店老板将咖啡杯都换成红色，结果会怎样呢？换成青色，结果又会如何呢？

（4）网络调查法

网络调查法即利用互联网搜集一手数据资料。在网络上发布调研信息，并在互联网上收集、记录、整理和分析的调查方法，它是传统调查方法在网络上的应用和发展。

优点：一是方便，网上调查不需要派出调查人员，不需要印刷问卷，资料检验和处理由计算机自动完成；二是费用低，网上调查降低了调查实施的附加成本、接触成本以及数据分析处理方面的费用；三是快捷高效，网上调查问卷一上线几乎当天就可以得到调查结果，网络对数据自动进行多元整理、集中、计算和分析，可以即时自动生成各类网络统计报表，统计分析效率大大提高；四是无时空限制。

缺点：一是网络上的样本难以具有真正的代表性，上网者大多是年轻、高收入、城市化和高学历的群体，因此网上调查受网上受众特征的限制，它所能代表的群体可能是有限的；二是调查结果受制于调查对象，被调查者是在完全自愿的原则下参与调查，网上调查的问卷能否收回，取决于被调查者对调查项目的兴趣，问卷也可能被重复填答，这将在一定程度上影响调查结果的可靠性和样本的准确性。

能力训练

一、判断题

1. 获取统计数据应首先考虑一手数据的获取，其次才是二手数据。 （   ）
2. 市场调查中最常用的搜集一手数据的方法是访问法。 （   ）
3. 网络调查法是搜集二手数据的主要手段。 （   ）
4. 访问调查法回答率较低，调查成本也较低。 （   ）
5. 电话访问问题要少而明确。 （   ）

二、单项选择题

1. 以下属于搜集二手数据的途径是 （   ）。
    A. 实验
    B. 访问
    C. 统计年鉴
    D. 网络调查
2. 运用访问法搜集数据时，难度最大的是 （   ）。
    A. 直接访问
    B. 小组座谈
    C. 电话访问
    D. 网上调查
3. 运用访问法搜集数据时，调查结果最容易受影响的是 （   ）。
    A. 直接访问
    B. 小组座谈
    C. 电话访问
    D. 网上调查

三、多项选择题

1. 二手数据的优点有 （   ）。
    A. 成本低
    B. 耗时少
    C. 易获取
    D. 更准确
    E. 可以直接使用
2. 一手数据的搜集方法包括 （   ）。
    A. 实验法
    B. 观察法
    C. 访问法
    D. 网络调查法
    E. 借助搜索引擎搜集相关数据
3. 超市欲研究商品价格、包装、陈列位置等因素对销售量的影响，以下哪些方法并不适合？（   ）

　　A. 实验法　　　　　　　　　　　B. 观察法

　　C. 电话访问法　　　　　　　　　D. 网络调查法

　　E. 文献查阅

四、综合分析题

　　1. 某汽修厂为了解客户的服务反馈，以便进一步提高服务质量，把修理好的车子交付客户之后的两天内，安排客服打电话回访，这样一来就可以得到对整个工作程序的评分。对于低于平均水平的评分，客服会询问客户评分低的原因。

　　该调查中采用了何种调查方法？你是否还有更好的调查方法呢？

　　2.《中国财富》杂志曾经刊登过一个市场调研失败的案例，请同学们分析该调研失败的根本原因。

　　1999 年冬天，当时任北华饮业调研总监的刘强组织了 5 场双盲口味测试，他想知道，公司试图推出的新口味饮料能不能被消费者认同。被访者逐一品尝不知名的饮料，并把口感描述出来。之前调查显示，超过 60% 的被访者认为不能接受"凉茶"。调查小组认为，只有进行了实际的口味测试才能判别这种产品的可行性。结论是所有的被测试的消费者都表现出对"凉茶"的抵抗，所以新产品在调研中被否定。

　　直到 2000 年、2001 年，以"旭日升"为代表的冰茶在中国全面旺销，北华饮业再想迎头赶上已经为时已晚。

　　请同学们分析北华饮业调研失败的根本原因。

2.2　统计数据搜集的方式

　　搜集原始数据，需根据具体情况选择合适的调查组织方式（见图 2-2）。

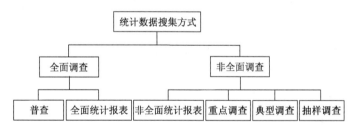

图 2-2　统计数据搜集方式

2.2.1　统计报表

　　统计报表是按国家统一规定的调查文件、统一规定的表格形式、统一规定的指标内容、统一的报送程序和报送时间，以基层统计的原始记录为依据，自下而上地逐级提供统计资料的一种调查方式。我国大多数统计报表要求调查对象全部单位填报。

　　统计报表的资料来源于基层单位的原始记录。从原始记录到统计报表，中间还要经过统计台账和企业内部报表。

　　统计报表是我国政府统计系统获取国民经济运行数据的主要调查方式之一，具有统一性、全面性、周期性和可靠性等特点。我国的统计报表体系由国家统计报表、部门统计报表和地方统计报表构成。

按报送时间，有包括日报、旬报、月报、季报、半年报的定期统计报表和年度统计报表。通常，报送周期短的，调查项目少；报送周期长的，调查项目则多一些。日报、旬报主要是为了及时掌握重要事项的进展情况而制定的报表，也叫进度报表，一般仅限于填列少数重要的调查项目；月报、季报、半年报主要用以反映部门的生产经营动态，检查计划执行情况；年度统计报表是具有一定总结性的报表，报送周期最长，内容最为详尽。

按调查对象的范围，统计报表可分为全面统计报表和非全面统计报表。全面统计报表是总体中所有单位都要填报的报表，我国大多数统计报表是全面统计报表。非全面统计报表是由总体中的部分单位填报的报表。在统计实践中，常和抽样调查、重点调查、典型调查结合使用。

统计报表也有局限性，如花费的人力、物力和时间较多，指标内容和报表时间比较固定而缺乏灵活性以及个别填报单位弄虚作假等。

2.2.2 普查

普查，是依据调查任务而专门组织的一次性的全面调查。它主要用来搜集重要国情国力和资源状况的全面统计资料，为政府制定方针政策提供依据，如人口普查、经济普查、农业普查等。普查具有以下特点。

（1）普查通常是一次性或周期性的

普查涉及面广、规模大、指标多、任务重，需要耗费大量的人力、物力、财力和时间，通常需要间隔较长时间。在我国，政府制定了"以周期性普查为基础"的整体统计调查方法体系，普查工作已经规范化、制度化。即每逢末尾数字为"0"的年份进行人口普查，每逢末尾数字为"6"的年份进行农业普查，每逢末尾数字为"3""8"的年份进行经济普查。

（2）普查需规定统一的标准时间

普查对象不管是时期现象还是时点现象，都需要规定统一的标准调查时间，以保证普查数据中时间上的统一性。

★ **查资料**：我国目前规范化的几大普查是如何规定标准时间的？

人口普查：

农业普查：

经济普查：

（3）普查工作的全面性

普查对象范围广，调查内容详细，因此它比其他任何方式的调查更能掌握全面、详尽的统计资料，具有重要的分析价值。例如，我国第一次全国经济普查仅不同种类的普查表就有近50种，涉及的调查指标近千个。内容包括了单位基本属性、从业人员、财务状况、生产经营情况、生产能力、原材料和能源消耗、科技活动情况等，为国家制定国民经济和社会发展规划，为各级部门提高决策和管理水平提供了重要信息。

★ **讨论**：统计报表和普查同属于全面调查，你认为统计报表可以取代普查吗？为什么？

2.2.3 重点调查

重点调查是专门组织的一种非全面调查，是在全部调查单位中选择少数重点单位进行调查，以了解总体的基本情况。

重点调查的关键是选择重点单位。所谓重点单位，是指在总体中具有举足轻重地位的单位。这些单位虽然少，但它们调查的标志值的总和在总体的标志总量中却占很大的比重，通过对这部分单位进行调查，就能从数量上反映总体的基本情况。

如要了解全国钢铁产量，只选择产量最大的几个企业，如鞍钢、宝钢、首钢等作为重点单位进行调查，就可以对全国的钢产量有个基本了解。

重点调查单位少，所以能以较少的投入、较快的速度取得某些社会经济现象的基本情况。但重点调查不能取得全面、详尽的、满足各级领导机关了解情况的详细资料。

★讨论：选择重点单位，应注意哪些问题？

2.2.4　典型调查

典型调查是根据调查目的和要求，在对所研究的现象总体进行初步分析的基础上，通过比较，有意识地选择具有代表性的典型单位进行深入调查研究的一种非全面调查。

在统计工作中，典型调查既可以作为统计搜集资料的一种调查方式，也是分析研究问题，提出办法的一种工作方法。典型调查具有以下三个突出作用。

① 典型调查可以补充全面和其他非全面调查的不足。典型单位的代表性很显著，因此利用典型调查方式既可以搜集全面调查和其他非全面调查无法取得的统计资料，也可用典型调查资料来补充和验证全面调查数字的真实性，以便有针对性地采取措施，提高统计数字质量。

② 利用典型调查资料和基本统计数字，可以估计总体指标数值。当总体单位差异程度不大且又要及时掌握全面情况，而又不便采用其他调查方式取得全面资料时，就可以利用典型调查资料对总体标志值进行估计。

③ 典型调查可用以研究未充分发展、尚处于萌芽状态的新生事物或某种倾向性的社会问题。通过对典型单位深入细致的调查，就能抓住苗头，认真地调查研究，探索它们发展变化的趋势，形成科学的预见。

典型调查能否取得良好的效果，关键在于正确选择典型单位。所谓典型单位，是指那些最充分、最集中地体现总体某方面共性的单位。选择典型单位的方法比较灵活，根据不同的研究目的和要求，主要有以下三种方法。

①"解剖麻雀"法。适用于总体各单位发展条件较一致，彼此之间差异小的情况。

②"划类选典"法。就是总体各单位内部发展条件差异大，涉及问题较复杂，但可以按一定标志，将总体划分为几个类型，从各类中选取一两个典型单位进行调查的方法。

③"抓两头"法。分别从先进单位和落后单位中选择典型，以便总结经验和教训，带动中间状态的单位，推动整体的发展。

★讨论：欲进行一次有关大学生消费情况的调查，可以采取典型调查吗？如果可以，如何实施？

2.2.5　抽样调查

抽样调查是按随机原则从总体中抽取一部分单位作为样本进行观察，用以推算总体指标的一种非全面的调查方法。主要特点如下。

① 抽样调查是按随机原则抽取调查单位，所以抽样具有经济性、时效性、准确性、灵活性等特点。

② 抽样调查的目的是以样本指标推断总体指标。

③ 抽样过程中产生的误差可以事先计算并加以控制。

有关抽样调查的理论和方法，详见模块五（任务六）。

能力训练

一、判断题

1. 要了解"十一"黄金周期间我国铁路旅客周转量，只需对全国几个大的铁路枢纽客运量进行调查，就可以掌握全国基本情况。这是典型调查。　　　　　　（　　）

2. 重点调查中的重点单位是根据当前工作的重点来确定的。　　　　　　（　　）

3. 典型调查由于在选取典型单位时已对所研究对象进行了全面分析，故可以用典型调查的结果来精确地推断总体。　　　　　　（　　）

4. 重点单位的资料能推断总体，抽样调查的资料不能推断总体。　　　　（　　）

二、单项选择题

1. 对一批食品进行质量检验，最适宜采用的调查方式是（　　）。
   A. 重点调查　　　　　　　　　　B. 抽样调查
   C. 典型调查　　　　　　　　　　D. 都合适

2. 按照随机原则抽取调查单位的方式是（　　）。
   A. 普查　　　　　　　　　　　　B. 抽样调查
   C. 重点调查　　　　　　　　　　D. 典型调查

3. 为了解我市零售超市的销售情况，相关部门对占我市销售总量80%的五家大型超市进行了调查，这属于（　　）。
   A. 普查　　　　　　　　　　　　B. 抽样调查
   C. 重点调查　　　　　　　　　　D. 典型调查

4. 有意识地选择十名同学，调查学生生活费开支情况，属于（　　）。
   A. 普查　　　　　　　　　　　　B. 抽样调查
   C. 重点调查　　　　　　　　　　D. 典型调查

5. 调查大庆、胜利、大港、中原等几个大油田，以了解我国石油工业生产的基本情况，这种调查属于（　　）。
   A. 普查　　　　　　　　　　　　B. 抽样调查
   C. 重点调查　　　　　　　　　　D. 典型调查

6. 重点调查中的重点单位是指（　　）。
   A. 这些单位在总体中具有某方面的先进性
   B. 这些单位数量占总体全部单位总量的很大比重
   C. 这些单位的标志值总量占总体标志值总量的很大比重

    D. 这些单位是当前工作的重点单位

7. 下述调查属于全面调查的是（   ）。

    A. 工厂对某种连续性生产的小零件进行质量调查

    B. 某地区对工业企业主要设备进行普查

    C. 对全国钢铁生产中的重点单位进行调查

    D. 抽取部分地块进行农产量调查

8. 划分全面调查和非全面调查的依据是（   ）。

    A. 资料是否齐全   B. 调查单位是否齐全

    C. 调查时间是否连续   D. 调查项目是否齐全

9. 下列调查中，最适合采用重点调查的是（   ）。

    A. 了解全国钢铁生产的基本情况   B. 了解全国人口总量

    C. 了解某市居民家庭的收支情况   D. 了解高校学生的体能状况

10. 一般来说，统计报表周期越短，则填报的指标项目（   ）。

    A. 越多   B. 越少

    C. 固定   D. 与周期长短无关

11. 某集团公司为了推广先进的经营管理经验，决定进行一次典型调查，所选择的调查单位应是（   ）。

    A. 先进典型   B. 中等典型

    C. 后进典型   D. 分类典型

三、多项选择题

1. 非全面调查包括（   ）。

    A. 普查   B. 重点调查

    C. 典型调查   D. 抽样调查

    E. 非全面统计报表

2. 下列说法正确的是（   ）。

    A. 重点调查、典型调查和抽样调查都是非全面调查

    B. 典型调查是调查研究的基本方法

    C. 典型调查单位的确定不带有主观因素

    D. 典型调查单位是有意识地选择出来的

    E. 典型调查的结果常用来推算总体数值

3. 典型调查的作用主要表现在（   ）。

    A. 可以弥补全面调查和其他非全面调查方式的不足

    B. 可以用来研究新生事物

    C. 在一定条件下，可利用其资料，结合基本统计数字估计总体指标数值

    D. 帮助了解总体的基本情况

    E. 可以用来反映总体的标志总量

4. 某地对农贸市场个体户的偷漏税情况进行调查，1 月 5 日抽选 5%，5 月 1 日抽选 10% 进行检查，这种调查是（   ）。

    A. 全面调查   B. 重点调查

    C. 非全面调查   D. 抽样调查

    E. 典型调查

5. 统计报表必须按照统一规定的（　　　　）。

    A. 表式   B. 指标内容

    C. 报送时间   D. 报送程序

    E. 原始记录

6. 基层单位统计报表的资料来源有（　　　　）。

    A. 原始记录   B. 统计台账

    C. 内部报表   D. 现金流量表

    E. 其他单位的统计报表

四、综合分析题

指出下列调查各属于哪种调查方式？并说明理由。

① 全国范围内的人口登记。

② 从一批产品中抽取部分进行检查，以判断整批产品的质量。

③ 各大型工业企业定期向上级主管部门提交工业总产值和产品产量的报告。

④ 挑选部分企业进行调查，以深入了解企业改革试点中的成果及问题。

⑤ 对日均销售额在 10 万元以上的企业进行调查，以研究某地区商业企业的销售情况。

⑥ 对已扭亏为盈的企业进行调查，以了解扭亏工作的效果，推广经验。

2.3　统计数据搜集方案设计

　　统计数据的搜集方案，即统计调查方案，它是统计调查工作的纲领，为确保统计数据的准确、及时和完整，统计数据的搜集方案应包括以下内容。

2.3.1　明确调查目的和任务

　　确定调查目的就是要明确为什么要进行调查，调查要解决什么问题。只有明确了调查目的，才能做到有的放矢，才能确定向谁调查、搜集什么资料、用什么样的方式、方法调查等一系列问题。

★**查资料：** 第六次全国人口普查方案。

★**思考：**（1）第六次全国人口普查的目的任务是什么？

　　　　　（2）假如我们要搞一次当前大学生消费情况的调查，在设计调查方案时，该如何起草这部分内容？

2.3.2　确定调查对象、 调查单位和填报单位

　　这主要是为了解决向谁调查、由谁来具体提供、上报调查资料的问题。

　　调查对象是根据调查目的确定的调查研究的总体或调查范围，即统计总体在统计数据搜集阶段的称谓。而需要对之进行调查的具体单位称为调查单位。例如，某市失业人口调查，全市的失业人口就构成了调查对象，每一个失业人员就是调查单位。

填报单位是负责向上级报告调查内容、提交统计资料的单位。报告单位一般是在行政上、经济上具有一定独立性的特定机构和个人，而调查单位可以是机构、个人，也可以是物。因此二者有时一致，有时不一致。例如，向某地高校调查学生的基本情况，则每一个学生是调查单位，而报告单位则是学校。再如，向某地高校进行教学质量情况的调查，则每个高校是调查单位，同时也是向上级报告调查内容的报告单位。

★**讨论**：我国第六次全国人口普查的调查对象、调查单位、填报单位又各是谁呢？

2.3.3 确定调查项目，设计调查表

这主要是为了解决向被调查者调查什么的问题。

调查项目是指对调查单位所要调查的内容。例如，在人口普查中的调查项目有姓名、性别、年龄、民族、文化程度、职业等。

确定调查项目后，应加以科学分类、排列，设计成各种调查表。调查表是调查项目的表现形式，其作用在于能够条理清晰地表述调查内容，便于登记调查资料。

调查表由表头、表体和表脚三部分组成。表头在调查表的上方，标明调查表的名称、填报单位的名称等。表体是调查表的主体部分，由表格、调查项目等组成。表脚在调查表的下方，包括调查人员或填报人员签名、审核人员签名、填报日期等。

★**查资料**：我国第六次全国人口普查设计了哪几种不同的调查表？

调查表的形式有单一表和一览表两种。单一表是在一张调查表上只登记一个调查单位的资料，可以容纳较多的调查内容，但不便于分类和整理。一览表是在一张调查表上可以登记很多调查单位的资料，却不能容纳较多的调查内容。

单一表如我国住户收支与生活状况调查问卷中的 C2 消费支出表，见表 2-1。一览表如公司员工花名册，见表 2-2。

表 2-1 C2 消费支出

（填报对象：集体居住户、住家保姆、住家家庭帮工和记账确有困难的家庭居住户）

问　题	计量单位	代码	数量
在过去的 3 个月，您家一起住、分享生活费的共有几个人	人	C201	
在过去的 3 个月，您家在生活消费方面花了多少钱？生活消费仅包括现金购买。请根据以下消费项目，填写相应的金额	—	—	—
一、食品烟酒			
1. 伙食（包括购买米面、肉类、蔬菜、点心、饮料等食品以及在外就餐的支出）	元	C202	
2. 烟酒	元	C203	
二、衣着（包括服装和鞋类）	元	C204	
三、居住（包括房租、水电煤气费、物业费、取暖费等）	元	C205	
四、生活用品及服务	—	—	—
1. 家具和家用电器（如家具、冰箱、空调、微波炉等）	元	C206	
2. 日用杂品（如床上用品、装饰品、锅碗、洗浴用品、洗涤剂、化妆品等）	元	C207	

续表

问　　题	计量单位	代码	数量
五、交通通讯	—	—	—
1. 交通工具（如购买汽车、电动车、自行车、车辆用燃料等）	元	C208	
2. 交通费及其他（如机票、火车票、船票、汽车票、出租车费、燃料费等）	元	C209	
3. 通信工具（如购买手机、电话等）	元	C210	
4. 通讯服务费（如邮费、电话费、手机费、上网费等）	元	C211	
六、教育文化娱乐	—	—	—
1. 教育（包括教育培训费、随迁子女购买教材、参考书、学杂费、赞助费等）	元	C212	
2. 文化娱乐（如购买电视、音响、照相机、计算机、乐器、书报杂志、旅游等）	元	C213	
七、医疗保健	—	—	—
1. 医疗器具和药品	元	C214	
2. 门诊和住院总费用（含药费、化验费、诊疗费等）	元	C215	
八、其他用品及服务	—	—	—
1. 其他个人用品（包括首饰、手表等）	元	C216	
2. 其他服务（包括旅游住宿、美容美发、洗浴等）	元	C217	

表 2-2　公司员工花名册

序号	合同编码	姓名	性别	出生年月	身份证号码	人员类别	职务	合同起始日期	合同终止日期	合同期限	工资
1											
2											
3											
...											

2.3.4　确定调查时间、调查时限和登记地点

这主要是解决何时调查、在何地调查的问题。

调查时间是指调查资料所属的时间。如果调查的是时期现象，就是指调查的起止时间，例如调查工业企业一月份生产情况就要登记 1 日到 31 日全部产量。如果调查的是时点现象，就是指统一规定的标准调查时点，例如第六次全国人口普查规定标准调查时点为 2010 年 11 月 1 日零时，普查时就要按该标准时点搜集人口数资料。

调查时限是指进行调查工作的期限，包括搜集资料和报送资料整个工作所需要的时间。例如第六次全国人口普查规定，人口普查的登记工作从 2010 年 11 月 1 日开始至 2010 年 11 月 10 结束。

明确调查时间是为了保证调查资料在时间上的统一性，明确调查时限是为了保证调查资料的及时性。

登记地点是指登记调查资料的地点。例如，第六次全国人口普查方案中明确规定按现住地登记原则。明确调查地点是为了避免调查单位的重复或遗漏。

★**讨论：** 我国第六次全国人口普查方案中，对调查时间、调查时限及调查地点如何规定的？

调查时间：

调查时限：

登记地点：

2.3.5 制订调查工作的组织和实施计划

为了保证调查工作的顺利进行，必须制订严密细致的组织工作计划。主要包括：

① 建立统计调查的领导机构，以保证统计工作能顺利进行；

② 确定统计调查人员；

③ 明确调查方式、方法和调查时间、空间；

④ 调查前的准备工作，包括宣传教育、人员培训、文件印刷、调查经费的筹集与支出、调查资料的报送、汇总、保管、调查结果的提供或公布的方式、方法等。

能力训练

一、判断题

1. 调查对象就是统计研究的总体。　　　　　　　　　　　　　　　　（　　）

2. 填报单位就是调查单位。　　　　　　　　　　　　　　　　　　　（　　）

3. 调查时间就是调查工作所需要的时间。　　　　　　　　　　　　　（　　）

4. 统计调查中，如果调查项目较多，宜使用单一表。　　　　　　　　（　　）

5. 普查规定的标准时间就是对调查单位进行观察登记的时间。　　　　（　　）

二、单项选择题

1. 调查单位就是（　　　）。

A. 调查对象包括的全部单位 　　　　　B. 负责向上报告调查内容的单位

C. 调查中登记其具体特征的单位 　　　D. 基层企事业单位

2. 对某学校全体教职工进行身体健康状况调查，调查单位是（　　　）。

A. 每位教职工 　　　　　　　　　　　B. 所有教职工

C. 所有教师 　　　　　　　　　　　　D. 每一位教师

3. 在下列调查中，调查单位与填报单位一致的是（　　　）。

A. 公司设备调查 　　　　　　　　　　B. 农村耕地调查

C. 国有企业普查 　　　　　　　　　　D. 汽车养护情况调查

4. 搜集统计资料，调查项目的承担者是（　　　）。

A. 调查对象 　　　　　　　　　　　　B. 调查单位

C. 填报单位 　　　　　　　　　　　　D. 统计综合机构

5. 人口普查规定统一的标准时点是为了（　　　）。

A. 避免登记的重复或遗漏 　　　　　　B. 保证资料在时间上的统一性

C. 保证资料的及时性 　　　　　　　　D. 便于确定调查对象的范围

6. 某市机械工业局欲进行工业生产设备状况调查，要求相关企业在 1 月 1 日到 20 日将资料登记完毕，这一时间规定是（　　）。

A. 调查时间　　　　　　　　　　　　B. 调查时限

C. 填报时间　　　　　　　　　　　　D. 资料所属时间

三、多项选择题

1. 要全面调查一个地区学校情况，每一个学校是（　　）。

A. 重点单位　　　　　　　　　　　　B. 调查单位

C. 总体单位　　　　　　　　　　　　D. 填报单位

E. 调查对象

2. 在工业设备普查中（　　）。

A. 工业企业是调查对象　　　　　　　B. 工业企业的全部设备是调查对象

C. 每台设备是调查单位　　　　　　　D. 每个工业企业是填报单位

E. 每台设备是填报单位

3. 全国人口普查中（　　）。

A. 调查对象是每一个人　　　　　　　B. 调查单位是每一个人

C. 填报单位是调查人员　　　　　　　D. 调查对象是全国人口

E. 调查对象是每户家庭

4. 我国第六次人口普查的标准时间是 2010 年 11 月 1 日零时，下列情况应计入人口数的有（　　）。

A. 2010 年 11 月 2 日出生的婴儿　　　B. 2010 年 10 月 31 日出生的婴儿

C. 2010 年 10 月 31 日晚死亡的人　　　D. 2010 年 11 月 1 日 1 时死亡的人

E. 2010 年 10 月 31 日出生，11 月 1 日 1 时死亡的人

5. 下列统计数据的搜集中，调查单位与填报单位一致的有（　　）。

A. 人口普查　　　　　　　　　　　　B. 学生健康状况调查

C. 物流企业现状调查　　　　　　　　D. 工业企业调查

E. 企业设备调查

四、综合分析题

1. 指出下列调查中的调查对象、调查单位、填报单位。

调查任务	调查对象	调查单位	填报单位
大型国有企业经济效益调查			
建材生产企业生产设备调查			
城镇个体企业经济状况调查			
家电商场商品零售物价调查			

2. 从学校随机抽取部分学生，对其电脑消费情况进行调查，通过调查，了解大学生对电脑的消费状况，包括购买电脑的费用、上网费用、何种品牌、何种机型等；了解大学生对电脑的喜好偏向；分析大学生电脑品牌及生产商的认知情况；掌握大学生对电脑的消费行为和消费特点。

要求：

（1）设计一个完整的调查方案；

（2）设计一份完整的调查表或调查问卷；

（3）利用业余时间进行调查；

（4）整理汇总调查资料，形成调查报告。（该项要求在本模块学习结束时完成）

2.4　统计调查误差

2.4.1　统计调查误差的概念

无论采取哪一种调查方式，调查所得的数据资料由各种原因总是可能存在一定程度的误差。我们把统计调查后所得的统计数字与总体实际数字之差，称为统计调查误差。例如，对某城市的第三产业增加值进行调查的结果为26亿元，而该城市第三产业增加值实际为28亿元，那么，统计调查误差就是2亿元。

2.4.2　统计调查误差的种类

根据误差产生的原因不同，统计调查误差可分为登记性误差和代表性误差。

（1）登记性误差

是在调查过程中，由于调查工作失误形成的，也称为工作性误差，这类误差在全面调查和非全面调查中都会产生。产生登记性误差的主要原因有：

① 由于方案设计缺陷产生的设计误差；

② 由于调查过程中的记录失误产生的登记误差；

③ 由于汇总过程中的错误产生的汇总误差；

④ 由于被调查者故意弄虚作假虚报瞒报数据产生的恶意误差。

（2）代表性误差

只有非全面调查中才有，全面调查不存在这类误差。非全面调查由于只对调查现象总体的一部分单位进行观察，并用这部分单位算出的指标来估计总体指标，而这部分单位不能完全反映总体的性质，它同总体的实际指标会有一定差别，这就产生了代表性误差。

代表性误差按其产生原因，分为系统性误差和随机性误差。系统性误差是由于从总体中抽选调查单位时没有遵循随机原则形成的误差；随机性误差是由于抽取调查单位的随机性而带来的误差，这种误差不可避免，但可以控制。

2.4.3　防止登记性误差的措施

为了取得准确的统计数据，必须采取各种措施，防止可能发生的登记性误差，把它缩小到最低限度。为此要做好以下工作。

① 要科学设计统计数据搜集方案，包括明确调查对象的范围，说明调查项目的具体含义和计算方法，选定合理的调查方法，以使调查人员或填报人员有一个统一的依据。

② 要切实抓好调查方案的实施工作。包括对统计人员的业务培训，提高统计人员的素质；搞好统计基础工作，建立健全计量工作、原始记录、统计台账和内部报表等项制度，使统计资料的来源准确可靠；对调查资料加强审核工作，发现差错及时纠正。

③ 为了防止弄虚作假所产生的登记误差，应从建立健全统计法规入手，教育统计人员严格执行统计法，坚持原则，同一切弄虚作假的行为做斗争，维护统计数字的真实性。

④ 严格统计资料的审核。对于可以肯定的一般性错误，应代为更正，并与有关单位核对；对于可疑之处或无法代为更正的错误，应通知原单位复查，并在复查后更正；对于出现严重错误的单位，应要求其查明原因并重新填报。

关于代表性误差的防止，用重点调查和典型调查结果估计总体，调查前应从多方面加以研究，并广泛征求有关方面意见，使选出的调查单位具有较高的代表性。如是抽样调查则应严格遵守随机原则，保证足够的样本容量，选择适当的抽样调查方式、方法，以控制误差的范围。

能力训练

一、判断题

1. 无论什么样的调查误差，都是可以避免的。　　　　　　　　　　　　　（　　）
2. 不管是全面调查还是非全面调查，都可能产生系统性误差。　　　　　　（　　）

二、单项选择题

统计全面调查中（　　）。

  A. 只有代表性误差　　　　　　　　　B. 既有代表性误差，又有登记性误差
  C. 只有登记性误差　　　　　　　　　D. 代表性误差和登记性误差都不存在

三、多项选择题

代表性误差存在于（　　）。

  A. 普查　　　　　　　　　　　　　　B. 抽样调查
  C. 重点调查　　　　　　　　　　　　D. 典型调查
  E. 统计报表

【任务解析】

统计数据是我们利用统计方法进行统计分析的基础，离开数据，统计方法也就失去了用武之地。统计数据的质量也直接决定着统计分析结果的准确性。

高质量地完成一项调查任务，既需要事先对调查过程的全盘考虑，又需要对调查过程能有效地控制，因此，首先应设计一个完整的数据搜集方案，即统计调查方案，明确其调查目的、调查范围、调查方式、方法等。

统计数据的搜集方式主要有统计报表、普查、重点调查、典型调查和抽样调查，各有其不同的优缺点和适用场合，应根据不同的调查任务灵活运用。统计数据的来源分为间接来源（二手数据）和直接来源（原始数据）。原始数据的搜集需要耗费大量时间和精力，是统计调查阶段的重头戏，具体方法有：访问法、观察法、实验法和网络调查法，也应根据不同的调查对象及调查任务选择合适的调查方法。

·◆ 知识图谱 ◆·

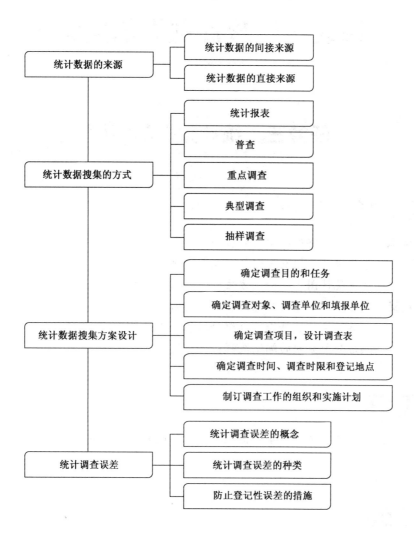

模块三　统计数据的整理

任务三　统计数据的整理

【学习目标】

◆ **知识目标**：了解数据整理的意义和程序；

掌握统计分组及分配数列编制的种类和方法；

掌握统计图表的绘制方法。

◆ **能力目标**：具备初步审核待整理的统计数据的能力；

培养对统计数据进行合理分组的能力；

熟练分配数列的编制流程；

熟练统计图、统计表的设计。

【统计名言】

试图总结是没有用的。不能完全看他说的，也不能完全看他做的，人们必须遵循关键线索的提示。

——弗吉尼亚·伍尔夫

统计使人明事，统计使人明理。

——国家统计局网站

【任务描述】

为了解大一新生的英语水平，某高校从新入学的 3000 名大一新生中随机抽取了 100 名同学，进行了英语摸底测试，测试成绩如下：

52	76	83	56	84	66	76	79	77	95	89	78	75	72	63	71	84	87	63	75
86	92	86	75	68	88	73	79	73	72	75	91	65	78	68	82	86	74	81	88
75	81	93	77	69	66	97	53	59	79	65	65	90	89	63	62	88	87	60	56
86	85	50	44	85	84	94	83	80	94	93	79	78	69	72	91	83	56	39	78
69	74	53	90	87	85	76	65	89	92	76	73	80	85	72	85	91	67	74	80

学校规定：60 分以下为不及格，60～70 分为及格，70～80 分为中等，80～90 分为良好，90 分以上为优秀。

参与测试的 100 名同学中，及格的有多少？不及格的有多少？优秀的、良好的、中等的又各有多少？各等次的同学在全班同学中占的比重有多大？该 100 名同学的成绩分布状况是否符合正态分布？

【相关知识】

3.1　统计数据整理步骤

统计数据整理，是根据统计研究的任务与要求，对采集的大量数据进行再加工、分类、汇总，使之条理化、系统化，得出能够反映总体综合数量特征的工作过程。

统计数据的整理工作在统计工作过程中具有十分重要的地位，它既是统计调查的继续和深化，又是统计数据分析的基础和前提，还是积累历史资料的必要过程，具有承前启后的作用。

3.1.1　设计整理方案

设计整理方案重点要解决两个问题。

一是要明确对总体是否分组，如何分组。科学的分组体系，直接关系到统计研究的结果。

二是要明确用什么指标说明各组和总体的特征，即确定指标体系。

这两部分内容通常用整理表或综合表来表示。因此，从一定意义上讲，整理方案可以理解为是一系列汇总表式的总称。

此外，整理方案中还应该包括整理工作的组织计划，如人员的组织与培训，汇总的形式与方法，整理工作完成的期限，确定与历史资料的衔接方法等。

3.1.2　审核订正原始数据

搜集资料的过程中，经常会由于某些原因出现一些差错。因此，为了确保统计资料准确无误以及符合统计研究目的的要求，必须对统计调查所获得的原始资料进行严格审核，发现问题及时纠正。它是统计整理中的一个重要环节，包括资料的准确性、及时性和完整性审核。

审核资料的准确性，就是检查所填报的资料是否准确可靠。主要从两个方面进行。

其一，逻辑检查。主要从理论上或常识上检查资料的内容是否有悖常理、有无不切实际或不符合逻辑的地方及各项目之间有无相互矛盾之处。

其二，计算检查，主要检查计量单位与法定单位是否一致以及各项数字之间的关系是否正确等。

审核资料的及时性，主要检查资料是否符合调查规定的时间，是否在规定的调查期限报出。

审核资料的完整性，主要检查填报单位有无遗漏、调查单位是否齐全，调查表项目是否填齐、所填内容和表格规定是否一致等。

[知识卡片] 统计数据的质量要求

① 精度：最低的抽样误差或随机误差；

② 准确性：最小的非抽样误差或偏差；

③ 关联性：满足用户决策、管理和研究的需要；

④ 及时性：在最短的时间里取得并公布数字；

⑤ 一致性：保持时间序列的可比性；

⑥ 经济性：以最低的成本获取数据。

3.1.3 对原始数据进行分组

科学的分组是搞好统计整理的前提，只有正确的分组才能整理出有科学价值的综合指标，并借助这些指标来揭示事物的本质与规律。因此，统计数据整理的关键问题就是对调查资料进行科学的统计分组。

3.1.4 统计汇总

统计汇总是统计整理工作的中心内容。是在统计分组的基础上，采用一定的汇总手段，将调查资料进行分组汇总，得出反映各组和总体数量特征的指标。

统计资料的汇总方法：

（1）手工汇总

手工汇总，又称手工整理法，其整理速度慢、时效性差，容易出现差错，仅在资料较少、人力又许可的条件下采用。常用的手工汇总方法：划记法、过录法、折叠法、卡片法。

① 划记法。用点或线等符号代表每个总体单位，汇总时看总体单位属于哪个组，就在哪个组的栏内点一个点或画一条线，最后计算各组的点或线的数目，得出各组的单位数。这种方法简便易行，但只能在总体单位不多的情况下汇总出各组总体单位数，不能将各单位的标志值汇总为各组指标数值。

② 过录法。先将原始资料过录在事先设计好的整理表上，在整理表上计算加总，得出各组单位数、总体单位数和标志值的合计数，再将计算结果填写到正式的统计表上。这种方法的优点是能全面反映各个单位的调查数值及汇总情况，既可汇总单位数，又可汇总标志值，而且便于校对，便于计算。但全部资料都要过录，工作量大，花时间，过录项目较多时，也容易发生错误。因此，在总体单位不多、分组简单的情况下采用过录法比较适宜。

划记法和过录法的运用，最好预先设计一个过渡的汇总表或整理表。

③ 折叠法。在汇总时，将全部调查表就每一需要汇总的项目和数值折在边上，按顺序叠放整齐，然后进行加总计算，并将结果直接填入统计表。这种方法适用于对标志值的汇总，简单易行，也不需设计汇总表，省去了过录时间，故为广大统计人员所采用。但缺点是不利于资料保管，工作需要格外细致，一旦在汇总中发现错误，就要从头返工，无法从汇总过程中查明差错的原因。

④ 卡片法。将调查资料先摘录在特制的卡片上，一张卡片为一个调查单位，利用卡片进行分组归类、汇总计算。

（2）计算机汇总

对于大量统计资料的汇总，往往要借助计算机来处理数据。利用计算机汇总统计资料，具有速度快、精确度高、能自动纠正错误的特点。

3.1.5 编制统计表，绘制统计图

将汇总整理后的结果采用恰当的统计表格或统计图形简明扼要地表达出来，以表明现象的总体特征。

━━━ **能力训练** ━━━

一、单项选择题

1. 统计数据整理阶段，最关键的问题是（　　）。
   A. 对原始资料的审核　　　　　B. 统计分组
   C. 统计汇总　　　　　　　　　D. 统计图表
2. 统计数据整理阶段，最主要的工作是（　　）。
   A. 对原始资料的审核　　　　　B. 统计分组
   C. 统计汇总　　　　　　　　　D. 统计图表
3. 统计数据整理的资料（　　）。
   A. 只包括原始资料　　　　　　B. 只包括次级资料
   C. 包括原始资料和次级资料　　D. 是统计数据分析的结果

二、多项选择题

1. 在数据整理过程中，需要对搜集来的资料进行审核和订正。对资料的审核要从三个方面进行，分别是（　　）。
   A. 准确性　　　　　　　　　　B. 及时性
   C. 完整性　　　　　　　　　　D. 经济性
   E. 规范性
2. 统计数据整理是（　　）。
   A. 统计调查的继续　　　　　　B. 统计分析的前提
   C. 统计调查的基础　　　　　　D. 是从个体到总体认识的连接点
   E. 统计设计的继续

三、综合分析题

下表是某市在 2016 年对本市职工家庭情况调查时，回收上来的一份调查表。结合资料回答以下问题：

① 对该资料进行全面性审核，应审核哪些方面？
② 审核资料的准确性，应采用哪种方法？
③ 该资料是否准确可靠？应如何处理？

职工家庭情况调查表

姓名	性别	年龄/岁	与被调查者关系	工作单位	参加工作年月	职务或工种	固定工或临时工	级别
刘盛	男	24	本人	长城机电公司	1973.7	干部	临时工	20
陈心华	女	40	夫妻	市第一针织厂	1975.4	工人	固定工	5
刘淑影	女	18	长女	待业青年	1999	无	临时工	2
刘平路	男	16	长子	医学院	2000	学生	无	5

3.2 统计分组

3.2.1 统计分组的概念

统计分组就是根据统计研究的需要和总体的内在特征，将总体按照一定的标志划分为若干个组成部分的一种统计方法。

总体的差异性是统计分组的客观依据。统计分组对总体而言是"分"，对总体单位而言是"合"，其目的是把总体中具有不同性质的单位分开，把性质相同的单位合并，以保证组内资料在性质上的一致性和组间资料在性质上的差异性。

统计分组应遵循"互斥"和"穷尽"的原则。互斥是指一个个体只能归属于某一组，而不能同时归属几个组；穷尽是指每一个个体都必须有组可归。

统计分组的关键是正确选择分组标志及划定组间界限。选择的分组标志一定要符合研究目的，并能反映出总体的本质特征。如果是按数量标志分组，分组标志还应该与设计的统计指标相对应。

3.2.2 统计分组的作用

(1) 划分现象的类型

社会经济现象千差万别，存在着不同的类型。通过分组，就可以从数量方面说明不同类型现象的特点和发展规律，以便进行比较和分析。

★思考：我国人口调查，如果只掌握人口总量，那我们只能从哪个方面分析人口的现状和趋势？

如果对全国人口按年龄、性别、受教育程度、城乡等一系列标志进行了分组，那我们又能从哪些方面分析人口的现状和趋势？

(2) 反映现象总体的内部结构和比例关系

将总体按某一标志进行分组，并计算各组比重，即可以说明总体内部的构成。将各组之间进行对比，即反映各组之间的比例关系。借助历史数据，即可以研究现象总体发展变化的规律和趋势。

★ **查资料:**

我国各年年末人口年龄结构

年　龄	2000 年		2005 年		2010 年		2015 年	
	人数/万人	比重/%	人数/万人	比重/%	人数/万人	比重/%	人数/万人	比重/%
0～15 岁 15～60 岁 60 岁及以上								
合计								

★ **思考:** 从以上数据反映出来我国人口的年龄结构有哪些发展趋势?

（3）分析现象之间的依存关系

社会经济现象不是孤立的,现象之间相互联系、相互依存,又相互制约。如国民收入与居民储蓄额、企业销售额和流通费用率、市场商品价格与其需求量之间、家庭的工资收入与生活费支出之间,都在一定程度上存在相互依存的关系。运用统计分组法研究社会经济现象的依存关系时,可将总体按一个标志分组,同时列出与之相联系的另一分组标志的分组情况,并一一对应排列。

例如某市在 2009 年曾经做过的一次调查,分组资料如表 3-1 所示,以反映家庭财产总额与户主文化程度之间的依存关系。

表 3-1　户主不同文化程度的家庭财产状况

户主文化程度	家庭财产总额/元	与平均水平之比
小学	143931	0.63
初中	152849	0.67
高中	187086	0.82
中专	212073	0.93
大学专科	304269	1.33
大学本科	372933	1.63
硕士及以上	499402	2.19
总体平均	228313	1.00

资料来源:袁威.统计学原理.北京:清华大学出版社,2016.

★ **讨论:** 从上例中,可以看出文化程度与家庭财产总额存在什么样的依存关系呢?

3.2.3　统计分组的形式

（1）简单分组

简单分组,即只按一个标志进行分组。例如,人口按性别划分为男、女;企业按生产规模可分为大型、中型、小型和微型四组;货运按运输方式可分为铁路运输、公路运输、水路运输、航空运输与管道运输等五组。

（2）复杂分组

复杂分组,即按两个或两个以上的标志对总体进行的分组,又可分为重叠式分组和平行式分组。

① 重叠式分组。又称复合分组体系，是按两个或两个以上的标志结合起来所进行的层叠式的分组，即在按某一个标志分组的基础上，再按另一个标志进一步分组。例如，人口按性别分组后再按年龄分组，企业按经济类型分组后再按生产规模进行分组。再如，全国高等学校在校学生按学历可分为专科、本科、硕士和博士，在学历分组的基础上再按性别分组，如表3-2所示。

表3-2 全国高等学校在校学生分组表

按学历分组	按性别分组
专科	男 女
学士	男 女
硕士	男 女
博士	男 女

② 平行式分组。又称平行式分组体系，是同时用两个或两个以上的标志分别从不同的角度对总体进行的分组。例如对全国高等学校在校学生进行的平行式分组如表3-3所示。

表3-3 全国高等学校在校学生分组表

按学历分组	专科 学士 硕士 博士
按性别分组	男 女

小资料：

2017年年末人口数及其构成

指 标	年末数/万人	比重/%
全国总人口	139008	100.0
其中：城镇	81347	58.52
乡村	57661	41.48
其中：男性	71137	51.2
女性	67871	48.8
其中：0~15岁（含不满16周岁）	24719	17.8
16~59岁（含不满60周岁）	90199	64.9
60周岁及以上	24090	17.3
其中：65周岁及以上	15831	11.4

资料来源：国家统计局网站

★ **思考：**该表中资料用的是何种分组形式？

3.2.4　统计分组的种类

统计分组的种类如图 3-1 所示。

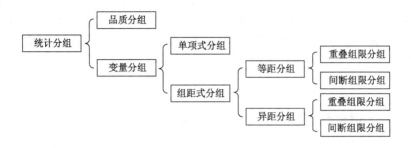

图 3-1　统计分组的种类

（1）品质分组

品质分组，即按品质标志进行的统计分组，又称属性分组。如人口按性别分为男、女两组；企业按经济类型分为国有经济、集体经济、私营经济、个体经济、股份制经济等。

（2）变量分组

变量分组，即按数量标志进行的分组。如学生按成绩分组，企业按产值分组等。

① 单项式分组。即将每一个变量值作为一组。例如，某市随机抽查 200 户家庭，了解家庭拥有电脑情况，资料如表 3-4 所示。单项式分组适合变量值较少的离散型变量。

表 3-4　家庭拥有电脑数抽样调查情况表

家庭拥有电脑数/台	家庭数/户
0	8
1	141
2	45
3 或以上	6
合计	200

② 组距式分组。即按变量值变动的一定范围作为一组对现象总体进行的分组。将现象的总体变动范围划分为若干个区间，以每个区间作为一组。组距式分组适合变量值较多的离散型变量及所有的连续型变量。例如，我国人口年龄构成如表 3-5 所示。

表 3-5　全国人口年龄构成表（第六次人口普查数据）

年龄/岁	人数/万人
0～14	22246.0
15～59	93961.6
60 岁及以上	17764.9
合计	133972.5

资料来源：国家统计局网站。

[知识卡片] 组距式分组中的常用概念

① 组限：即各组中作为起点和终点的变量值。起点值称为下限，终点值称为上限。

重叠式组限：相邻两组中前一组的上限与后一组的下限相同。

间断式组限：前一组上限与后一组下限不重复，是断开的。

连续型变量只能设计成重叠组限分组。对于离散型变量分组，重叠式组限、间断式组限均可。重叠式组限设计更为常见，以下组距、组中值的确定方法都是针对重叠式组限而言的。

② 组距：各组上限与下限之差。

等距分组：各组组距相等。

异距分组：各组组距不相等，或不完全相等。

等距或异距，取决于现象的特点、研究目的及变量值的变动是否均匀。

③ 组数：即组的个数。

④ 闭口组：既有下限又有上限的组。

开口组：只有下限或只有上限的组。

最大组或最小组是否设计成开口组，取决于资料中是否有极端数值。

⑤ 组中值：各组的中点数值，用来代表各组内变量值的一般水平值。

闭口组	组中值 = (下限 + 上限) / 2
缺下限的开口组	组中值 = 上限 − 相邻组的组距 / 2
缺上限的开口组	组中值 = 下限 + 相邻组的组距 / 2

能力训练

一、判断题

1. 离散型变量只适合于单项式分组。　　　　　　　　　　　　　　　（　　）

2. 连续型变量只能进行组距式分组。　　　　　　　　　　　　　　　（　　）

3. 之所以能够对总体进行分组，是由于总体单位间的差异所决定的。　（　　）

4. 总体既可按可变标志分组，也可按不变标志分组。　　　　　　　　（　　）

5. 经过分组，组内各单位之间的差异被模糊了，而组间的差异则被突出了。（　　）

6. 简单分组和复杂分组的区别在于分组标志的多少。　　　　　　　　（　　）

二、单项选择题

1. 统计分组的目的是为了体现（　　　）。

　　A. 组内同质性、组间差异性　　　　　　B. 组内同质性、组间同质性

　　C. 组内差异性、组间同质性　　　　　　D. 组内差异性、组间差异性

2. 对某一总体（　　　）。

　　A. 只能按一个标志分组　　　　　　　　B. 只能按一个指标分组

　　C. 可以按多个标志分组　　　　　　　　D. 根据统计任务选择一个或多个标志分组

3. 统计分组首先要考虑的是（　　　）。

　　A. 分组标志　　　　　　　　　　　　　B. 分成几组

　　C. 各组的组限　　　　　　　　　　　　D. 各组的组距

4. 组距、组限、组中值之间的关系正确的是 (   )。

    A. 组距 = (上限 + 下限)/2   B. 组限 = 上限 + 下限

    C. 组中值 = (上限 + 下限)/2   D. 组中值 = (上限 − 下限)/2

5. 连续变量分组，若第一组为 100 以下，第四组为 200 以上，则数据 (   )。

    A. 100 在第一组   B. 150 在第二组

    C. 200 在第三组   D. 200 在第四组

6. 企业按销售收入总额分组 (   )。

    A. 只能使用单项式分组   B. 单项式分组、组距式分组都可以

    C. 只能使用组距式分组   D. 无法分组

7. 按离散型变量分组时，相邻两组的组限 (   )。

    A. 必须重叠   B. 必须间断

    C. 可以重叠可以间断   D. 只能设计成单项式

8. 某系统将下属企业按生产计划完成百分比进行分组，正确的是 (   )。

    A. 80% ~90%，90% ~100%，100% ~109%，110% 以上

    B. 80% 以下，80.1% ~90%，90.1% ~100%，100.1% ~110%

    C. 90% 以下，90% ~100%，100% ~110%，110% 以上

    D. 85% 以下，85% ~95%，95% ~105%，105% ~115%

三、多项选择题

1. 统计分组的主要作用有 (   )。

    A. 反映总体的基本情况   B. 反映总体内部结构

    C. 研究现象之间的依存关系   D. 划分现象的类型

    E. 说明统计总体的数量特征

2. 关于统计分组，以下说法正确的是 (   )。

    A. 对总体而言是"分"   B. 对个体而言是"分"

    C. 对总体而言是"合"   D. 对个体而言是"合"

    E. 贯穿统计工作始终

3. 下列统计分组属于品质分组的是 (   )。

    A. 学生按专业分组   B. 职工按工种分组

    C. 工人按技术等级分组   D. 家庭按收入分组

    E. 企业按所有制分组

4. 对总体进行分组，等距或异距取决于 (   )。

    A. 变量值的多少   B. 变量的类型

    C. 现象的特点   D. 数据分布是否均匀

    E. 资料中的最大值和最小值

3.3　分配数列的编制

3.3.1　分配数列的概念及构成

    分配数列，又称频数分布。是在统计分组的基础上形成的，用来反映总体单位在各组间

分布状况的统计数列。由两个要素组成：其一为总体中按某标志分的组，其二为各组相应的分配次数或频率。在分配数列中，分布在各组的总体单位数叫次数，又称为频数。各组单位数占总体单位数的比重称为频率。次数和频率从不同的角度反映了各组标志值出现的频繁程度。

由于分配数列是在统计分组的基础上形成的，所以分组的类型也就决定了分配数列的类型，如图3-2所示。

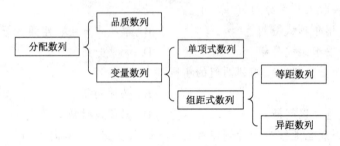

图3-2　分配数列的类型

3.3.2　品质数列的编制

【例3-1】　某公司为了解员工的工作状态，随机调查了20名员工，调查数据如表3-6所示。

表3-6　员工工作状态调查结果

员工编号	工作状态	员工编号	工作状态	员工编号	工作状态	员工编号	工作状态
1	比较积极	6	非常积极	11	非常积极	16	一般积极
2	非常积极	7	非常不积极	12	比较积极	17	比较不积极
3	一般积极	8	比较不积极	13	一般积极	18	比较积极
4	比较积极	9	一般积极	14	一般积极	19	非常积极
5	非常积极	10	比较积极	15	比较积极	20	比较积极

对于上述调查结论，20名员工应据其工作状态分为5组，即：非常积极、比较积极、一般积极、比较不积极、非常不积极。在此基础上，进而统计出各组人数，即得品质数列如表3-7所示。

表3-7　员工工作状态分布表

按工作状态分组	学生手工划记（正字）	人数/人（次数、频数）	比重/%（频率）
非常积极	正	5	25
比较积极	正 丅	7	35
一般积极	正	5	25
比较不积极	丅	2	10
非常不积极	一	1	5
合计	20	20	100

★ **思考**：各组比重的合计数一定等于100%吗？

当数据量较大时，可借助 Excel（本书 Excel 操作环境为 Microsoft Excel 2010）中的"分类汇总""数据透视表"来实现品质数列的编制。

（1）分类汇总

① 将原始资料录入到 Excel 表格中，并按"工作状态"排序，如图 3-3 所示。

	A	B
1	员工编号	工作状态
2	8	比较不积极
3	17	比较不积极
4	1	比较积极
5	4	比较积极
6	10	比较积极
7	12	比较积极
8	15	比较积极
9	18	比较积极
10	20	比较积极
11	7	非常不积极
12	2	非常积极
13	5	非常积极
14	6	非常积极
15	11	非常积极
16	19	非常积极
17	3	一般积极
18	9	一般积极
19	13	一般积极
20	14	一般积极
21	16	一般积极

图 3-3　录入并排序后的原始资料

② 鼠标单击数据区域任意单元格，单击"数据""分类汇总"命令。在弹出的"分类汇总"对话框中，"分类字段"选择"工作状态"，"汇总方式"选择"计数"，"选定汇总项"选择"工作状态"，其他默认，单击"确定"按钮，出现左侧带有三级目录的分类汇总结果，如图 3-4、图 3-5 所示。

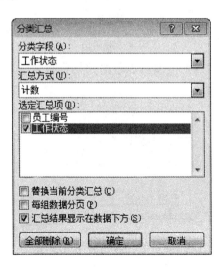

图 3-4　分类汇总对话框

1 2 3		A	B
	1	员工编号	工作状态
•	2	8	比较不积极
•	3	17	比较不积极
−	4	较不积极 计	2
•	5	1	比较积极
•	6	4	比较积极
•	7	10	比较积极
•	8	12	比较积极
•	9	15	比较积极
•	10	18	比较积极
•	11	20	比较积极
−	12	较积极 计	7
•	13	7	非常不积极
−	14	常不积极 计	1
•	15	2	非常积极
•	16	5	非常积极
•	17	6	非常积极
•	18	11	非常积极
•	19	19	非常积极
−	20	常积极 计	5
•	21	3	一般积极
•	22	9	一般积极
•	23	13	一般积极
•	24	14	一般积极
•	25	16	一般积极

图 3-5　分类汇总结果

③ 单击左侧三级目录中的"2"，即得到频数分布表。将 A 列标题改为"工作状态"，B 列标题改为"人数/人"，如图 3-6 所示。

1 2 3		A	B
	1	工作状态	人数/人
+	4	比较不积极 计数	2
+	12	比较积极 计数	7
+	14	非常不积极 计数	1
+	20	非常积极 计数	5
+	26	一般积极 计数	5
−	27	总计数	20

图 3-6　频数分布

也可按照常规顺序进行调整，整理出规范的频数分布表，如图 3-7 所示。

E	F
频数分布表	
工作状态	人数/人
非常积极	5
比较积极	7
一般积极	5
比较不积极	2
非常不积极	1
合　计	20

图 3-7　调整后的分布表

（2）数据透视表

① 将原始资料录入到 Excel 表格后，单击"插入""数据透视表"命令，在弹出的"创

建数据透视表"对话框中,在"选择一个表或区域"中选中数据区域,在"选择放置数据透视表的位置"中选择"现有工作表",并单击任一空白单元格作为数据透视表的起点位置,单击"确定"按钮。如图3-8所示。

图 3-8　创建数据透视表

② 在弹出的"数据透视表字段列表"对话框中,将"工作状态"分别拖入"行标签"和"数值"位置,"值字段"选择"计数",即得到"工作状态"的频数分布表,如图3-9所示。

图 3-9　"工作状态"频数分布表

3.3.3　变量数列的编制

(1) 单项式数列的编制

单项式数列是在单项式分组基础上形成的变量数列。如表3-8所示。

表 3-8 某生产组工人按日产量分组资料

日产量/件	工人数/人	占工人总数比重/%
4	1	7.69
5	3	23.08
6	6	46.15
7	2	15.39
8	1	7.69
合计	13	100.00

利用 Excel 编制单项式数列，方法同品质数列的编制。

（2）组距式数列的编制

【例 3-2】 某超市 30 天的日销售额（单位：万元）资料如下：

49 62 56 31 63 53 30 87 56 66 35 74 46 32 74

47 33 68 26 46 79 53 44 59 43 54 21 80 41 38

根据上述资料进行适当的分组，编制变量数列。

第一步：将资料按变量值的大小排列，并确定变量值的变动范围，即全距。排序结果如下：

21 26 30 31 32 33 35 41 43 44 46 46 47 49

53 53 54 56 56 59 62 63 66 68 74 74 79 80 87

从排序结果可以看出，30 天的日销售额在 21~87 万元之间，全距为 66 万元。

第二步：确定变量数列的类型。

对于变量值少、变动范围不大的离散型变量，可编制单项式数列；对于变量值较多且变动范围较大的离散型变量以及所有的连续型变量，则应编制组距式数列。变量值变动比较均匀的适合编制等距数列，变量值变动很不均匀的适合编制异距数列。此外，为便于计算加权算术平均数或各组之间进行对比分析，也尽量编制等距数列。此例中，日销售额属于连续变量，变动幅度较大，且变量值的变动较均匀，应编制等距数列。

第三步：确定组距和组数。

组距与组数关系密切，组距越大组数越少，组距越小组数越多。组数的确定要根据现象的特点及具体情况而定。有些现象分组，有现成的统计惯例，如学生的考试成绩分析，往往是从不及格、及格、中等、良好、优秀五个方面来看，因此应分为 5 组。

有些现象没有现成的统计惯例来参照，确定组数时可以参考斯特吉斯经验公式：$K = 1 + 3.322 \lg N$（K 为组数；N 为总体单位数）。该例中，$K = 1 + 3.322 \lg 30 = 5.9$，故可以考虑分为 6 组。

组距 = 全距/组数 = 66/6 = 11。在统计习惯中，组距应尽可能是 5 或 10 的整倍数，因此将组距调整为 10，组数相应调整为 7 组。

第四步：确定组限及组限的表示方法。

[知识卡片] 确定组限应遵循的原则

① 组限最好用整数表示，尽可能是 5 或 10 的倍数。

② 最小组的下限应略低于或等于最小的变量值；

　　最大组的上限应略高于或等于最大的变量值。

③ 特殊的界限点必须作为组限。

④ 连续型变量，必须采用重叠组限；

　　离散型变量，重叠组限、间断组限均可。

⑤ 若资料中有极端变量值时，最低组或最高组可设计成开口组。

对于重叠组限，统计时要遵循"上限不在内"原则。

此例中，无极端变量值，且最小变量值是 21，最大变量值是 87，故最小组的下限定为 20，最高组的上限定为 90。因此按照组距 10 来确定各组组限，即：20~30、30~40、40~50、50~60、60~70、70~80、80~90。

第五步：计算各组单位数、频率（比重），编制变量数列，如表 3-9 所示。

表 3-9　超市日销售额分布表

日销售额/万元	天数/天	比重/%
20~30	2	6.67
30~40	6	20.00
40~50	7	23.33
50~60	6	20.00
60~70	4	13.33
70~80	3	10.00
80~90	2	6.67
合计	30	100.00

利用 Excel 编制组距数列，则主要是借助"直方图"工具。本例操作步骤如下：

第一步：将数据录入到 Excel 表中，指定各组上限数值，如图 3-10 所示。录入数据时，可以录成一行、一列或一个矩形区域。

指定各组上限时，需要注意 Excel 是默认"上限包含在本组内"的原则来统计的。

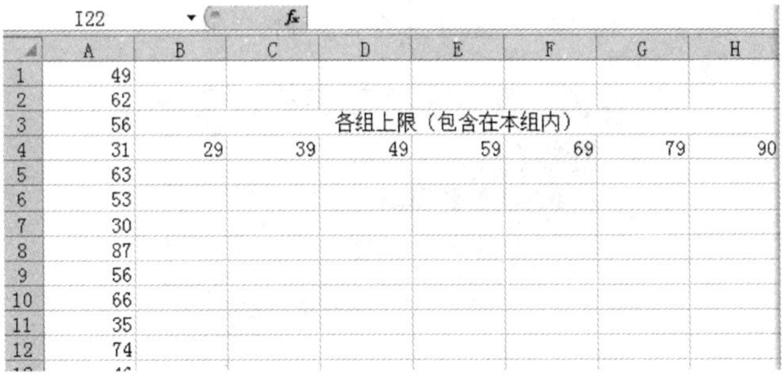

图 3-10　录入数据并输入各组上限

第二步：点击"数据"中的"数据分析"项，在弹出的"数据分析"对话框中选择"直方图"命令，点击"确定"，如图 3-11 所示。

如果"数据"下没有"数据分析"项，则需要使用"加载宏"加载。步骤：点开"文件"下"选项"，点击"Excel 选项"左侧菜单下"加载项"，右侧选择"分析工具库"，下方点击"转到"按钮，则弹出"加载宏"，勾选"分析工具库"，点击"确定"即可。如图 3-12、图 3-13 所示。

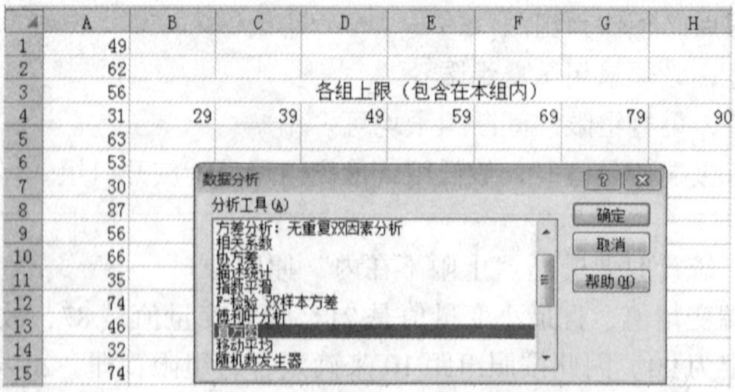

图 3-11 选择"直方图"工具

图 3-12 Excel 选项——分析工具库

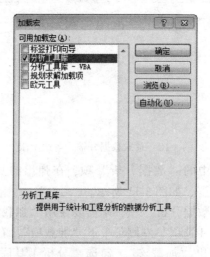

图 3-13 加载宏——"分析工具库"

第三步：在弹出的"直方图"对话框中，"输入区域"数值框中选择原始数据所在区域；"接收区域"数值框中选择各组上限值所在区域；"输出区域"数值框中指定数列输出区域的起点单元格，选中"图表输出"复选框，单击"确定"，即可同时得到变量数列和直方图。如图3-14、图3-15所示。

图 3-14　直方图对话框

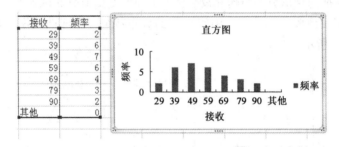

图 3-15　分布表和直方图

第四步：将图表进行修正，使之更加美观，并且符合习惯，如图3-16所示。

销售额频数分布表

日销售额/万元	天数/天
20~30	2
30~40	6
40~50	7
50~60	6
60~70	4
70~80	3
80~90	2
合计	30

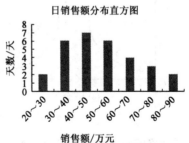

图 3-16　修正好的变量数列和直方图

还可以在频数分布表的基础上插入比重一列。

3.3.4　次数分布的类型

将统计数据按其分组标志分组的过程，实际上就是将变量值在各组中的次数进行分布的过程。

由于社会经济现象性质的不同，也就形成了不同类型的次数分布。概括起来，主要有三种类型：钟形分布、J形分布和U形分布。

（1）钟形分布

钟形分布的特征是"两头小、中间大"，即靠近中间的变量值分布的次数多，靠近两端的变量值分布的次数少，绘成曲线图，宛如一口古钟。

钟形分布的种类很多，其中最重要的是对称分布，如图 3-17（a）所示。对称分布的特征是中间变量值分布的次数最多，两侧变量值分布的次数则随着与中间变量值距离的增大而渐次减少，并且围绕中心变量值两侧呈对称分布。对称分布中的正态分布最重要，许多社会经济现象统计总体的分布都趋近于正态分布。例如，农业平均产量的分布、商品市场价格的分布等。正态分布在社会经济统计学中具有重要意义。在非对称的分布中，有不同方向的偏态，如图 3-17（b）所示。

（2）J 形分布

J 形分布有两种类型，如图 3-17（c）所示。正 J 形分布是次数随着变量值的增大而增多，绘成曲线图，犹如英文字母"J"字。反 J 形分布是次数随着变量值的增大而减少，绘成曲线图，犹如反写的英文字母"J"字。例如，投资按利润大小分布呈正 J 形分布，而人口总体按年龄大小分布，则一般呈反 J 形分布。

（3）U 形分布

U 形分布的特征与钟形分布恰恰相反，靠近中间的变量值分布的次数少，靠近两端的变量值分布的次数多，形成"两头大、中间小"的分布特征。绘成曲线图，像英文字母"U"字，如图 3-17（d）所示。

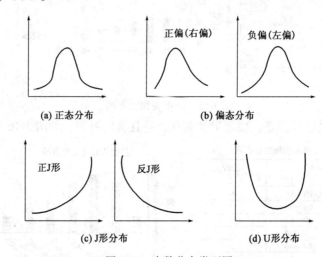

图 3-17 次数分布类型图

有些社会经济现象的分布表现为 U 形分布，例如人口死亡率分布。由于人口总体中幼儿死亡人数和老年死亡人数均较高，而中年死亡人数最低，因而按年龄分组的人口死亡率便表现为 U 形分布。

能力训练

一、判断题

1. 变量数列中的开口组不能确定组中值。 　　　　　　　　　　　　　　　　（　　）

2. 将公司职工按性别分为男、女两组形成的数列属于单项式数列。　　　(　　)

3. 次数分布的主要类型有钟形、U 形和 J 形分布三种。　　　(　　)

4. 钟形分布的特征是"两头大，中间小"。　　　(　　)

二、单项选择题

1. 如果数据分布很不均匀，则应编制 (　　)。

    A. 等距数列　　　　　　　　　　　　B. 异距数列

    C. 开口数列　　　　　　　　　　　　D. 闭口数列

2. 某车间 12 名工人，看管机器台数资料如下：2、5、4、4、3、3、4、3、4、4、2、2，按看管机器台数对该车间工人分组，编制变量数列，适合 (　　)。

    A. 等距数列　　　　　　　　　　　　B. 异距数列

    C. 单项式数列　　　　　　　　　　　D. 以上均可

3. 某同学考试成绩为 90 分，则应将其统计到下列哪一组的人数中 (　　)？

    A. 90 分以上　　　　　　　　　　　B. 80 ~ 90 分

    C. 分别计入 90 分以上及 80 ~ 90 分两组中　D. 根据需要来确定

4. 次数分布中，靠近中间的变量值分布的次数少，靠近两端的变量值分布的次数多，这是 (　　)。

    A. 钟形分布　　　　　　　　　　　　B. U 型分布

    C. 洛伦茨分布　　　　　　　　　　　D. J 形分布

5. 分配数列中，各组的频率之和 (　　)。

    A. 大于 100%　　　　　　　　　　　B. 等于 100%

    C. 小于 100%　　　　　　　　　　　D. 上述都有可能

三、多项选择题

1. 分配数列的构成要素分别是 (　　)。

    A. 分组标志　　　　　　　　　　　　B. 统计分组

    C. 次数或频率　　　　　　　　　　　D. 比例

    E. 各组的标志总量及总体的标志总量

2. 以下属于变量数列的是 (　　)。

    A. 学生按专业分组形成的数列　　　　B. 学生按年龄分组形成的数列

    C. 公司利润按月份排列形成的数列　　D. 工人按日产量分组形成的数列

    E. 产品按合格与不合格分组形成的数列

3. 编制组距数列时，组限的确定 (　　)。

    A. 最小组下限应大于最小的变量值

    B. 最小组下限应略小于或等于最小的变量值

    C. 最大组上限应等于最大的变量值

    D. 最大组上限应略大于或等于最大的变量值

    E. 最小组的下限及最大组的上限应分别等于最小变量值和最大变量值

4. 对连续变量编制分配数列 (　　)。

    A. 只能用组距数列　　　　　　　　　B. 相邻组的组限必须重叠

    C. 首尾两组一定得采用开口组　　　　D. 组距可相等也可不等

    E. 可以是单项式数列

5. 下列变量适宜编制组距式数列的是 (   )。

    A. 产量计划完成程度   B. 企业利税总额

    C. 学校在校生人数   D. 工人的文化程度

    E. 学生每周上网时间

四、综合分析题

1. 某品牌手机对 50 名顾客进行了手机质量满意度调查，调查结果如下：

1 5 4 1 3 3 2 4 2 3 5 2 2 4 3 3 4 4 1 2

2 1 3 5 4 2 2 4 4 4 5 3 5 3 2 1 2 4 5 2

4 2 2 3 3 3 4 5 5 1

5：很好；4：较好；3：一般；2：较差；1：很差。

要求：对上述资料进行分组并形成分配数列，绘制直方图。

2. 某地随机抽查了 50 户家庭，调查其家庭人均月收入（元）资料，如下：

2441 2688 2742 2958 2334 2821 2101 2582 2863 3249

3962 2621 2205 3268 2790 2553 2989 3350 2269 2353

2710 3803 3504 2793 3415 3022 2512 3067 3221 2918

3202 2942 2836 1980 3170 2892 3014 2601 2729 3651

2378 2237 2813 3533 3091 2570 3579 2153 3305 3010

要求：将上述 50 户家庭按人均月收入分组，编制变量数列，绘制直方图。

3. 某饲料加工企业 2018 年 3 月 A 饲料销售记录如下表所示。

A 饲料销售明细

日期	业务员	客户名称	单位	数量	金额/元
3.1	申祖博	徐小琴	kg	40	316
	刘志明	雄鹰	kg	120	948
3.2	马立伟	罡小三	kg	70	553
	马立伟	罡小三	kg	40	316
	王军辉	王红军	kg	20	158
	申祖博	徐小琴	kg	40	316
	申祖博	徐小琴	kg	50	395
	刘志明	郭兴兰	kg	20	158
	刘志明	马俊芳	kg	20	158
3.3	王旭华	曹平安	kg	20	158
	司鹏举	马成群	kg	20	158
3.4	王旭华	曹平安	kg	40	316
	司鹏举	马成群	kg	40	316
	吉文龙	常战国	kg	40	316
3.5	吉文龙	贾三水	kg	20	158
	王旭华	曹平安	kg	20	158
	马冬	赵新菊	kg	80	632

续表

日期	业务员	客户名称	单位	数量	金额/元
	王军辉	党国义	kg	40	316
	王军辉	高伟伟	kg	240	1896
3.8	申祖博	徐小琴	kg	20	158
	王旭华	曹平安	kg	40	316
	王川川	杨太学	kg	20	158
3.9	马冬	凡永有	kg	40	316
	王旭华	曹平安	kg	60	474
3.12	马立伟	王领群	kg	70	553
	司鹏举	李小明	kg	40	316
3.15	马立伟	王领群	kg	10	79
	王旭华	曹平安	kg	70	553
	刘志明	王国定	kg	80	632
	刘晋南	王晋栋	kg	30	237
3.16	王军辉	籍树军	kg	30	237
	王军辉	林云龙	kg	110	869
	申祖博	靳占房	kg	60	474
	申祖博	梁根全	kg	20	158
	申祖博	徐小琴	kg	40	316
	刘志明	宇辰	kg	80	632
	刘志明	郭兴兰	kg	70	553
	刘晋南	光太	kg	120	948
3.17	王军辉	林云龙	kg	10	79
	王军辉	刘胜利	kg	40	316
	刘志明	郭兴兰	kg	80	632
	刘志明	关恒庆	kg	20	158
3.18	王川川	侯红明	kg	60	474
	王川川	侯红明	kg	70	553
	王军辉	刘胜利	kg	100	790
3.19	马立伟	罡小三	kg	30	237
	王军辉	王红军	kg	20	158
	王军辉	王红军	kg	100	790
	王军辉	王红军	kg	120	948
	刘志明	段泽平	kg	90	711

资料来源：卢国红，杨柳主编.统计学基础学做教程.南京：南京大学出版社，2012.

要求：使用 Excel 软件，按日期及业务员分别统计销售数量及金额。

3.4 绘制统计图表

3.4.1 统计表的构成

统计表是由纵横交叉的线条来表现统计资料的表格，是表现统计资料的基本形式。利用统计表来表现统计资料具有以下功能。

① 能清晰、简明地表述统计资料的内容。

② 便于反映现象间的相互关系，有利于统计资料的比较、计算和分析。

③ 统计表是汇总和积累统计资料的必要手段。

从形式上看，统计表由总标题、行标题、列标题和数字资料四部分组成，如表 3-10 所示。

表 3-10 我国 2017 年工业增加值按产业分组表 ←总标题

按产业分组	工业增加值/亿元	比重/%
第一产业	65468	7.9
第二产业	334623	40.5
第三产业	427032	51.6
合计	827123	100.0

←纵栏标题 ←数字资料

横行标题→

↑ 主词　　　↑ 宾词　　　↑ 宾词

总标题是表的名称，它简明扼要地说明全表的内容，一般放在表的上端中央；横行标题是横行的名称，一般写在表的左边，用以列示总体或各组的名称；纵栏标题是纵栏的名称，一般写在表的第一行，用以说明总体或各组的各项数字资料的名称。

从内容来看，包括主词和宾词两部分。统计表的主词就是统计表所要说明的总体或总体单位或各组的名称；统计表的宾词是用来说明主词的各种指标。在通常情况下，主词排在表的左方即列于横行；宾词排在表的右方即列于纵栏。

[知识卡片] 我国三次产业的划分

第一产业：农林牧渔业。

第二产业：采矿业；制造业；电力、热力、燃气及水生产和供应业；建筑业。

第三产业：农、林、牧、渔专业及辅助性活动；开采专业及辅助性活动；批发和零售业；交通运输、仓储和邮政业；住宿和餐饮业；信息传输、软件和信息技术服务业；金融业；房地产业；租赁和商务服务业；科学研究和技术服务业；水利、环境和公共设施管理业；土地管理业；居民服务、修理和其他服务业；教育；卫生和社会工作；文化、体育和娱乐业；公共管理、社会保障和社会组织；国际组织。

3.4.2 统计表的种类

（1）按用途不同，统计表可以分为调查表、整理表和分析表

调查表主要用于统计调查中的登记、搜集和表现原始统计资料。

整理表主要用于数据整理过程中的统计汇总和表现汇总结果。

分析表主要用于数据分析中对汇总结果进行定量分析。

（2）按总体分组情况不同，统计表可以分为简单表、简单分组表和复合表

简单表是指主词未经任何分组形成的统计表，也称为一览表。通常仅列出总体各单位的名称或按时间先后顺序简单排列的统计表。如表 3-11 所示。

表 3-11　第六次人口普查我国各直辖市常住人口数字

城　　市	人口数/万人
北京市	1961.2
天津市	1293.8
上海市	2301.9
重庆市	2884.6

资料来源：国家统计局网站

简单分组表是指主词只按某一个标志进行分组形成的统计表。利用简单分组表可以揭示现象不同类型的特征，反映现象的内部结构和分析现象之间的相互关系，如表 3-10 所示。

复合表是指主词按两个或两个以上的标志进行重叠式分组形成的统计表。利用复合表可以反映所研究的现象受几种因素的共同影响而发生的变化，可以更加准确把握现象变化的规律，详细地认识问题和说明问题。

3.4.3　编制统计表应注意的问题

编制统计表应遵循：科学、实用、简明、美观的原则。具体要注意以下几点。

① 内容必须紧凑，重点突出，富有表现力，使人一目了然，便于分析和比较。

② 总标题要以概括、简练的文字反映表中资料的基本内容及资料所属的时间和空间范围。

③ 表的上下两端用粗线或双线绘制，在一些明显的分隔部分也应用粗线或双线，其他则用细线，统计表的左右两端不封口。

④ 各主词项目之间和宾词项目之间的顺序，应根据时间的先后、数量的大小、空间位置的顺序等合理编排。

⑤ 横行"合计"一般列在最后一栏。纵栏可以"合计"在前，"分栏"在后；也可以"分栏"在前"合计"在后。如果"分栏"不全部列出，"合计"必须在前，并且必须在横行标题上加上"其中"。

⑥ 如果栏数较多，习惯上对主词各栏采用甲、乙……次序编栏，对宾词各栏采用1、2、3……次序编栏，若各栏统计指标值之间有一定的计算关系，还可用等式表示。如表 3-12 所示。

表 3-12　某高校某年招收的新生性别与城乡状况统计表

按学历分组	学生人数			城乡					
				城镇			农村		
—	男	女	小计	男	女	小计	男	女	小计
甲	(1)	(2)	(3)	(4)	(5)	(6)	(7)	(8)	(9)
专科本科									
合计									

⑦ 数字资料必须注明计量单位，如果全表只有一种计量单位，通常在表头的右上方统一注明；有两个以上计量单位的，应在项目名称或指标名称的后面注明，横行的计量单位也可以专设"计量单位"一栏。

⑧ 表中数字应填写整齐，上下位置对齐。遇有相同数字应照写，不能用"同上""同左"等字样；当数字因小而忽略不计时，可填写为"0"；当缺某项数字资料时，可用符号"…"表示；不应有数字时用符号"—"表示；当某项资料应免填时，用"×"表示。总之，统计表数字部分不应出现空白单元格。

⑨ 如有需要说明的统计资料，应在表下方注明，如注明资料来源，以表示对他人劳动成果的尊重，也方便读者查阅使用。编制完毕经审核后，应加盖公章，填表人签名，主管负责人亦应签字。若有数据必须修改，修改处应加盖修改人员印章，以示负责。

3.4.4 几种常用的统计图

统计图就是利用点、线、面积、体积等几何图形和事物的形象来表现统计资料的图形。它用图形的大小及其变化来表现事物的规模、水平、构成、相互联系、发展变化的趋势及分布等情况。

统计图的种类有很多，下面主要介绍三种常用的图形。

（1）条形图

条形图是用宽度相同的条形的高度或长度来表示统计数据大小或多少的一种图形。当各类别放在纵轴时，称为条形图；当各类别放在横轴时，称为柱形图。它主要用于说明或比较同一指标在不同时间、地点、单位的变化发展情况。如图 3-13 所示。

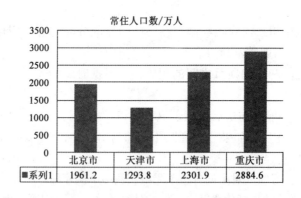

图 3-13 第六次人口普查我国各直辖市常住人口数字

（2）饼图

饼图是用扇形的面积大小来表示统计指标数值大小的一种图形。它用于表示总体中各组成部分所占的比重，揭示现象的内部结构及其变化。如图 3-14 所示。

（3）折线图

折线图是利用线的升、降变化来表示统计指标数值变化的一种图形。它用于分析社会经济现象的发展变化的规律、趋势以及现象之间的依存关系。如图 3-15 所示。

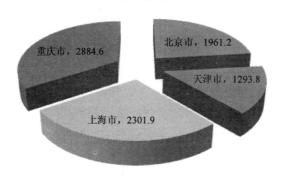

图 3-14　第六次人口普查我国各直辖市常住人口数字

图 3-15　第六次人口普查我国各直辖市常住人口数字

能力训练

一、判断题

1. 统计表的构成从形式上看由主词和宾词两部分组成。　　　　　　　　（　　　）
2. 将生产工人分别按性别、工种进行分组形成的统计表为复合表。　　　（　　　）
3. 统计表的主词是说明总体的各种指标。　　　　　　　　　　　　　　（　　　）

二、单项选择题

1. 某学校学生先按系别分组，在此基础上，再按专业分组，形成的统计表称为（　　　）。
　　A. 简单表　　　　　　　　　　　　B. 简单分组表
　　C. 复合表　　　　　　　　　　　　D. 平行分组表
2. 对总体按一个标志分组后编制的统计表是（　　　）。
　　A. 简单表　　　　　　　　　　　　B. 简单分组表
　　C. 复合表　　　　　　　　　　　　D. 平行分组表
3. 填写统计表时，若某个项目不该有数字，应该用（　　　）表示。

A. ⋯   B. ✕

C. —   D. 0

4. 统计表的形式应该是 (　　)。

    A. 上下封顶，左右开口   B. 上下不封顶，左右开口

    C. 上下封顶，左右不开口   D. 上下不封顶，左右不开口

5. 统计表的宾词用来说明总体的 (　　)。

    A. 统计指标   B. 统计总体

    C. 统计分组   D. 总体单位

6. 统计图中最适合用来反映总体内部构成的是 (　　)。

    A. 直方图   B. 条形图

    C. 饼图   D. 折线图

三、多项选择题

1. 统计表按分组的情况可分为 (　　)。

    A. 简单表   B. 调查表

    C. 简单分组表   D. 整理表

    E. 复合表

2. 从内容来看，所有的统计表都是由哪几个部分组成 (　　)。

    A. 横行标题   B. 纵栏标题

    C. 宾词   D. 主词

    E. 数字资料

四、综合分析题

1. 某市 200 家企业的有关资料如下：

200 人以下的企业中全民企业 13 家，集体企业 5 家，合资企业 0 家；200～300 人的企业中全民企业 20 家，集体企业 35 家，合资企业 3 家；300～400 人的企业中全民企业 13 家，集体企业 17 家，合资企业 2 家；400～500 人的企业中全民企业 20 家，集体企业 14 家，合资企业 2 家；500～600 人的企业中全民企业 20 家，集体企业 10 家，合资企业 1 家；600 人以上的企业中全民企业 15 家，集体企业 10 家，合资企业 0 家。

要求：根据所给资料编制统计表。

（1）按品质标志分组编制简单分组表；

（2）按数量标志分组编制简单分组表；

（3）设计复合表。

2. 某公司 48 名员工的教育程度如下：

本科　高中　高中　本科　初中　高中　高中　高中　研究生　高中

大专　大专　本科　大专　研究生　高中　大专　大专　初中　本科

高中　大专　本科　研究生　本科　大专　大专　高中　高中　大专

高中　大专　本科　高中　大专　大专　初中　本科　研究生　本科

大专　高中　大专　大专　初中　大专　初中　高中

要求：利用 Excel 绘制适当的图形反映该公司员工的教育程度构成。

3. 某地曾做过一项城市住房专题调查，随机抽取了100户城市家庭，在整理其中的一个问题"您是否对您目前的住房状况满意?"时，得到原始数据资料如下:

B D A B C D B B A C E A D A B A E A D B C B C C
C C B C C B C D E B C D C E A C C E D C A E C D D
D A A B D D A A B C E E B C E C B E C B C D D C C
B D D C A E C D B E A D C B E E B C C B E C B C A

A: 非常不满意；B: 不满意；C: 一般；D: 满意；E: 非常满意。

要求: 根据以上原始资料编制分配数列，并绘制适当的统计图。

4. 下列统计表存在多处错误，请找出其中的错误并绘制正确的统计表。

① 某年某企业总产值计划完成情况如下表:

某年某企业总产值计划完成情况

产品名称	总产值		计划完成程度
	计划	实际	
计量单位	万元	万元	%
甲	150	160	106.7
乙	200	200	100
丙	/	230	115
丁	100	100	100
合计	750	790	421.7

② 某厂某月产品产量及生产费用情况如下表:

产品名称	产量	生产费用（万元）	
		金额	比重（%）
甲台	50	11500	20.4
乙件	330	3960	7.0
丙/	260	8580	15.2
丁台	150	32250	57.3
合计	790	56290	99.9

【任务解析】

统计整理工作直接关系到整个统计研究的结果，统计分组又是统计整理中的关键环节，分配数列及统计图是统计分组结果的主要表现形式。此任务中，在科学分组的前提下，正确统计各组的单位数，在此基础上计算各组在总体中占的比重，并形成分配数列及直方图，则所有问题一目了然。

◆◆ 知识图谱 ◆◆

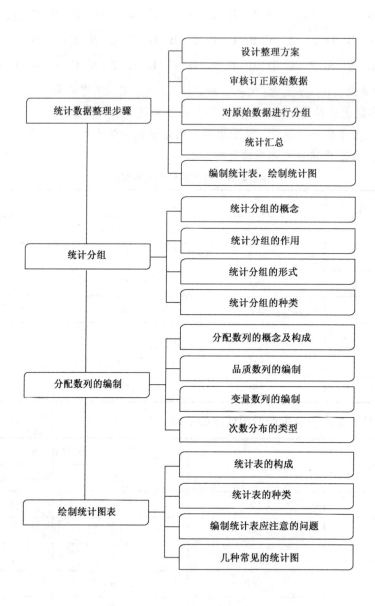

模块四　数据特征的描述指标

任务四　总量与相对量的测定

⊙ 【学习目标】

◆ **知识目标**：理解总量指标、相对指标的概念和作用；
　　　　　　掌握总量指标的分类及核算方法；
　　　　　　理解并掌握六类相对指标的应用场合及计算方法。
◆ **能力目标**：培养利用 Excel 核算总量指标、相对指标的能力；
　　　　　　培养在实践中运用各种总量指标、相对指标等描述社会经济现象的能力。

【统计名称】

数字不能说明一切，但没有数字却什么都不能说明。

——国家统计局网站

【任务描述】

中华人民共和国
2017 年国民经济和社会发展统计公报（节选）

　　初步核算，全年国内生产总值 827122 亿元，比上年增长 6.9%。其中，第一产业增加值 65468 亿元，增长 3.9%；第二产业增加值 334623 亿元，增长 6.1%；第三产业增加值 427032 亿元，增长 8.0%。第一产业增加值占国内生产总值的比重为 7.9%，第二产业增加值比重为 40.5%，第三产业增加值比重为 51.6%。

　　年末全国总人口 139008 万人，比上年末增加 737 万人，其中城镇常住人口 81347 万人，占总人口比重（常住人口城镇化率）为 58.52%，比上年末提高 1.17 个百分点。户籍人口城镇化率为 42.35%，比上年末提高 1.15 个百分点。全年出生人口 1723 万人，出生率为 12.43‰；死亡人口 986 万人，死亡率为 7.11‰；自然增长率为 5.32‰。

　　全年全国居民人均可支配收入 25974 元，比上年增长 9.0%，中位数 22408 元，增长 7.3%。按常住地分，城镇居民人均可支配收入 36396 元，比上年增长 8.3%，中位数 33834 元，增长 7.2%。农村居民人均可支配收入 13432 元，比上年增长 8.6%，中位数 11969 元，增长 7.4%。按全国居民五等份收入分组，低收入组人均可支配收入 5958 元，中等偏下收入组人均可支配收入 13843 元，中等收入组人均可支配收入 22495 元，中等偏上收入组人均可支配收入 34547 元，高收入组人均可支配收入 64934 元。全国农民工人均月收入 3485 元，比上年增长 6.4%。

全国居民人均消费支出 18322 元，比上年增长 7.1%。按常住地分，城镇居民人均消费支出 24445 元，增长 5.9%；农村居民人均消费支出 10955 元，增长 8.1%。恩格尔系数为 29.3%，比上年下降 0.8 个百分点，其中城镇为 28.6%，农村为 31.2%。

描述社会经济现象，要借助相关的统计研究方法以及大量的统计指标。本任务资料中，都用到了哪些统计研究的基本方法？其中大量的统计指标分别属于哪种类型？是如何计算的？通过本模块的学习，我们将得到这些问题的答案。

资料来源：国家统计局网站

【相关知识】

4.1 总量分析

4.1.1 总量指标的概念和作用

总量指标是用绝对数来反映现象总体在一定时间、地点和条件下的总规模、总水平或总成果的综合指标，又称统计绝对数。如一个国家某一时期的人口数、粮食产量、工业生产总值、商品零售额等都是总量指标。

总量指标也可以表现为社会经济现象总体在一定时空条件下数量增减变化的绝对数。如我国第六次全国人口普查登记的全国总人口数与第五次全国人口普查相比，增加 7390 万人。

总量指标是各类指标中最基本的指标，在实际工作中有着很重要的作用。具休如下。

（1）总量指标可用来反映一个国家、地区、部门或单位的基本状况

社会经济现象的基本情况往往首先表现为总量，因此总量指标是认识现象的起点。如要了解一个国家的生产水平和经济实力，就要知道该国的国内生产总值、粮食总产量、钢铁总产量、各种矿藏储量等总量指标；要了解一个企业的生产经营状况，就要知道该企业的职工总数、固定资产投资总额、工业产品产量、工业增加值、利税总额等总量指标。

（2）总量指标是制定政策、编制计划、实施科学管理的重要依据

不管是国家还是企业在制定政策、编制计划、实施科学管理的过程中，都要把有关的总量指标作为重要的参考依据。例如，国家在制定货币发行量、存贷款利率、存贷款额度、基本建设投资规模等各项金融政策和财政政策时就要以城乡居民储蓄存款余额、全社会固定资产投资总额、货币流通量等总量指标为依据。

（3）总量指标是计算相对指标和平均指标的基础

总量指标属于基础指标，相对指标和平均指标一般是由两个有联系的总量指标对比计算出来的，是总量指标的派生指标。如人口性别比例是男性人口数与女性人口数之比，单位面积产量是总产量与播种面积之比等。总量指标的计算是否科学直接影响到相对指标和平均指标的正确性。

[知识卡片] 总量指标的特点

① 只有有限总体才能计算总量指标；
② 指标数值大小受总体范围的大小影响；
③ 数值表现为绝对数，一定有计量单位。

4.1.2 总量指标的计量单位

（1）实物单位

实物单位，即根据实物本身的物理特点和化学性质而采用的计量单位。包括：

① 自然单位。根据现象的自然属性来计量。如人口以"人"为单位、汽车以"辆"为单位。

② 度量衡单位。根据长度、面积、重量等度量衡制度规定的单位来计量。如千米、平方米、千克等。

③ 复合单位。将两种计量单位组合在一起（相乘）来计量。如货物周转率以"吨千米"为单位。

④ 标准实物单位。按统一的折算标准来计量实物数量。如将发热量不同的煤折合成发热量为7000卡/千克的标准煤。

★思考：① 你还能列举几个复合单位和标准实物单位的例子吗？
② 实物单位在统计核算中具有自然、直观的特点，那么它有哪些不足呢？

（2）货币单位

货币单位，是以价值为尺度来计量社会物质财富或劳动成果的计量单位。常用的货币单位：元、百元、千元、万元、亿元等。货币单位最大的特点是能将不能直接相加的实物量转化为能够相加的价值量，具有广泛的综合性，在经济领域中应用十分广泛。

（3）劳动单位

劳动单位，是以劳动时间为单位计量产品产量或劳动量的计量单位，常以复合单位的形式出现，如工日、工时等。通常用于企业内部的考核和管理，作为计算劳动生产率的依据。

4.1.3 总量指标的种类

总量指标的种类如图 4-1 所示。

（1）总体单位总量和总体标志总量

① 总体单位总量。简称单位总量，是指总体单位的合计数，表示总体本身的规模大小。

② 总体标志总量。简称标志总量，是指总体各单位的某一数量标志的标志值之和。

例：以一个企业的职工作为总体，该企业的职工人数就是单位总量，该企业全部职工工资总额就是标志总量。以某地区的全部工业企

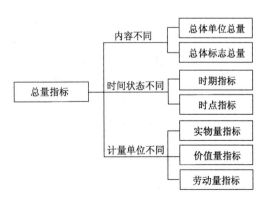

图 4-1 总量指标的种类

业为总体，该地区工业企业总数即为单位总量，该地区工业企业的职工人数、工资总额等都为标志总量。

需要指出的是：单位总量和标志总量并不是固定的，而是随着研究目的不同和研究对象的变化而变化。如上例中，以该地区的工业企业为总体时，该地区工业企业的职工总人数为标志总量；如果以该地区工业企业的职工为总体，职工总人数就是单位总量。

（2）时期指标和时点指标

① 时期指标是反映现象在一段时期内发生的总量。如产品产量、销售总额、工资总额等。有如下特点：

a. 时期指标数值是连续统计的结果。如某服装厂一月份的衬衫产量是对一月份每天的产量都要进行统计，然后相加的结果。

b. 各期指标数值可以累计相加，相加后表示更长时期的总量。如某服装厂将前三个月的衬衫产量相加后即得到第一季度的产量。

c. 时期指标数值大小与时期长短有关。一般情况下，时期越长，指标数值越大。如在正常生产情况下，该服装厂第一季度的衬衫产量肯定大于一月份的产量。

② 时点指标是反映现象在某一时点上的总量。如在校学生数、商品库存量、耕地面积等。有如下特点：

a. 时点指标数值是间断统计的结果。时点指标统计的是现象在某个具体时点上的总量，如某服装厂一月末的库存量。

b. 各时点指标数值不可累加，累加没有实际意义。如服装厂将一月末、二月末、三月末的衬衫库存量相加，就没有任何意义。

c. 时点指标数值的大小与时间间隔长短没有直接关系。如服装厂第一季度末的衬衫库存量不一定大于一月末的库存量。

★ **小训练：** 你能设计一个表格可以更清晰地对时期指标和时点指标的特点进行比对吗？

时期指标和时点指标的区别

区　别	时　期　指　标	时　点　指　标

（3）实物量指标、价值量指标和劳动量指标

① 实物量指标是以实物单位计量的总量指标。如人口数、产品产量等。

② 价值量指标是以货币单位计量的总量指标。如工资总额、利润总额、商品销售额等。

③ 劳动量指标是以劳动时间为计量单位的总量指标。如工时消耗量、用工总量等。

4.1.4　总量指标的核算

（1）直接计量法

通过计数、点数和测量等方法，登记各单位的具体数值加以汇总，得到总量指标。例如，统计报表或普查中的总量资料，基本上都是用直接计量法计算出来的。如人口普查中的

总人口数。

（2）间接推算法

在总量指标不能直接计算或不必直接计算的情况下，利用现象之间的平衡关系、因果关系、比例关系推算总量的方法。

① 平衡关系推算法。利用各种平衡关系来推算未知指标。

如人口统计中，常住人口和现有人口之间存在着如下平衡关系，即：常住人口 = 现有人口 + 暂时外出人口 – 暂时居住人口，根据上述关系式可以对式中某一指标进行推算。

【例4-1】 设某地 2017 年底常住人口总数为 294015 人，其中暂时住到外地人口 4768人，外地暂住本市人口 9785 人；则 2017 年底现有人口数为：

$$现有人口 = 常住人口 + 暂时居住人口 – 暂时外出人口$$
$$= 294015 + 9785 – 4768 = 299032（人）$$

② 因果关系推算法。根据现象间的因果关系，利用已知的因素资料推算未知的相关资料的方法。如推算本期销售量，就可以利用销售额、单价和销售量之间的关系来进行。

③ 比率关系推算法。根据已知的某一时期、某一地区或某一单位的某种指标与其相关指标的比率关系，推算另一时期、另一地区或另一单位的指标；或者根据总体组成部分的比率关系，推算总体资料的方法。例如，某地集团消费品零售额历年均占零售总额的 10%，已知某年当地零售总额为 5000 万元，用比例推算，则该地集团消费品零售额约为 500 万元。

（3）抽样推断法

抽样推断法是指运用统计推断知识，通过抽取样本，用样本总量指标估算总体总量指标的方法，后续会在模块五中介绍该方法。

（4）Excel 的计数、求和函数

① 用于统计计数的函数主要有：COUNT、COUNTA、COUNTBLANK 和 COUNTIF。

COUNT 函数用于计算指定区域中包含数字的单元格以及数字的个数。

COUNTA 函数用于计算指定区域中包含的数值个数及非空单元格的个数。

COUNTBLANK 函数用于计算指定区域中空单元格的个数。

COUNTIF 函数用于计算指定区域中满足给定条件的单元格个数。

② 用于统计求和的函数主要有：SUM 和 SUMIF。

SUM 函数用于计算指定单元格区域内所有数值的和；

SUMIF 函数用于计算指定单元格区域内对满足条件的单元格求和。

【例4-2】 某班学生共 50 人，统计学考试成绩（分）如下（见图4-2）：

	A	B	C	D	E	F	G	H	I	J
1	78	72	85	78	82	90	80	55	95	67
2	缓考	78	85	66	71	63	83	旷考	95	93
3	80	61	67	99	89	63	78	74	82	88
4	72	85	77	70	90	70	76	69	83	58
5	89	98	62	81	旷考	76	86	73	85	81

图4-2　统计学考试成绩

结合资料，要求统计以下内容：

① 参加考试的学生人数（见下图 4-3、图 4-4，或直接在编辑栏输入公式"= COUNT（A1：J5）"，结果 47 人。以下均可以编辑输入，请同学们自己尝试。）

② 该班学生总人数（见图 4-5、图 4-6，结果 50 人）

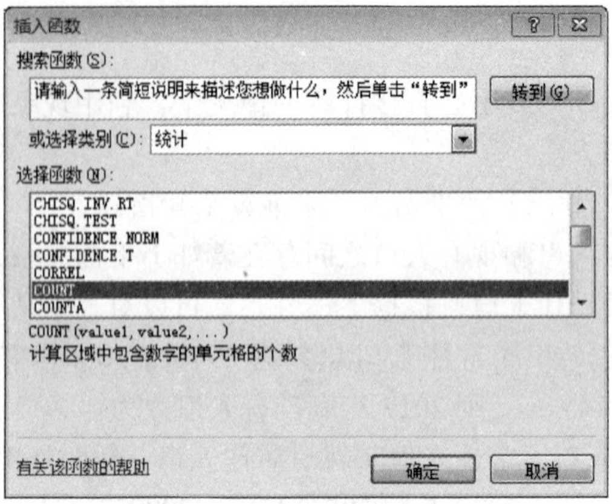

图 4-3 插入函数对话框（一）

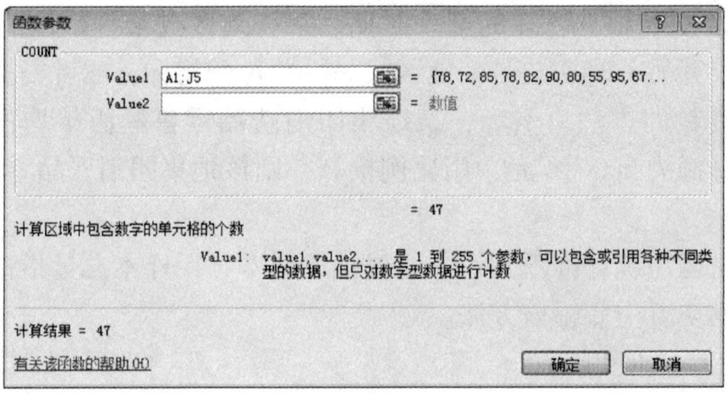

图 4-4 函数参数对话框（一）

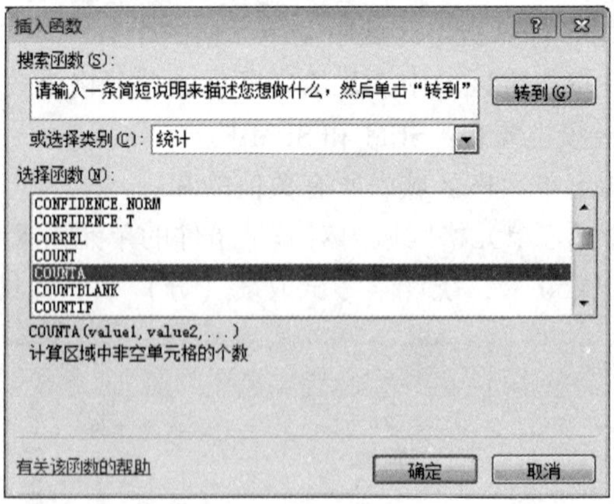

图 4-5 插入函数对话框（二）

③该班申请缓考的人数（见图 4-7、图 4-8，结果 1 人）

④该班成绩 80 分（含 80 分）以上的人数（见图 4-7、图 4-9，结果 23 人）

⑤全班同学的总成绩（见图 4-10、图 4-11，结果 3678 分）

⑥80 分以上（含 80 分）同学的总成绩（见图 4-12、图 4-13，结果 2004 分）

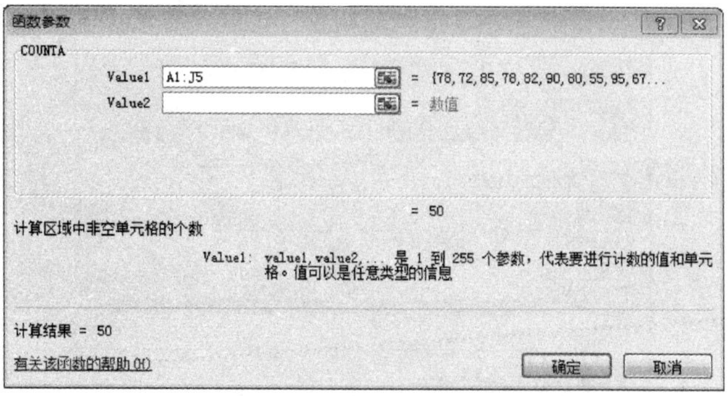

图 4-6　函数参数对话框（二）

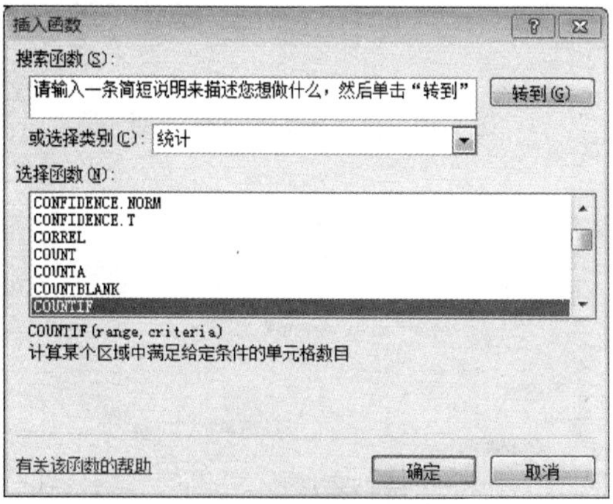

图 4-7　插入函数对话框（三）

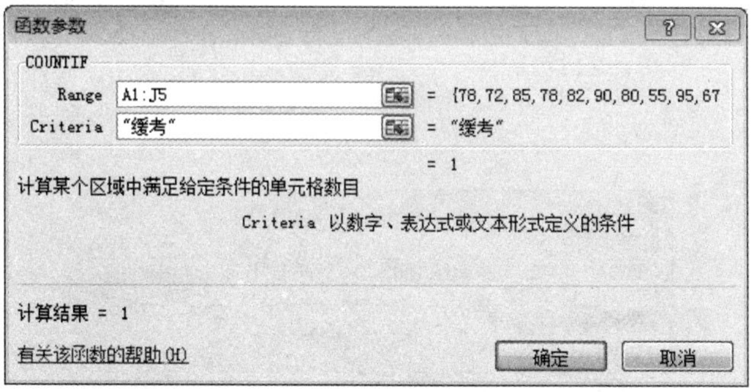

图 4-8　函数参数对话框（三）

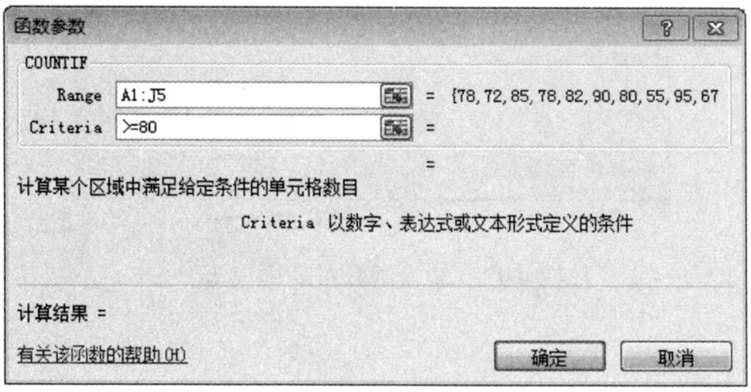

图 4-9　函数参数对话框（四）

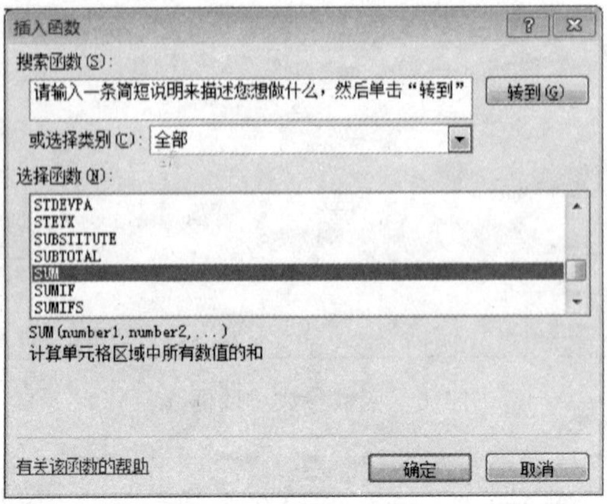

图 4-10 插入函数对话框（四）

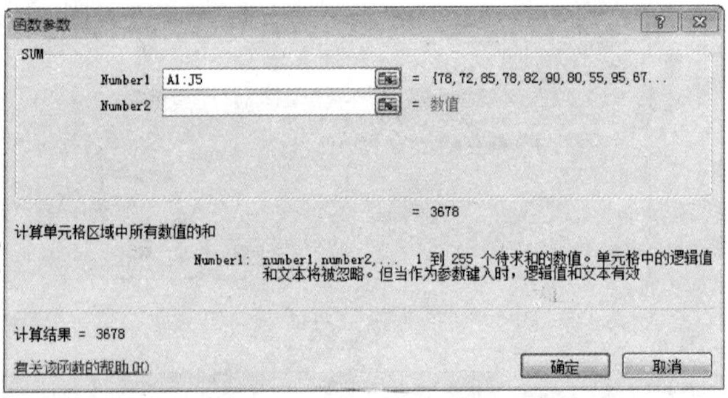

图 4-11 函数参数对话框（五）

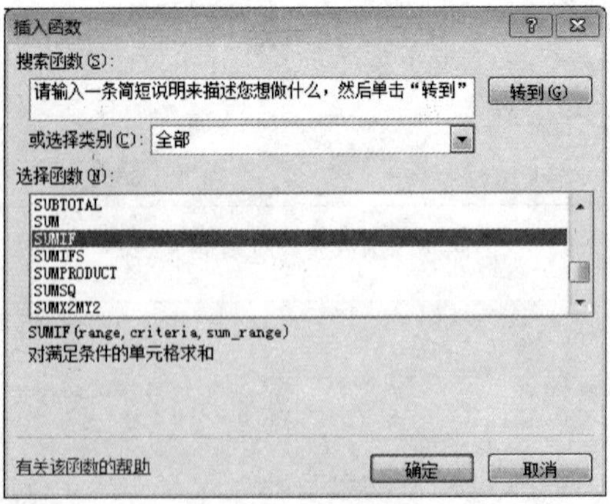

图 4-12 插入函数对话框（五）

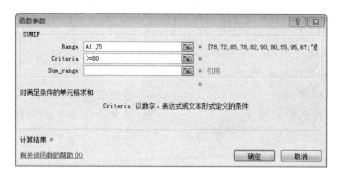

图 4-13　函数参数对话框（六）

能力训练

一、判断题

1. 总量指标随着总体范围及时间范围的扩大而增加。 （　　）

2. 以某市国有商业企业为总体，总体单位总量是该市全部国有商业企业数，这些企业的职工人数、商品流转额、利税额的合计数就是总体标志总量。 （　　）

3. 时期指标与时间长短成正比，时点指标与时点间隔长短成正比。 （　　）

4. 北京市 2017 年末总人口数、新出生人口数均为这时时点指标。 （　　）

二、单项选择题

1. 总量指标的大小（　　）。

 A. 随总体范围扩大而扩大   B. 随总体范围扩大而缩小

 C. 随总体范围缩小而扩大   D. 与总体范围大小无关

2. 下列指标属于总量指标的是（　　）。

 A. 职工人数   B. 产品合格率

 C. 人均收入   D. 资金利税率

三、多项选择题

1. 下列指标属于总量指标的是（　　）。

 A. 某厂 1 月份产品产量   B. 某地区人口净增加数

 C. 全国人均钢铁产量   D. 某公司实现利税额

 E. 职工工资总额

2. 时点指标的特点是（　　）。

 A. 不同时间数值可以相加   B. 不同时间数值不可以相加

 C. 调查资料需连续登记   D. 数值只能间断登记

 E. 数值与登记的时间间隔长短无直接关系

3. 下列属于时点指标的是（　　）。

 A. 某公司 2017 年末生产工人占全员职工的 80%

 B. 某商场月末库存盘点总金额为 1000 万元

C. 某高校 2017 年末在册教职工人数 800 人

D. 某高校 2017 年新接收硕士、博士毕业生 5 人

E. 某市 2017 年平均每位医生为 2000 人服务

4. 总量指标的重要作用在于（　　）。

A. 认识现象的起点　　　　　　　　B. 社会管理的依据

C. 计算相对指标的依据　　　　　　D. 计算平均指标的依据

E. 不会出现统计误差

四、综合应用题

1. 某地区全部工业企业按经济类型分组的主要指标如下表所示。

某地区全部工业企业按经济类型分组资料

按经济类型分组	编码	年末职工人数/万人	按经济类型分组	编码	年末职工人数/万人
总计	1	333.25	乡办企业	10	40.26
一、乡办以上独立核算工业企业	2		（三）全民与集体合营工业企业	11	1.70
（一）全民所有制工业企业	3	136.86	（四）外资企业	12	0.27
1. 中央企业	4		（五）其他经济类型工业企业	13	0.03
2. 地方企业	5	106.04	二、村办工业企业	14	
其中：县属企业	6	23.43	三、农村合作经营工业	15	18.43
（二）集体所有制工业企业	7	95.38	四、城镇和农村个体工业	16	
其中：县属企业	8	14.13	（一）城镇个体工业	17	4.86
城镇街道办企业	9	7.96	（二）农村个体工业	18	24.63

要求：利用总量指标间的平衡关系填写表中空格数据。

2. 区分时期指标和时点指标。

A. 商品库存量　B. 商品销售额　C. 职工人数　D. 商品库存额　E. 人口总数

F. 固定资产投资额　G. 居民储蓄存款余额　H. 人口出生数　I. 国内生产总值

J. 森林面积　K. 新增林地面积　L. 在校生人数　M. 毕业生人数

时期指标：

时点指标：

4.2　相对量分析

4.2.1　相对指标的概念和作用

相对指标又称统计相对数，是两个相互有联系的指标数值之比，用以反映现象的发展程度、结构、强度或比例关系等。如学生出勤率、人口的性别比例、人口密度、人均国民生产总值等，都是相对指标。

相对指标在统计分析中的作用主要表现在以下两个方面。

① 相对指标可以更清楚地反映事物之间的相对水平和联系程度。总量指标虽然是反映现象总体规模或水平的重要指标，但它有时不易明显反映现象内部结构的数量特征和事物发

展的程度。利用相对指标可以更明显地反映总量指标不易清楚表达的现象，有利于对现象进行更深入的分析。

例如，我国是资源大国，许多矿产资源含量居世界首位，但和我国人口总数对比，人均占有量却十分贫乏。此时用人均占有量指标就比用资源总量指标更能说明问题。

② 相对指标可以使不能直接对比的总量指标，找到可比的基础。例如，规模不同的两个生产企业，如果用利润总额来评价其经济效益的好坏，就不具备可比性。因为利润总额不仅受企业经营管理水平高低的影响，资金的投入量是非常重要的一个影响因素。此时如果采用资金利润率来反映每百元资金实现的利润，就使两个企业找到了可以对比的基础，从而做出恰当的评价。

★ **讨论：** 2017 年甲、乙两家公司实现的利润总额分别为 1000 万元和 100 万元。假如甲公司投入资本 1 亿元，乙公司投入资本 500 万元。哪家公司的盈利能力更强？

4.2.2 相对指标的表现形式

（1）无名数

通常用系数、倍数、成数、百分数、百分点、千分数等表示。

① 系数和倍数。是将对比的基数抽象化为 1 而计算出的相对数。分子数值与分母数值相差不大时，常用系数表示，如工资等级系数、相关系数。分子的数值比分母的数值大很多时，则用倍数表示。

② 成数。是将对比的基数抽象化为 10 计算的相对数。如今年某高校招收新生人数比去年增长一成，即增长 1/10。

③ 百分数。是将对比的基数抽象化为 100 计算的相对数，是最常用的一种表现形式。

④ 百分点。是百分数的另一种表现形式，常见于两种情况。一是两个不同时期的百分数相减的结果，如某高校今年应届毕业生一次就业率为 90%，去年为 85%，则今年比去年提高了 5 个百分点；二是以提高率或降低率形式制定任务时，以实际的提高率或降低率与计划数相减的结果，如某厂计划本月利润提高 3%，实际提高 5%，则利润的提高计划多完成了 2 个百分点。

⑤ 千分数。是将对比的基数抽象为 1000 计算出来的相对数。当对比的分子数值比分母数值小很多时，宜用千分数表示。如人口出生率、死亡率等。

［知识卡片］"番"与"倍"的区别

有时我们会见到翻番的说法，如我国"十八大"任务提出，以 2010 年为基础，在十年间即 2020 年实现人均收入翻一番的目标。"番"与"倍"有何不同？增加一倍，即增加 100%；翻一番，也是增加 100%。除了一倍与一番相当外，两倍与两番以上的数字含义就不同了。数字越大，差距越大。如增加两倍，即增加 200%；翻两番，即为原来的 4 倍，增加 300%。"番"是按几何级数计算，而"倍"是按算术级数计算。

（2）有名数

有名数主要用于强度相对指标的计量，通常采用复合单位。它是将相对数中的分子与分母指标的计量单位同时并列，以表明事物的强度、密度、普遍程度等。例如，人口密度用"人/平方千米"表示；人均粮食产量用"千克/人"表示；人均国民生产总值用"元/人"

表示等。

4.2.3 相对指标的种类和计算

由于研究目的不同，对比基础不同，相对指标可以分为以下六种（见图4-14）。即：计划完成程度相对指标、结构相对指标、比例相对指标、动态相对指标、比较相对指标和强度相对指标。

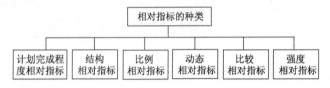

图4-14 相对指标的种类

（1）计划完成程度相对指标

计划完成程度相对指标，即计划完成百分比，是指现象在一定时期内的实际完成数与计划数对比的结果，表明计划任务的完成情况。通常用百分数表示。其基本公式为：

$$计划完成程度相对指标 = \frac{实际完成数}{计划任务数} \times 100\% \qquad (4-1)$$

在规定计划任务时，通常有三种形式，即绝对数、相对数和平均数。在计算该指标时应根据具体情况分别采用不同的计算方法。

① 计划任务数为绝对数。当计划任务数为绝对数时，可用于短期计划、中长期计划的完成情况检查。

短期计划完成情况的检查可直接用公式4-1。

检查长期计划的完成情况时，根据计划指标的性质不同，计算可分为累计法和水平法。

a. 累计法。适用于计划任务是按全期应完成的总数来规定的。其计算公式为：

$$计划完成程度相对指标 = \frac{计划期内实际完成的累计数}{计划规定应完成的累计数} \times 100\% \qquad (4-2)$$

长期计划检查还常常需要计算提前完成任务的时间，方法是：自计划执行之日起至累计实际数量已达到计划规定数量止，剩余的时间即为提前完成任务的时间。

【例4-3】 某地区计划在"十二五"期间，完成基本建设投资总额500亿元，实际五年内累计完成550亿元，则

$$计划完成程度相对指标 = \frac{550}{500} \times 100\% = 110\%$$

该结果说明该地区"十二五"期间基建投资总额超额完成10%。如果该地区在2015年6月底实际完成的累计投资额就已达到500亿元，则说明该地区完成基建投资计划用了四年半的时间，比计划提前了六个月。

b. 水平法。适用于计划任务是按计划期最后一年所应达到的水平来规定的。计算公式为：

$$计划完成程度相对指标 = \frac{计划期末年的实际完成数}{计划规定末年的应完成数} \times 100\% \qquad (4-3)$$

计算提前完成任务的时间，只要在连续一年的时间内完成了计划规定的任务数，则后面的时间即为提前完成的时间。

【例4-4】 某企业在制定"十二五"规划时,规定2015年甲产品的全年产量应达到30万件,具体计划执行情况如表4-1所示。

表4-1 某企业"十二五"期间甲产品的产量资料 单位:万件

时间	第一年	第二年	第三年		第四年				第五年			
			上半年	下半年	第一季度	第二季度	第三季度	第四季度	第一季度	第二季度	第三季度	第四季度
产量	25	25	13	13	7	7	7	8	8	8	9	9

根据上表资料计算:

$$计划完成程度相对指标 = \frac{8+8+9+9}{30} \times 100\% = 113.3\%$$

计算结果说明该企业已提前完成了长期计划任务。

采用水平法检查计划执行情况,不仅要计算计划完成程度,也应计算计划提前完成的时间,只要有连续一期(如一年)的时间,实际完成的水平达到了计划规定的末期(如末年)水平,剩余的时间即为提前完成时间。上题中自第四年二季度至第五年一季度实际完成30万件,故提前了3个季度完成任务。如果末年未达到计划任务数,即便中间有连续一年的时间达到了计划任务数,也不能算是提前完成任务,计算提前完成任务的时间是无意义的。

无论是短期计划,还是中长期计划,还常常需要在计划执行期间进行进度检查,用于检查计划的执行进度及均衡性。

$$计划执行进度 = \frac{截止至某时止的累计完成数}{全期计划数} \times 100\% \tag{4-4}$$

【例4-5】 某企业2017年产值计划及完成情况如表4-2所示。

表4-2 某企业2017年产值资料

企业名称	全年计划总产值/万元	实际完成总产值/万元		
		第一季度	第二季度	第三季度
甲企业	6000	1200	1500	2000

计划已执行了3个季度,全年时间已经过去了3/4,即75%。前三个季度累计完成产值4700万元,完成了全期计划的78.3%。表明全期计划进度均衡性较好,并略有超前。

② 计划任务数为相对数。当计划任务是比上年提高或降低百分之几的形式表示时,检查其计划完成情况时,不能直接用提高率或降低率进行对比,应以包括基数在内的百分率进行对比。提高(或降低)率的计划完成程度指标,其计算公式为:

$$计划完成程度相对指标 = \frac{1+实际提高率}{1+计划提高率} \times 100\% \tag{4-5}$$

$$计划完成程度相对指标 = \frac{1-实际降低率}{1-计划降低率} \times 100\% \tag{4-6}$$

计算结果如高于100%,说明提高率计划超额完成或降低率计划未完成;如低于100%,说明提高率计划未完成或降低率计划超额完成。

【例4-6】 某企业计划规定,劳动生产率比上年提高10%,单位产品成本比上年降低8%。实际劳动生产率比上年提高了12%,单位产品成本比上年降低了10%。则

$$劳动生产率的计划完成程度相对指标 = \frac{1+12\%}{1+10\%} \times 100\% = 101.8\%$$

$$单位产品成本的计划完成程度相对指标 = \frac{1-10\%}{1-8\%} \times 100\% = 97.8\%$$

结果表明劳动生产率和单位产品成本均超额完成计划。

③ 计划任务数为平均数。当计划任务数为平均数时，应先计算出实际平均水平，再将其与计划平均水平对比。其计算公式为：

$$计划完成程度相对指标 = \frac{实际平均水平}{计划平均水平} \times 100\% \qquad (4\text{-}7)$$

［知识卡片］计划完成情况的判定

评价一项指标是否完成了计划，要根据具体情况具体分析。

计 划 规 定	举　　　例	计划完成程度
最低限额	产量、利润	>100%，说明超额完成计划
最高限额	单位成本、原材料单耗	<100%，说明超额完成计划

（2）结构相对指标

结构相对指标，又称比重指标，是在资料分组的基础上，以总体总量作为比较标准，求出各组总量占总体总量的比重，来反映总体的内部构成。其计算公式为：

$$结构相对指标 = \frac{各组（或部分）总量}{总体总量} \times 100\% \qquad (4\text{-}8)$$

公式中，总体总量可以是单位总量，也可以是标志总量。计算结果一般用百分数表示，各组比重之和等于100%或1。

通过结构相对指标可以反映总体的内部结构，说明事物的基本特征。通过不同时期结构相对指标的变化，可以看出事物的发展变化过程及发展趋势。

【例4-7】 表4-3反映了某企业技术工人和辅助工人的构成及变化情况。

表4-3　某企业工人构成情况

工人类别	2016 年		2017 年	
	人数/人	比重/%	人数/人	比重/%
技术工人	800	66.7	1000	69.0
辅助工人	400	33.3	450	31.0
合计	1200	100.0	1450	100.0

此外，反映某一部分占全体比重的结构相对数有时也被称为比率，在统计中被广泛应用。如产品合格率、工人出勤率、设备利用率等。

（3）比例相对指标

比例相对指标是总体中不同部分数量对比的相对指标，表明总体范围内各部分之间的比例关系和协调平衡状况。其计算公式为：

$$比例相对指标 = \frac{总体中某一部分数值}{总体中另一部分数值} \qquad (4\text{-}9)$$

比例相对指标最常见的表现为"1∶几"或"几∶几"的形式，通常将其中最小的数字抽象为1、10、100等。如果要分析总体中若干部分之间的比例关系可采用连比形式。

【例4-8】　根据第六次全国人口普查初步汇总结果，大陆31个省、自治区、直辖市和现役军人的人口中（不包括香港、澳门特别行政区和台湾地区以及海外华侨），男性人口为68685万人，女性人口为65287万人，则：

$$人口性别比例 = 68685∶65287 = 105.20∶100$$

社会经济现象中客观存在着各种各样的比例关系。如人口的性别比例关系，农轻重的比例关系，生产、流通、分配的比例关系，积累与消费的比例关系等。通过分析有助于发现各部分之间的比例是否协调，对社会经济的协调发展具有重要的作用。

（4）动态相对指标

动态相对指标，又称动态相对数，是把同一指标在不同时间上的数值进行对比的结果，反映现象发展变化的方向和程度。其计算公式为：

$$动态相对指标 = \frac{报告期的指标数值}{基期的指标数值} \tag{4-10}$$

式中：基期通常指作为比较标准的时期；报告期指与基期进行比较的时期。

动态相对指标通常用百分数表示，也可以用倍数或系数表示。

【例4-9】　我国西藏2000年人口平均预期寿命为64.37岁，2010年平均预期寿命为67岁，则西藏人口平均预期寿命的动态相对指标为104.1%。

动态相对指标有发展速度和增长速度两种形式，在用于分析事物的发展变化过程方面十分重要。详细介绍见本书模块五任务七。

（5）比较相对指标

比较相对指标，也称比较相对数，是不同总体的同类指标对比，表明同类现象在同一时间不同国家、地区或单位之间数量对比的结果，反映同类现象在不同空间条件下的差异程度。其计算公式为：

$$比较相对指标 = \frac{甲单位（或国家、地区）的某指标值}{乙单位（或国家、地区）的某指标值} \tag{4-11}$$

比较相对指标常用倍数表示，也可以用百分数或系数表示。

【例4-10】　2017年山东省实现国民生产总值72678.2亿元，河北省实现国民生产总值35964.05亿元，则山东省的生产总值为河北省的2.02倍。

计算比较相对指标，可以用总量指标，也可以用相对指标或平均指标作对比。既可与不同国家、行业、地区、单位比较，也可与同行业的先进水平对比，还可用于与标准水平或平均水平进行比较，从中找出差距，为进一步挖掘潜力，提高管理水平提供依据。

（6）强度相对指标

强度相对指标，又称强度相对数，是由同一时期内两个性质不同但又相互联系的总量指标进行对比的比值。它可以反映现象的强度、密度或普遍程度。

例如，人口密度指标，即把总人口数与土地面积数进行对比，计算每平方千米的土地上生活的人口数；用来反映医疗卫生设施普遍程度的指标，每千人口拥有的医院床位数即是将医院床位数和人口数进行对比等。

★查资料：世界上人口密度最高的两个国家是哪里？人口密度有多高？我国的人口密度是多少？其中人口密度最高和最低的两个省份是哪里？数值是多少？

其计算公式为：

$$强度相对指标 = \frac{某一总量指标数值}{另一性质不同但有联系的总量指标数值} \tag{4-12}$$

强度相对指标有些为复合单位，由分子、分母的计算单位复合而成。在分子分母指标单位相同的情况下，也表现为无名数，如商品流通费用率、人口自然增长率等。

有些强度相对指标有正、逆指标之分，即根据需要将公式中的分子、分母互换位置。正指标是指指标数值越大，反应现象的强度、密度越大。逆指标是指指标数值越大，反应现象的强度、密度越小。

【例 4-11】 设某地区有人口 1800 万人，商业机构数 45000 个，则该地区商业网点密度为：

$$每千人拥有的商业机构数 = \frac{某地区商业机构数}{该地区人口数} = \frac{45000 \, 个}{18000 \, 千人} = 2.5 \, 个/千人 \,（正指标）$$

$$每个商业机构服务的人口数 = \frac{某地区人口数}{该地区商业机构数} = \frac{18000 \, 千人}{45000 \, 个} = 0.4 \, 千人/个 \,（逆指标）$$

强度相对指标可以用来反映国民经济和社会发展的基本情况、公共设施的配备情况等，在很多方面都有着广泛的应用。

4.2.4 计算和使用相对指标应注意的几个问题

（1）必须注意相对指标的可比性原则

相对指标的可比性是指对比指标的经济内容、计算范围、计算方法和计量单位的一致性。例如将我国的三次产业增加值直接与世界其他国家对比就不符合可比性的原则。因为世界各国关于三次产业的划分标准不尽相同，采掘工业在我国被列入第二产业，而很多国家将其列入第一产业。

（2）相对指标与总量指标相结合的原则

总量指标在反映事物发展的总规模和总水平方面有其自身的优势，但从中却不易看清事物差别的程度；相对指标能够很好地反映现象之间的数量对比关系和差异程度，却又将现象的具体规模和水平抽象化了。因此，只有将相对指标与总量指标结合起来使用，才能全面客观地认识现象。

（3）多种相对指标综合运用的原则

各种相对指标的作用各不相同，每种指标只能从一个方面说明问题，所以对现象进行分析时，需要将多种相对指标结合起来使用，从不同的侧面来认识问题的本质。例如，在反映工业企业的盈利能力时，除了要观察利润总额等总量指标，还需要计算成本利润率、资产收益率、人均利润率等多种相对指标，这样才能从不同的侧面来全面反映企业的获利能力。

计划完成程度指标公式一览表如表 4-4 所示，其他相对指标公式一览表如表 4-5 所示。

表 4-4 计划完成程度指标公式一览表

任 务 形 式			公 式	公式编号	例题
绝对数	短期计划检查		实际完成数/计划任务数	4-1	
	长期计划检查	累计法	计划期内实际完成的累计数/计划规定应完成的累计数	4-2	例 4-3
		水平法	计划期末年的实际完成数/计划规定末年的应完成数	4-3	例 4-4
	执行进度检查		截止至某时止的累计完成数/全期计划数	4-4	例 4-5

任 务 形 式		公 式	公式编号	例题
相对数	提高率形式	（1＋实际提高率）／（1＋计划提高率）	4－5	例4－6
	降低率形式	（1－实际降低率）／（1－计划降低率）	4－6	例4－6
平均数		实际平均水平/计划平均水平	4－7	

表4-5 其他相对指标公式一览表

类 型	公 式	公式编号	例题
结构相对指标	各组（或部分）总量/总体总量	4－8	例4－7
比例相对指标	总体中某一部分数值/总体中另一部分数值	4－9	例4－8
动态相对指标	报告期的指标数值/基期的指标数值	4－10	例4－9
比较相对指标	甲单位（或国家、地区）的某指标值/乙单位（或国家、地区）的某指标值	4－11	例4－10
强度相对指标	某一总量指标数值/另一性质不同但有联系的总量指标数值	4－12	例4－11

能力训练

一、判断题

1. 所有的相对指标都没有计量单位。 （ ）

2. 各组的结构相对指标数值之和只能等于1。 （ ）

3. 通过计划完成程度相对指标的计算结果，要判断计划是否完成，实际完成数超过计划数好还是低于计划数好，要根据计划指标的性质和内容而定。 （ ）

4. 某企业工人劳动生产率，计划提高5%，实际提高8%，则劳动生产率的计划完成程度为160%。 （ ）

5. 计划完成程度相对指标低于100%，则说明没有完成计划任务。 （ ）

6. 我国耕地面积占世界的7%，养活占世界人口总数22%的人口，这两个指标都是结构相对指标。 （ ）

二、单项选择题

1. 下面属于结构相对数的是（ ）。

   A. 及格率　　　　　　　　　　B. 资金利润率

   C. 人口性别比　　　　　　　　D. 工农业产值比

2. 两个规模相当的玻璃厂，将其利润总额作对比，计算的指标为（ ）。

   A. 结构相对指标　　　　　　　B. 比例相对指标

   C. 比较相对指标　　　　　　　D. 强度相对指标

3. 某厂 2017 年计划生产某产品 10000 件，1～3 月份共生产 2000 件，4～6 月份共生产 4000 件，6 月份的计划完成进度指标为（　　）。

    A. 20%　　　　　　　　　　　　　B. 40%

    C. 50%　　　　　　　　　　　　　D. 60%

4. 学生出勤率属于（　　）。

    A. 结构相对指标　　　　　　　　　B. 比例相对指标

    C. 比较相对指标　　　　　　　　　D. 强度相对指标

5. 某地区年底有 1000 万人口，零售商店数 5 万个，则商业网点密度为（　　）。

    A. 5 个/千人　　　　　　　　　　　B. 0.5 千人/个

    C. 200 个/人　　　　　　　　　　　D. 0.2 个/千人

6. 某公司 2016 年完成产值 200 万元，2017 年计划增长 10%，实际完成 231 万元，则超额完成计划（　　）。

    A. 15.5%　　　　　　　　　　　　B. 5.5%

    C. 115.5%　　　　　　　　　　　　D. 5%

7. 某商场计划 10 月份销售利润比上年同期提高 5%，实际却提高了 4%，则销售利润提高的计划完成程度为（　　）。

    A. 80%　　　　　　　　　　　　　B. 125%

    C. 99.0%　　　　　　　　　　　　D. 101.1%

8. 某住宅小区现有人口 5 万人，有 8 个商业网点，则该小区的商业网点密度为 0.625 万人/个。该指标属于（　　）。

    A. 正指标　　　　　　　　　　　　B. 逆指标

    C. 结构相对指标　　　　　　　　　D. 比较相对指标

9. 下列指标中，属于相对指标的是（　　）。

    A. 全员劳动生产率　　　　　　　　B. 某种商品的平均价格

    C. 人均消费支出　　　　　　　　　D. 职工平均工资

10. 下列指标中属于强度相对指标的有（　　）。

    A. 职工月平均工资　　　　　　　　B. 人均收入水平

    C. 生产工人劳动生产率　　　　　　D. 人均居住面积

11. 某厂制定其五年计划为末年产量达到 1000 万吨，而该企业在这 5 年中的年产量（万吨）分别为：900、980、1000、1190、850，则该企业的计划完成情况为（　　）。

    A. 提前两年完成计划

    B. 至少提前两年完成计划，但具体时间由于资料不足无法计算

    C. 未完成计划

    D. 以上说法都不对

12. 用累计法检查长期计划的执行情况适用于（　　）。

    A. 规定计划期末应达到的水平

    B. 规定计划期初应达到的水平

    C. 规定整个计划期累计应达到的水平

    D. 规定计划期内某一期应达到的水平

三、多项选择题

1. 下列指标中，属于强度相对数的是（　　）。

    A. 人均钢铁产量   B. 人口密度

    C. 每百元资金实现的利税额   D. 人口自然增长率

    E. 人均粮食消费量

2. 比较相对指标可以用于（　　）。

    A. 实际水平与标准水平或平均水平的比较

    B. 不同国家、地区和单位之间的比较

    C. 不同空间条件下的比较

    D. 先进水平与落后水平的比较

    E. 不同时间状态下的比较

3. 某企业计划 2017 年单位成本降低 8%，实际降低了 10%，则以下说法正确的是（　　）。

    A. 该企业的计划完成程度为 10%/8% ＝125%

    B. 该企业的计划完成程度相对指标为 90%/92% ＝97.8%

    C. 该企业的计划完成程度相对指标为 110%/108% ＝101.85%

    D. 企业未完成计划任务

    E. 该企业超额完成了计划任务

4. 下列指标中，属于结构相对数的是（　　）。

    A. 职工出勤率   B. 产品合格率

    C. 男女性别比率   D. 人口自然增长率

    E. 全国人口中男性所占比重

四、综合分析题

1. 某公司下属三个分厂 2017 年下半年利润资料如下表所示。

某公司三个分厂 2017 年下半年利润资料

分厂	第三季度利润/万元	第四季度				计划完成百分比/%	第四季度为第三季度的/%
		计划		实际			
		利润/万元	比重/%	利润/万元	比重/%		
一厂	1082	1234		1358			
二厂	1418	1724				95.0	
三厂	915			1140		105.0	
合计	3415						

要求：

（1）计算表中空格处的指标数值（利润值保留整数，百分数保留一位小数），并指出各栏为何种统计指标，并说明具体类型。

（2）如果未完成计划的分厂能完成任务，则该公司的利润将增加多少？

（3）如二厂和三厂都能达到一厂完成计划的程度，则该企业的利润将增加多少？

2. 某企业 2016 年甲产品的产量为 100 万件，计划 2017 年产量比上年增长 5%，实际增长了 8%；2016 年单位成本为 1000 元，计划 2017 年比上年降低 4%，实际降低了 5%。试计算：

（1）2017 年甲产品的产量及单位成本的计划数和实际数；

（2）2017 年甲产品的产量及单位成本的计划完成程度相对指标，并说明是否完成计划任务。

3. 某地区 2016 年年末共有医院 656 个，拥有床位 7.8 万张，该地区总人口为 1538 万人。2017 年年末共有医院 688 个，拥有床位 8.1 万张，总人口为 1581 万人。试根据以上资料分别计算 2016 年、2017 年的强度相对指标，并简要分析该地区医疗卫生状况的变动情况。

4. 某企业生产某种产品，按五年计划规定最后一年产量应达到 450 万吨，计划执行情况如下表所示。

某企业某产品产量资料 单位：万吨

时间	第一年	第二年	第三年		第四年				第五年			
			上半年	下半年	一季度	二季度	三季度	四季度	一季度	二季度	三季度	四季度
产量	280	310	170	190	95	105	112	120	123	128	132	135

试根据以上资料计算产量的计划完成程度相对指标，并确定提前完成计划的时间。

如五年计划规定五年累计完成产量 1700 万吨，则计划完成程度如何？是否提前完成五年计划？

5. 下列资料是某人撰写本单位统计分析报告的一部分。你认为其中所下结论是否恰当？为什么？

（1）本厂计划规定：第一季度单位产品成本比去年同期降低 10%。但实际执行结果只比去年同期降低 8%，因此，仅完成了成本计划的 80%。

（2）本公司有三个门市部，一月份因未能保管好，造成 A 门市储存的 5 箱产品 1 箱变质，B 门市储存的 50 箱 5 箱变质，C 门市储存的 100 箱 20 箱变质。因 C 门市变质最多，损失最大，所以问题最严重。

⚙ 【任务解析】

统计研究的基本方法有：大量观察法、统计分组法、综合指标法、统计模型法、统计推断法等。其中，大量观察法属于认识统计现象进行统计研究的基本思维，要反映整个国家国民经济运行及社会发展的基本情况，就必须大量观察甚至全面调查。

除此以外，统计分组法、综合指标法在本任务案例中也大量应用。通过统计分组，区分现象类型及反映内部结构，结合大量的综合指标，反映国民经济运行及社会发展情况的数量特征。

本任务案例，包含有总量指标（如国民生产总值、人口数等）、相对指标（如比重、增长率等）和平均指标（人均消费支出额等），希望同学们能结合学过的相关理论知识，能够继续找出案例中提到的其他指标，并能够厘清其具体类型，如总量指标中的时期总量、时点总量；相对指标中，哪些属于结构相对指标、哪些属于动态相对指标、哪些属于强度相对指标等。

◆·◆ 知识图谱 ◆·◆

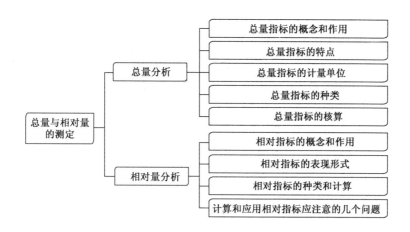

任务五 集中趋势与离散程度的测定

【学习目标】

◆**知识目标**：理解平均指标、标志变异指标的概念和作用；
　　　　　掌握平均指标、标志变异指标的应用场合及计算方法。
◆**能力目标**：培养利用 Excel 核算平均指标、标志变异指标的能力；
　　　　　培养在实践中运用平均指标、标志变异指标描述社会经济现象的能力。

【统计名称】

数字骗不了人，但骗子好玩弄数字游戏。　　　　　　　　——国家统计局网站
谎言有三种：谎言、该死的谎言、统计学。　　　　　　　　——马克·吐温

【任务描述】

两名射击运动员，要选一名代表参加比赛，于是对两名运动员进行射击测试，两人各进行 10 次射击，成绩如下：

王明：9.6　9.6　9.5　9.5　9.5　9.4　9.4　9.3　9.3　9.3
张超：10.0　10.0　9.9　9.9　9.9　9.4　8.8　8.5　8.5　8.1

如何从两名运动员的测试成绩中分析出谁更适合参加本次比赛呢？希望同学们能从本任务的相关知识学习当中帮助我们选出恰当的人选。

📖【相关知识】

5.1 集中趋势的测定

5.1.1 平均指标的概念、作用和类型

集中趋势是一组数据向某一中心值集中靠拢的趋势，反映数据分布集中趋势的主要指标就是各类平均指标。

（1）平均指标的概念

平均指标也称为统计平均数，是指同质总体中各单位某一数量标志值在一定时间、地点条件下所达到的一般水平的综合指标。即将同质总体中各单位的标志值"取长补短"，来代表总体的一般水平和集中趋势。

如欲了解某企业职工工资收入的一般水平，将该企业所有职工 2017 年 12 月工资收入进行平均，得到该月的平均工资。欲了解某班学生某门课程的平均水平，就需要将该班学生该门课程成绩进行平均，得到平均成绩。

平均指标具有同质性、抽象性、代表性的特点。

（2）平均指标的作用

① 平均指标可以反映现象总体的一般水平和变量值分布的集中趋势。

社会经济现象总体中各单位虽然在某一数量标志上表现不同，但仍有一定规律，一般很小或很大的数值出现次数较少，而靠近平均指标的数值出现次数较多，这说明总体分布是两边向平均指标集中，因此，平均指标可以说明总体的一般水平和变量值分布的集中趋势。

② 平均指标可用于对比同类现象在不同单位、地区间以及实际与计划间的一般水平，以说明经济水平的高低和经济效益的大小。

③ 平均指标可以对比同一现象在不同时间的变化状况，以说明现象的发展趋势和规律性。

④ 平均指标还可与统计分组法、分配数列结合起来分析现象间的依存关系。

（3）平均指标的种类

① 按所反映现象的时间状态，可分为：静态平均数和动态平均数。

静态平均数是反映现象在同一时间条件下总体单位标志值一般水平的平均指标。如全班同学的平均身高，全厂职工 5 月份的平均工资。

动态平均数是反映同一事物在不同时间条件下具体表现的一般水平的平均指标。如小王 2017 年的月平均收入。（本模块任务中主要讨论静态平均数，动态平均数在后续模块中学习）。

② 按确定方法不同，可分为：数值平均数和位置平均数。如图 5-1 所示。

数值平均数是根据总体各单位的变量值计算的。又包括算术平均数、调和平均数、几何平均数。

位置平均数是根据变量值所处的地位或位置来确定的平均数。包括众数、中位数。

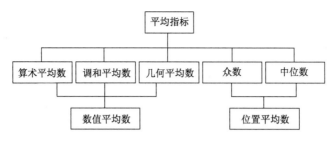

图 5-1　平均指标的种类

5.1.2　平均指标的计算

（1）算术平均数（$\bar{x}$）

算术平均数是统计中最常用的、最重要的平均指标。其基本公式为：

$$算术平均数 = \frac{总体标志总量}{总体单位总量} \tag{5-1}$$

在具备总体标志总量和总体单位总量资料时，可直接利用上述公式计算。

［知识卡片］ 算术平均数与强度相对指标的区别
算术平均数是同一总体的标志总量与单位总量之比，分子、分母存在严格的对应关系。而强度相对指标，其分子、分母分属于不同的总体，也不存在严格的对应关系。

★ **思考：** 下列指标哪些属于平均指标？哪些属于强度相对指标？并说明理由。

① 人均粮食产量　　　② 人均粮食消费量

③ 家庭人均收入　　　④ 职工人均收入

实际工作中，由于资料的限制，往往不能直接利用上述公式，此时就应根据资料掌握的程度不同，选择简单算术平均数或加权算术平均数两种形式。

① 简单算术平均数。其计算公式为：

$$\bar{x} = \frac{x_1 + x_2 + \cdots + x_n}{n} = \frac{\sum x_i}{n} \quad (i = 1,2,\cdots,n) \tag{5-2}$$

其中，$\bar{x}$ 表示算术平均数；x_i 表示总体各单位变量值；n 表示变量值的个数。

该公式适用于未经分组的原始资料。根据原始资料将总体各单位的标志值简单加总形成总体标志总量，然后除以总体单位总量（即数值的个数）。

【例 5-1】　有五名学生统计学的成绩分别为 78 分、85 分、63 分、88 分和 80 分，求平均成绩。

$$\bar{x} = \frac{78 + 85 + 63 + 88 + 80}{5} = 78.8(分)$$

② 加权算术平均数。其计算公式为：

$$\bar{x} = \frac{\sum xf}{\sum f} = \sum x \frac{f}{\sum f} \tag{5-3}$$

式中，x 表示各组的变量值或组中值；f 表示各组次数。

该公式适用于已经分组的变量数列资料。

【例 5-2】　根据某车间工人某日加工零件的资料，计算平均每个工人的零件加工量，资料如表 5-1 所示（在统计计算中，常将一些中间的计算过程结合资料整理成计算表的形式）。

表 5-1 某车间职工加工零件平均数计算表

零件数/个	组中值 (x_i)	人数/人 (f_i)	比重/% $\left(\dfrac{f_i}{\sum f_i}\right)$	$x_i f_i$	$x_i \dfrac{f_i}{\sum f_i}$
①	②	③	④ = ③/100	⑤ = ②×③	⑥ = ②×④
40 ~ 50	45	10	10	450	4.5
50 ~ 60	55	20	20	1100	11.0
60 ~ 70	65	40	40	2600	26.0
70 ~ 80	75	20	20	1500	15.0
80 ~ 90	85	10	10	850	8.5
合计	—	100	100	6500	65.0

结合表中资料，平均每个工人的零件加工量为：

$$\bar{x} = \frac{\sum x_i f_i}{\sum f_i} = \frac{6500}{100} = 65（件）$$

$$\bar{x} = \sum x_i \frac{f_i}{\sum f_i} = 65（件）$$

从计算中可以看出，加权算术平均数受两个因素的影响：一是各组变量值，二是各组次数或频率（比重）。

当各组变量值不变时，各组次数或频率对平均数起决定作用，即哪组次数多或频率高，平均数就接近该组变量值。因此，各组次数或频率对算术平均数的大小起着权衡轻重的作用，统计上将其称为权数。次数和频率是权数的两种形式，次数又称为绝对权数，频率称为相对权数。

注意：做题前首先判断题中所给资料中哪个是 x，哪个是 f。求哪个指标（对什么求平均）哪个指标就是 x，另一个是 f。如本题中要求工人的平均零件加工量，则加工量为 x，工人数为 f。

★ **思考：** 统计数字会"说谎"

曾经有网友创作过这样一首打油诗：张村有个张千万，隔壁九个穷光蛋，平均起来算一算，人人都是张百万。

很明显，这样平均下来的结果并不具有代表性，说明算术平均数也有其自身的局限。你能总结一下哪些情况下不适合采取算术平均的方法吗？

（2）调和平均数（H）

调和平均数是根据标志值的倒数计算的，是各个标志值倒数的算术平均数的倒数。故又称倒数平均数。

根据资料是否分组，也有简单调和平均数和加权调和平均数两种形式。

① 简单调和平均数。其计算公式为：

$$H = \frac{n}{\dfrac{1}{x_1} + \dfrac{1}{x_2} + \cdots + \dfrac{1}{x_n}} = \frac{n}{\sum \dfrac{1}{x_i}} \quad (i = 1,2,\cdots,n) \tag{5-4}$$

式中，H 代表调和平均数；x_i 代表各单位的变量值。

【例5-3】 一种蔬菜在市场上早中晚的价格分别是 1 元/千克、2 元/千克、1.5 元/千克。小王早中晚各买 1 元，则平均价格为：

$$H = \frac{n}{\sum \frac{1}{x}} = \frac{3}{\frac{1}{1} + \frac{1}{2} + \frac{1}{1.5}} = 1.38(元 / 千克)$$

上式中，分子是购买总金额，分母是购买总量，相除的结果即是平均价格。

用简单调和平均数的方法计算平均指标，在实际生活中较为少见，更多情况下是采用加权调和平均数形式。

② 加权调和平均数。其计算公式为：

$$H = \frac{\sum m}{\sum \frac{m}{x}} \tag{5-5}$$

式中，m 代表各组的标志总量，在计算中起着权数的作用。

【例5-4】 某商品一月份在三个地区的销售资料如表 5-2 所示，试根据资料计算该商品的平均销售价格。

表 5-2 某商品的销售额资料

地区	单价 (x)/（元/件）	销售额 (m)/万元	销售量 $\left(\frac{m}{x}\right)$/件
甲	20	4	2000
乙	16	4	2500
丙	15	3	2000
合计	—	11	6500

该商品在三个地区的平均价格为：

$$H = \frac{\sum m}{\sum \frac{m}{x}} = \frac{110000}{6500} = 16.92(元 / 件)$$

使用调和平均数时，应注意以下几点：

易受极端值影响，且受极小值的影响比受极大值的影响大；

只要有一个变量值为零，就不能计算调和平均数；

当组距数列有开口组时，调和平均数的代表性就很不可靠；

调和平均数应用的场合较少。

[知识卡片] 加权算术平均数、加权调和平均数在资料上的不同

计算依据	总体标志总量/总体单位总量	核算侧重点
加权算术平均数	分母已知，分子未知	分子
加权调和平均数	分母未知，分子已知	分母

（3）几何平均数 (G)

几何平均数是 n 个变量值连乘积的 n 次方根，常用于发展速度、比率等变量的平均。当

所掌握的变量值本身是比率的形式，而且各比率的乘积等于总比率时，采用几何平均法计算平均数。如连续加工的产品的原材料利用率的计算。

① 简单几何平均数。其计算公式为：

$$G = \sqrt[n]{x_1 \cdot x_2 \cdot \cdots \cdot x_n} = \sqrt[n]{\Pi x} \qquad (5\text{-}6)$$

式中，G 为几何平均数；x 为各个标志值；n 为标志值的个数；Π 为连乘符号。

【例5-5】 某种产品的生产要经过 4 个连续作业的车间，各车间的产品合格率分别为 97%、93%、91% 和 87%，计算 4 个车间的平均合格率。

由于各车间的合格率总和并不等于产品的总合格率，后续车间的合格率是在前一车间制品全部合格的基础上计算的，因此产品的总合格率等于各车间制品合格率的连乘积，故应用几何平均的方法来计算平均合格率。

4 个车间的平均合格率为：$G = \sqrt[4]{97\% \times 93\% \times 91\% \times 87\%} = 91.3\%$

② 加权几何平均数。当每个变量值的次数不等时，计算其几何平均数应采用其加权的形式。其计算公式为：

$$G = \sqrt[\Sigma f]{x_1^{f_1} \cdot x_2^{f_2} \cdot \cdots \cdot x_n^{f_n}} = \sqrt[\Sigma f]{\Pi x^f} \qquad (5\text{-}7)$$

式中，f 为各变量值出现的次数，Σf 为次数总和。

【例5-6】 某银行 10 年内几次调整贷款利率，各年的利率分别为：第一年 8%，第二年到第五年 6.5%，第六年到第八年 5%，最后两年为 4%，计算这十年间银行贷款的平均年利率。

计算年利率时，必须先将各年的年利率加上 100% 换算成各年的本利率，计算平均本利率，之后再减去 100%，得到平均年利率。

则该银行 10 年间的平均本利率为：

$$G = \sqrt[10]{1.08 \times 1.065^4 \times 1.05^3 \times 1.04^2} = 1.0569，即 105.69\%$$

则平均年利率为：$105.69\% - 100\% = 5.69\%$

注意：只要标志值中有一个为零或负值，就无法计算几何平均数。几何平均数常用于动态平均数的计算。

(4) 众数（M_0）

众数是总体中出现次数最多的标志值，所以也可用来说明现象的一般水平。实际工作中，众数被广泛应用。如企业中工人最普遍的工资，集贸市场上某种商品最普遍的成交价格、服装商场里销售量最大的尺码等。

确定众数，首先要将资料分组，编制分配数列，根据分配数列的种类，采用不同的方法。

① 根据单项式数列确定众数。此时确定众数比较简单，只需要从数列中找出出现次数最多的标志值即可。

② 根据组距式数列确定众数。首先找出众数组，然后依据与众数组相邻的两个组的次数，利用下限公式或上限公式近似求得众数值。其计算公式如下：

下限公式：$\qquad M_0 = L + \dfrac{\Delta_1}{\Delta_1 + \Delta_2} \times i \qquad (5\text{-}8)$

上限公式：$\qquad M_0 = U - \dfrac{\Delta_2}{\Delta_1 + \Delta_2} \times i \qquad (5\text{-}9)$

式中，L 代表众数组的下限；U 代表众数组的上限；Δ_1 代表众数组次数与前一组次数之差；Δ_2 代表众数组次数与后一组次数之差；i 代表众数组的组距。

【例5-7】　某企业职工按日产零件数的分组资料如表5-3所示，求日产零件数的众数。

表5-3　职工按日产零件数分组表

零件数/个	职工人数/人
40～50	20
50～60	40
60～70	80
70～80	50
80～90	10
合计	200

由资料观察可知，众数组为 60～70 这一组，根据公式可计算众数：

下限公式：
$$M_0 = 60 + \frac{80-40}{(80-40)+(80-50)} \times 10 = 65.7 \text{ 个}$$

上限公式：
$$M_0 = 70 - \frac{80-50}{(80-40)+(80-50)} \times 10 = 65.7 \text{ 个}$$

计算和应用众数的条件是总体单位数较多而且有明显的集中趋势。如果总体单位数很少或无明显的集中趋势，计算众数就没有意义；如果总体各单位标志值的次数相同，则无众数；如果出现多个众数，则应考虑采用其他更有代表性的方法求平均数。

（5）中位数（M_e）

将总体中各单位的标志值按大小顺序排列，位于中间位置的标志值即为中位数。也就是说，在中位数的上下各有 50% 的单位数，可见中位数以处于中心位置的标志值代表现象的一般水平，所以它是一种位置平均数。

①根据未分组资料确定中位数。先将各单位标志值按大小顺序排列，然后用公式 $(n+1)/2$ 确定中位数的位置。如果 n 为奇数，该位置上的标志值即为中位数。如果 n 为偶数，则居中间的两个变量值的算术平均数为中位数。

如甲班组 5 名工人的日产量（件）分别为：10、12、15、18、20，则中位数的位置为 $(5+1)/2=3$，则第三位工人的日产量 15 件就是中位数。

如果乙班组有 6 名工人，其日产量（件）分别为：10、12、15、18、20、23，则中位数的位置为 $(6+1)/2=3.5$，即位于第三名和第四名工人之间，则日产量的中位数为 $(15+18)/2=16.5$ 件。

②根据单项式数列确定中位数。按公式 $\sum f/2$ 确定中位数的位置，并对照累计次数确定中位数所在的组，该组的标志值即为中位数。

【例5-8】　某班同学按年龄分组资料如表5-4所示，求中位数。

表5-4　某班同学按年龄分组资料累计次数表

年龄/岁	学生人数/人	向上累计次数
17	3	3
18	8	11
19	20	31

年龄/岁	学生人数/人	向上累计次数
20	8	39
21	1	40
合计	40	—

由资料可知，年龄中位数的位置为 $40/2 = 20$，根据累计次数可确定中位数组为第三组，其变量值 19 岁即为中位数。

③ 根据组距数列确定中位数。根据组距数列资料确定中位数，应先按 $\sum f/2$ 的公式求出中位数所在组的位置，然后运用内插法按比例推算出中位数的近似值。其计算公式如下：

下限公式：
$$M_e = L + \frac{\frac{\sum f}{2} - s_{m-1}}{f_m} \times i \tag{5-10}$$

上限公式：
$$M_e = U - \frac{\frac{\sum f}{2} - s_{m+1}}{f_m} \times i \tag{5-11}$$

式中，S_{m-1} 为中位数所在组前一组的向上累计次数（即中位数组前几组的次数和）；S_{m+1} 为中位数所在组后一组的向下累计次数（即中位数组后几组的次数和）；f_m 为中位数所在组的次数。

上限公式和下限公式都是以中位数所在组内的次数均匀分布为前提的，在这种情况下才可以按比例推算中位数的近似值。

【例5-9】 利用【例5-7】的资料，计算中位数。分组资料如表5-5所示。

表5-5 职工按日产零件数分组累计次数表

零件数/个	职工人数/人	向上累计次数	向下累计次数
40 ~ 50	20	20	200
50 ~ 60	40	60	180
60 ~ 70	80	140	140
70 ~ 80	50	190	60
80 ~ 90	10	200	10
合计	200	—	—

由资料可知，中位数所在组（$\sum f/2 = 100$）为第三组。

下限公式：
$$M_e = 60 + \frac{\frac{200}{2} - 60}{80} \times 10 = 65 \ (\text{个})$$

上限公式：
$$M_e = 70 - \frac{\frac{200}{2} - 60}{80} \times 10 = 65 \ (\text{个})$$

一般来说，当现象总体中有极端值（极大或极小值）时，宜计算和应用中位数或众数，以消除极端值的影响，比算术平均数更能代表总体的一般水平。

5.1.3 计算和使用平均指标应注意的几个问题

（1）平均指标只能用于同质现象总体

同质性是指构成现象总体的各单位在被平均的标志上具有共同性质，这是计算平均数的基本前提和原则。例如将发达国家的工人工资收入与发展中国家工人的工资收入加以平均，就是不恰当的，因为发达国家和发展中国家的工人不属于同质性总体，这样计算出来的平均工资，会掩盖各单位之间的差异性，甚至会歪曲事实真相。

（2）用组平均数来补充说明总平均数

根据同质总体计算的总平均数，能够说明总体各单位的一般水平，在统计分析中有很重要的作用。但仅看总平均数还不能全面说明总体特征。用有关标志对总体进行分组，计算组平均数对总平均数做补充说明，用以揭示现象的内部结构对总平均数的影响，进而全面反映总体的特征和规律性。

（3）用分配数列来补充说明平均数

平均数掩盖了总体各单位的差异及其分布情况，因此要用分配数列来补充说明平均数。如在一个企业中，熟练工人与新工人的产量有很大差异，这些差异完全被平均产量掩盖了，如果此时我们按工人的熟练程度对工人进行分组，编制分配数列，再分别计算两类工人的平均产量，就能更全面地认识工人的生产情况。

（4）要注意一般与个别相结合，平均数与典型事例相结合

在同一总体中，既有先进，又有落后，而平均数只反映了一般水平和共性，因此，为了全面深入地认识事物，在应用平均数时，需要结合个别的典型事例，研究先进和落后的典型，从中总结经验，吸取教训，推动事物不断向前发展。

（5）平均指标还要与变异指标结合起来分析

变异指标可以判断平均指标的代表性，若与平均指标结合使用，就能从集中趋势和离散趋势两个方面来反映总体的分布特征和差异情况。

能力训练

一、判断题

1. 加权算术平均数的权数在形式上有绝对数、相对数两种情况，但实质上是相对数形式的比重在起作用。　　　　　　　　　　　　　　　　　　　　　　（　　）

2. 平均数反映了总体分布的集中趋势，是总体分布的重要特征值。　　　（　　）

3. 众数是总体中出现最多的次数。　　　　　　　　　　　　　　　　（　　）

4. 几何平均数只适合用于计算平均比率和平均速度。　　　　　　　　（　　）

5. 由于平均指标掩盖了事物的具体差别，所以在利用它来分析问题时要与典型事例相结合。　　　　　　　　　　　　　　　　　　　　　　　　　　　　　（　　）

6. 在用组距数列计算算术平均数时，要先计算出各组组中值作为各组变量值的代表性数值。　　　　　　　　　　　　　　　　　　　　　　　　　　　　　　（　　）

二、单项选择题

1. 下列指标中，属于平均指标的是（　　　　）。

    A. 某省人均粮食产量　　　　　　　　B. 某企业职工人均工资收入

    C. 某企业全员劳动生产率　　　　　　D. 某省人均国民收入

2. 加权算术平均数的大小 （   ）。

    A. 只受各组标志值的影响   B. 只受各组单位数所占的比重影响

    C. 只受各组次数的影响   D. 受各组标志值与次数的共同影响

3. 某企业新工人月工资 1200 元，工资总额 240000 元，老工人月工资 1800 元，工资总额 1800000 元，则全厂工人的平均工资为 （   ）。

    A. 1700 元   B. 1500 元

    C. 1729 元   D. 1600 元

4. 某车间有 8 名工人，他们某天加工产品的日产量（件）分别为：4、6、6、8、9、12、14、15，则平均日产量为 （   ），日产量的中位数为 （   ）。

    A. 9.25   B. 8.5

    C. 8 和 9   D. 无法确定中位数

三、多项选择题

1. 根据标志值在总体中所处的地位或位置确定的平均指标有 （   ）。

    A. 算术平均数   B. 中位数

    C. 调和平均数   D. 众数

    E. 几何平均数

2. 一组数据中，有一项为 0，则不能计算 （   ）。

    A. 算术平均数   B. 中位数

    C. 调和平均数   D. 众数

    E. 几何平均数

3. 下列属于平均指标的是 （   ）。

    A. 某商品价格   B. 工人平均收入

    C. 人均国民生产总值   D. 工资总额

    E. 单位产品成本

4. 下列属于平均指标的是 （   ）。

    A. 全国人均粮食产量   B. 每平方千米的人口数

    C. 某企业的工人劳动生产率   D. 某企业各车间的产品平均合格率

    E. 某企业的全员劳动生产率

5. 关于众数，说法正确的是 （   ）。

    A. 是一种位置平均数

    B. 适用于总体单位数较多，有明显集中趋势的情况

    C. 是总体中出现次数最多的标志值

    D. 不受极端值的影响

    E. 处于变量数列中中点位置的标志值

6. 中位数和众数的共同特点是 （   ）。

    A. 可以代替算术平均数的作用   B. 易受极端数值的影响

    C. 可以避免极端数值的影响   D. 不受开口组的影响

    E. 在总体中出现次数最多

7. 下列哪些现象应该利用算术平均数计算平均指标 （   ）？

A. 已知工资总额及职工人数计算平均工资

B. 已知各期环比发展速度计算平均发展速度

C. 已知某产品各品种的产品产量及单位成本计算平均的单位成本

D. 已知各学习小组的平均分数及人数计算全班同学的平均分

E. 按工资分组的变量数列计算平均工资

四、综合分析题

1. 2017 年某月甲、乙两农贸市场某农产品价格和成交量、成交额资料如下表所示。

2017 年某月甲、乙两农贸市场某农产品成交资料

等级	价格/（元/千克）	甲市场成交额/万元	乙市场成交量/万千克
一	2.5	5.5	1.8
二	2.2	4.2	2.0
三	2.0	4.3	2.2
合计	—	14.0	6.0

要求：计算该农产品分别在两个农贸市场的平均价格，并进行比较，说明价格高低的原因。

2. 某学院对某专业的 500 名大二学生进行了生活消费调查，结果显示，男生月平均消费 1000 元，女生月平均消费 800 元。

要求：

（1）若 500 名学生男女各占一半，则这些学生的月平均消费额是多少？

（2）若其中 300 名男生，200 名女生，则这些学生的月平均消费额是多少？

（3）若其中 200 名男生，300 名女生，则这些学生的月平均消费额是多少？

（4）比较上述三种情况，分析平均消费额变化的原因。

3. 某年级两个班学生的英语成绩资料如下表所示：

学生英语成绩分布表

甲班		乙班	
成绩/分	人数/人	成绩/分	人数/人
60 以下	3	60 以下	2
60~70	10	60~70	8
70~80	28	70~80	25
80~90	7	80~90	10
90 以上	2	90 以上	5
合计	50	合计	50

要求：试根据以上资料分别计算甲、乙两班学生成绩的平均数、众数和中位数。

5.2 离散程度的测定

5.2.1 标志变异指标的概念和作用

平均指标能够反映现象的集中趋势，用一个代表值反映现象的一般水平。但在同一总体中，各单位标志值之间的差异是客观存在的，因此为了更全面地研究总体的数量状况，就还需要计算另一种类型的指标，即测定离散程度（也称为离中趋势）的指标，用来反映总体中各单位标志值相互差异的程度。这类指标统称为标志变异指标，简称变异指标。

变异指标在统计分析中的作用主要表现在以下几个方面。

（1）衡量平均数代表性的大小

平均指标代表性的大小，取决于各变量值之间的差异程度。变异指标值越大，平均指标的代表性越小；反之，变异指标值越小，平均指标的代表性就越强。

（2）反映社会经济发展过程的节奏性、均衡性和稳定性

由于变异指标能反映社会经济发展过程的节奏性、均衡性和稳定性，所以经常要用变异指标来进行产品的质量控制、生产的节奏控制、产品销售的变动分析等方面。

（3）变异指标还是确定必要的抽样数目应考虑的重要因素。（详见模块五任务六）

5.2.2 变异指标的计算

常用的变异指标如图 5-2 所示。这些指标计算方法不同，含义各异，因此应用的场合也不同。

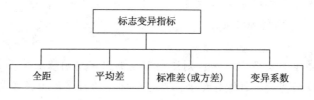

图 5-2 标志变异指标的类型

★**查资料：**你听说过"异众比率"吗？异众比率算不算变异指标呢？如果算，它又是如何衡量平均数代表性的？

（1）全距（R）

全距，又称极差，是指总体各单位标志值中最大值与最小值之差，用以说明标志值的变动范围。其计算公式为：

$$全距 = 最大标志值 - 最小标志值 \qquad (5\text{-}12)$$

如果是组距数列，则 全距 = 最高组的上限 - 最低组的下限

全距计算方法简单、易懂，但是它只说明总体中两个极端标志值的差异范围，而不能全面反映各单位标志值的变异程度。

（2）平均差（$A.D$）

平均差是各标志值对其算术平均数的离差绝对值的平均数。

由于各标志值对算术平均数的离差总和恒等于 $0[\sum(x-\bar{x})=0]$，因此，计算平均差时，采用离差的绝对值 $|x-\bar{x}|$ 来计算。所以平均差的实质是以算术平均数为中心，各标志值距平均数的平均距离。

① 简单平均差。适用于未经分组的资料。其计算公式为：

$$A.D = \frac{\sum|x-\bar{x}|}{n} \qquad (5\text{-}13)$$

【例5-10】 现以表5-6中甲、乙两组各5名工人的工资资料为例，说明平均差的计算。

表5-6　甲、乙两组工人的工资资料

甲班组 ($\bar{x} = 2600$ 元)			乙班组 ($\bar{x} = 2600$ 元)		
工资/元	离差	离差绝对值	工资/元	离差	离差绝对值
x	$x - \bar{x}$	$|x - \bar{x}|$	x	$x - \bar{x}$	$|x - \bar{x}|$
2200	−400	400	2400	−200	200
2400	−200	200	2500	−100	100
2600	0	0	2600	0	0
2800	200	200	2700	100	100
3000	400	400	2800	200	200
合计	—	1200	合计	—	600

根据表中资料计算：

$$A.\,D_{甲} = \frac{1200}{5} = 240(元) \qquad A.\,D_{乙} = \frac{600}{5} = 120(元)$$

结果表明，甲、乙两组在平均工资相等的条件下，甲组的平均差（240元）大于乙组的平均差（120元），因而甲组平均数的代表性比乙组平均数的代表性要小。

② 加权平均差。适用于已经过分组的变量数列资料。其计算公式为：

$$A.\,D = \frac{\sum |x - \bar{x}| f}{\sum f} \tag{5-14}$$

【例5-11】　某班40名学生某课程考试成绩资料如表5-7所示，计算平均差。

表5-7　某班40名学生考试成绩资料

成绩/分	组中值 (x)	人数 (f)	xf	$x - \bar{x}$	$|x - \bar{x}| f$
60 以下	55	1	55	−21.25	21.25
60~70	65	6	390	−11.25	67.50
70~80	75	22	1650	−1.25	27.50
80~90	85	9	765	8.75	78.75
90~100	95	2	190	18.75	37.50
合计	—	40	3050	—	232.50

则该班学生的平均成绩为：$\bar{x} = \dfrac{\sum xf}{\sum f} = \dfrac{3050}{40} = 76.25(分)$

平均差为：$A.\,D = \dfrac{\sum |x - \bar{x}| f}{\sum f} = \dfrac{232.5}{40} = 5.8(分)$

结果表明，该班40名学生该门课程的考试成绩与平均分的平均差异为5.8分。

由于平均差是根据全部变量值计算的，所以比全距更能说明各单位标志值的差异程度。但计算中需采用绝对值，在数学处理上很不方便，所以实际应用中受到很大限制，通常只有数据量很少的时候可以采用。

（3）标准差（σ）与方差（σ^2）

标准差是总体中各单位标志值与其算术平均数离差平方的算术平均数的平方根，又称为均方差。其实质与平均差相同，也是各个标志值对其算术平均数的平均距离。但在数学处理上是采用了先平方后开方的方式来消除离差的正负号，这样处理后更适合代数运算，所以标准差是标志变异指标中最常用的。

① 简单标准差。适用于未分组资料。

定义公式：
$$\sigma = \sqrt{\frac{\sum(x-\bar{x})^2}{n}}$$
(5-15)

简捷计算公式：
$$\sigma = \sqrt{\frac{\sum x^2}{n} - \left(\frac{\sum x}{n}\right)^2}$$
(5-16)

【例5-12】 以【例5-10】来说明标准差的计算，计算表如表5-8所示。

表5-8 甲、乙两组工人的工资资料

甲班组 ($\bar{x}=2600$ 元)			乙班组 ($\bar{x}=2600$ 元)		
工资/元	离差	离差的平方	工资/元	离差	离差的平方
x	$x-\bar{x}$	$(x-\bar{x})^2$	x	$x-\bar{x}$	$(x-\bar{x})^2$
2200	−400	160000	2400	−200	40000
2400	−200	40000	2500	−100	10000
2600	0	0	2600	0	0
2800	200	40000	2700	100	10000
3000	400	160000	2800	200	40000
合计	—	400000	合计	—	100000

则 $\sigma_{甲} = \sqrt{\dfrac{400000}{5}} = 282.8(元)$ $\sigma_{乙} = \sqrt{\dfrac{100000}{5}} = 141.4(元)$

结果表明，甲、乙两组在平均工资相等的条件下，甲组的标准差（282.8元）大于乙组的标准差（141.4元），因而甲组平均数的代表性比乙组平均数的代表性要小。

② 加权标准差。适用于分组资料。

定义公式：
$$\sigma = \sqrt{\frac{\sum(x-\bar{x})^2 f}{\sum f}}$$
(5-17)

简捷计算公式：
$$\sigma = \sqrt{\frac{\sum x^2 f}{\sum f} - \left(\frac{\sum xf}{\sum f}\right)^2}$$
(5-18)

【例5-13】 以例5-11资料为例说明加权标准差的计算，计算表如表5-9所示。

表5-9 某班40名学生考试成绩资料

成绩/分	组中值 (x)	人数 (f)	xf	$x-\bar{x}$	$(x-\bar{x})^2 f$
60 以下	55	1	55	−21.25	451.56
60~70	65	6	390	−11.25	759.38
70~80	75	22	1650	−1.25	34.38
80~90	85	9	765	8.75	689.06
90~100	95	2	190	18.75	703.13
合计	—	40	3050	—	2637.51

则该班学生的平均成绩为：$\bar{x} = \dfrac{\sum xf}{\sum f} = \dfrac{3050}{40} = 76.25(分)$

标准差为：$\sigma = \sqrt{\dfrac{\sum (x - \bar{x})^2 f}{\sum f}} = \sqrt{\dfrac{2637.51}{40}} = 8.1$（分）

结果表明，该班 40 名学生该门课程的考试成绩的平均差异程度为 8.1 分。

一般来讲，根据同一资料计算的标准差都会大于平均差，这是因为数学处理的方法不同所致，对平均指标的代表性分析不构成影响。

★**小训练：**请同学们自己尝试简捷公式的使用，体会定义式、简捷式在应用时的不同及计算结果的误差。

方差 σ^2 是各变量值与其算术平均数离差平方的平均数，即标准差的平方。在利用计算器或 Excel 处理数据时，标准差的计算更为方便。

（4）变异系数

标准差的数值大小，一方面受各标志值的差异程度大小的影响，另一方面还取决于总体平均水平的高低。因此，具有不同平均水平的总体，欲比较其变异程度的大小或平均指标代表性的高低，就不能直接用全距、平均差或标准差进行比较，必须消除平均水平高低对变异指标的影响，通过计算变异系数来反映不同水平总体中各单位的离散程度。

变异系数有全距系数、平均差系数、标准差系数。最常用的是标准差系数，其计算公式为：

$$V_\sigma = \frac{\sigma}{\bar{x}} \times 100\% \tag{5-19}$$

式中，V_σ 代表标准差系数。

【**例 5-14**】　某大型企业技术工人的月平均收入为 3500 元，标准差为 540 元；辅助工人的月平均收入为 2400 元，标准差为 450 元。试比较哪类工人的月平均收入的代表性更高？

因两类工人的平均收入水平差距较大，因此不能直接用标准差进行对比，所以应通过计算标准差系数来比较两者的月平均收入代表性的高低。

根据资料分别计算两类工人月平均收入的标准差：

$$V_{\sigma技} = \frac{\sigma}{\bar{x}} \times 100\% = \frac{540}{3500} \times 100\% = 15.4\%$$

$$V_{\sigma辅} = \frac{\sigma}{\bar{x}} \times 100\% = \frac{450}{2400} \times 100\% = 18.8\%$$

计算结果表明：技术工人的月平均收入的标准差系数比辅助工人的低，说明技术工人的收入水平的差异程度要比辅助工人的小，所以其月平均收入的代表性要比辅助工人的高。

5.2.3　是非标志的平均数和标准差

前述的几类变异指标，是针对变量现象而言的，如果观察的是现象的品质标志，则不能直接用上述公式来分析其个体间的差异程度及平均水平代表性的高低。此时可以考虑将现象总体的全部单位分成两大类：一类是具备某种属性的单位，其表现用"是"或"有"来表示；一类是不具备某种属性的单位，其表现用"否"或"无"来表示。如企业生产的产品分为合格品和非合格品，学生的成绩分为及格和不及格。这种可以用"是""否""有""无"来表示的标志，称为是非标志或交替标志。

为了进一步分析，可以将这类现象的是非标志属性量化。通常将要分析的那个属性称为"是"，量化成 1；不具备所分析的这种属性称为"否"，则量化为 0。

设全部总体单位数为 n，具有"是"特征的单位数为 n_1，具有"否"特征的单位数为

n_0。则

$$n = n_1 + n_0$$

设具有"是"特征的单位数占全部单位数的成数（比重）为 p，具有"否"特征的单位数占全部单位数的成数（比重）为 q。则

$$p = \frac{n_1}{n}, q = \frac{n_0}{n}, p + q = 1, q = 1 - p$$

是非标志的平均数和标准差计算方法见表5-10。

表5-10 是非标志的平均数和标准差计算方法

按是否具备某种属性分组	是非标志值	总体单位数	总体单位数的比重（权数）
符号	x	f	$f/\sum f$
是	1	n_1	p
否	0	n_0	$1-p$
合计	—	n	1

用是非标志计算平均数和标准差的公式如下：

$$\bar{x} = \sum x \cdot \frac{f}{\sum f} = 1 \times p + 0 \times q = p \tag{5-20}$$

$$\sigma = \sqrt{\sum (x - \bar{x})^2 \cdot \frac{f}{\sum f}} = \sqrt{(1-p)^2 p + (0-p)^2 q} = \sqrt{p(1-p)} \tag{5-21}$$

【例5-15】 某企业生产一批产品共1000件，检测结果为合格品900件，不合格的100件，试计算该批产品是非标志的平均数及标准差。

是非标志的平均数为：$\bar{x} = p = \dfrac{900}{1000} = 90\%$

是非标志的标准差为：$\sigma = \sqrt{p(1-p)} = \sqrt{90\% \times 10\%} = 30\%$

说明该批产品的平均合格率为90%，标准差为30%。

5.2.4 Excel 在数据特征描述中的应用

（1）利用 Excel 的函数功能处理未分组资料

各种指标与 Excel 函数的对应如下，处理时可以从"公式"菜单进入，选择"插入函数"，或直接点击"f_x"快捷键。在弹出的对话框中，选择"统计"类别，选择具体函数；也可以直接在 Excel 表格的编辑栏中输入函数，注意输入时在函数前加上"="。

算术平均数　AVERAGE（）　　调和平均数　HARMEAN（）

几何平均数　GHOMEAN（）　　众数　　　　MODE（）

中位数　　　MEDIAN（）　　　全距　　　　MAX（）－MIN（）

总体标准差　STDEVP（）　　　样本标准差　STDEV（）　　样本方差 VAR（）

【例5-16】 某生产车间50名工人日加工零件数资料如下：

```
117  122  124  129  139  107  117  130  122  125
123  131  125  117  122  133  126  122  118  108
110  118  123  126  133  134  127  123  118  112
112  134  127  123  119  113  120  123  127  135
137  114  120  128  124  115  139  132  124  121
```

以该资料为例介绍简单算术平均数、众数、中位数、全距、标准差、标准差系数的

计算。

首先将 50 个数据输入到 Excel 工作表单元格中，如图 5-3 所示。

▲	A	B	C	D	E	F	G	H	I	J
1	117	122	124	129	139	107	117	130	122	125
2	123	131	125	117	122	133	126	122	118	108
3	110	118	123	126	133	134	127	123	118	112
4	112	134	127	123	119	113	120	123	127	135
5	137	114	120	128	124	115	139	132	124	121
6										

图 5-3　录入数据

① 算术平均数。单击空白单元格，在编辑栏输入" = AVERAGE（A1：J5）"，按 Enter 键。结果 123.36。

② 众数。单击空白单元格，在编辑栏输入" = MODE（A1：J5）"，按 Enter 键。结果 123。

③ 中位数。单击空白单元格，在编辑栏输入" = MEDIAN（A1：J5）"，按 Enter 键。结果 123。

④ 全距。单击空白单元格，在编辑栏输入" = MAX（A1：J5）- MIN（A1：J5）"，按 Enter 键。结果 32。

⑤ 标准差（总体标准差）。单击空白单元格，在编辑栏输入" = STDEVP（A1：J5）"，按 Enter 键。结果 7.722。

⑥ 标准差系数。单击空白单元格，在编辑栏输入" = 7.722/123"，按 Enter 键。结果 0.063，即 6.3%。

（2）利用 Excel 的描述统计功能处理未分组资料

【例 5-17】　仍以上例资料来说明各种指标的计算。

第一步：在 A1：A50 区域录入数据。注意利用统计描述功能时，默认按列进行统计分析，因此只能录入成一列，上例中录入的矩形数据结构在这里不能使用了。

第二步：点开"数据"中的"数据分析"项，在弹出的"数据分析"对话框中，选择"描述统计"，如图 5-4 所示。点击"确定"。

图 5-4　"数据分析"对话框

第三步：在弹出的"描述统计"对话框中，如图 5-5，在"输入区域"栏中选中数据区域，在"输出选项"中选择输出区域，默认选项是新工作表，然后把"汇总统计"选中，单击"确定"即可。结果如图 5-6 所示。

图中，平均即算术平均数，区域即全距。需要注意的是利用"描述统计"功能计算的标准差为样本标准差，即把该车间 50 名工人看成了一个样本总体进行的处理。

（3）利用 Excel 处理分组资料

分组资料的各种指标计算，主要是在 Excel 工作表中输入公式及利用填充柄的复制功能来实现。

【例 5-18】　仍以例 5-16 的资料来说明各种指标的计算。

第一步：将资料进行分组整理，并计算各组组中值。如图 5-7 所示。也可利用直方图工具统计各组人数。

图 5-5 "描述统计"对话框

列1	
平均	123.36
标准误差	1.1031532
中位数	123
众数	123
标准差	7.8004709
方差	60.847347
峰度	-0.369336
偏度	0.0255129
区域	32
最小值	107
最大值	139
求和	6168
观测数	50

图 5-6 最终结果

第二步：计算各组工人的总产量并计算合计数。

在 D2 单元格中输入公式 "= B2 * C2"，按 "Enter" 键确定，得到第一组的总产量 210 件。利用填充柄的公式复制功能，按住鼠标左键向下拖至 D5 单元格，放开鼠标，即可得到其他各组的总产量。

将鼠标点到 D6 单元格，点击工具栏的 "Σ"，回车确认，即可得到四组工人的产量合计数 6190 件。如图 5-8 所示。

	A	B	C
	日产量/件	组中值 x	工人人数/人 f
1			
2	100~110	105	2
3	110~120	115	13
4	120~130	125	24
5	130~140	135	11
6	合 计	—	50

图 5-7 录入资料

	A	B	C	D
	日产量/件	组中值 x	工人人数/人 f	各组总产量/件 xf
1				
2	100~110	105	2	210
3	110~120	115	13	1495
4	120~130	125	24	3000
5	130~140	135	11	1485
6	合 计	—	50	6190

图 5-8 计算各组产量及总产量

第三步：计算算术平均数，即平均日产量。

单击某一空白单元格，输入公式 "= D6/C6"，回车确认，即得到结果 123.8 件。如果要求计算多项指标，建议将指标名称同时输入到单元格中。

第四步：计算众数。

单击空白单元格，输入公式 "= 120 + (24 - 13)/[(24 - 13) + (24 - 11)] * 10"，"= 130 - (24 - 11)/[(24 - 13) + (24 - 11)] * 10"，回车确认，即得到结果 124.6 件。

第五步：计算中位数。

单击空白单元格，输入公式 "= 120 + (25 - 15)/24 * 10"，或 "= 130 - (25 - 11)/24 * 10"回车确认，即得到结果 124.2 件。

第五步：计算标准差。

首先在 Excel 工作表中 E 列计算各组的 $(x - \bar{x})^2 f$。具体做法：在 E2 单元格中输入公式 "= (B2 - 123.8)^2 * C2"，回车确认，以下各组结果利用填充柄功能获取数字，在 E6 单元格汇总以上数字，结果为 3128。

　　然后在空白单元格输入公式"＝SQRT（E6/C6）"，回车确认即得到标准差计算结果 7.91 件。

　　各步计算过程与结果如图 5-9 所示。

	A	B	C	D	E	F	G
1	日产量/件	组中值 x	工人人数/人 f	各组总产量/件 xf	$(x-\bar{x})^2 f$		
2	100～110	105	2	210	706.88	平均数	123.8
3	110～120	115	13	1495	1006.72	众数	124.5833
4	120～130	125	24	3000	34.56	中位数	124.1667
5	130～140	135	11	1485	1379.84	标准差	7.909488
6	合　计	—	50	6190	3128		

图 5-9　计算过程与结果

能力训练

一、判断题

1. 测定变异指标的全距，其适用场合要优于其他各种变异指标。　　　　　　　（　　）

2. 平均指标对总体代表性的大小与变异程度成正比关系。　　　　　　　　　（　　）

3. 总体中各标志值之间的差异程度越大，标准差就越大。　　　　　　　　　（　　）

4. 利用变异指标比较两个总体平均数的代表性时，标准差越小，说明平均数的代表性越大。　　　　　　　　　　　　　　　　　　　　　　　　　　　　　（　　）

5. 标志变异指标越大，说明总体中各单位标志值的变异程度越大，则平均指标的代表性越小。　　　　　　　　　　　　　　　　　　　　　　　　　　　　　（　　）

二、单项选择题

1. 平均指标反映总体各单位的（　　　），变异指标反映总体各单位的（　　　）。
   - A. 集中趋势
   - B. 离中趋势
   - C. 长期趋势
   - D. 基本趋势

2. 标准差数值越小，则反映变量值（　　　）。
   - A. 越分散，平均数代表性越低
   - B. 越集中，平均数代表性越高
   - C. 越分散，平均数代表性越高
   - D. 越集中，平均数代表性越低

3. 两个变量值相差较大的数列，标准差数值大的，其平均数的代表性（　　　）。
   - A. 大
   - B. 小
   - C. 无法判断
   - D. 要计算标准差系数来判断

4. 标志变异指标中易受极端值影响的是（　　　）。
   - A. 全距
   - B. 平均差
   - C. 标准差
   - D. 标准差系数

5. 一组数据最大值与最小值之差称为（　　　）。
   - A. 全距
   - B. 平均差
   - C. 标准差
   - D. 标准差系数

6. 比较两组数据的离散程度最适合的离散指标是（   ）。

　　A. 全距　　　　　　　　　　　　B. 平均差

　　C. 标准差　　　　　　　　　　　D. 标准差系数

7. 平均差的主要缺点是（   ）。

　　A. 受极端值的影响　　　　　　　B. 计算方法复杂

　　C. 计算结果含义不明　　　　　　D. 不符合代数运算的规则

8. 用标准差比较两个同类总体平均指标代表性的前提是（   ）。

　　A. 平均数相等　　　　　　　　　B. 单位数相等

　　C. 标准差相等　　　　　　　　　D. 离差之和相等

三、多项选择题

1. 标志变异指标可以说明（   ）。

　　A. 分配数列中变量的离中趋势　　B. 分配数列中各标志值的变动范围

　　C. 分配数列中各标志值的离散程度　　D. 总体单位标志值的分布特征

　　E. 分配数列中各标志值的集中趋势

2. 标志变异指标包括（   ）。

　　A. 全距　　　　　　　　　　　　B. 平均差

　　C. 标准差　　　　　　　　　　　D. 标准差系数

　　E. 中位数

3. 标志变异指标中可用有名数表示的有（   ）。

　　A. 全距　　　　　　　　　　　　B. 平均差

　　C. 标准差　　　　　　　　　　　D. 标准差系数

　　E. 以上都可以

4. 下列描述中，不正确的有（   ）。

　　A. 标准差也称方差

　　B. 标志变异指标与平均数的代表性成正比

　　C. 反映数据离散程度只能用相对数

　　D. 全距是总体中两个极端值之差，说明标志值的变动范围

　　E. 全距计算简单，含义明确，因此被广泛应用

四、综合分析题

1. 某年级两个班学生的英语成绩资料如下表所示：

甲乙两班英语成绩分组表

甲班		乙班	
成绩/分	人数/人	成绩/分	人数/人
60 以下	3	60 以下	2
60~70	10	60~70	8
70~80	28	70~80	25
80~90	7	80~90	10
90 以上	2	90 以上	5
合计	50	合计	50

要求：试根据以上资料分别计算甲乙两班学生成绩的标准差、标准差系数，并比较两个班同学考试成绩的均衡性。

2. 两种不同的玉米新品种分别在 4 块试验田上试种，相关资料如下表所示。

甲乙玉米新品种试种资料

甲　品　种		乙　品　种	
地块面积/亩	亩产量/千克	地块面积/亩	亩产量/千克
1.5	560	2.0	580
1.3	520	1.5	510
1.1	480	1.2	460
0.9	550	1.1	520

要求：假定生产条件相同，试确定哪个品种较稳定，具有更大的推广价值。

【任务解析】

对两名运动员射击成绩的评定，我们很自然地能想到应该去计算平均成绩。平均指标的计算有五种方法，对于该任务案例资料到底适合哪种方法，建议同学们可以参照以下几点进行选择。

首先看对什么求平均，如果是求平均比率、平均速度，则用几何平均法。如果不是对速度或者比率求平均，则继续观察数据中有无极端变量值。有极端值，则考虑中位数或众数。无极端值，则考虑标志总量除以单位总量。如单位总量已知，则用算术平均法；如果单位总量未知，标志总量已知，则用调和平均法。请同学们自己对照资料来选择最适合本案例的平均方法。

平均分能够反映出两名运动员成绩的一般水平，但观察数据，能明显看出两名运动员成绩的稳定性存在明显差距。因此，还需要结合数据分别对两名运动员的成绩进行离散程度分析，即计算标志变异指标。

请同学们自己选择一种标志变异指标，分别测算一下两名运动员射击成绩的离散程度，并最终结合平均分确定最适合参赛的选手。最理想的是选择平均成绩高、变异指标值低的选手。

◆◆ 知识图谱 ◆◆

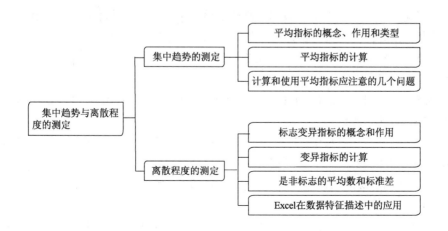

模块五　统计数据分析方法

任务六　抽样推断

【学习目标】

◆知识目标：了解抽样推断的意义、基本概念和抽样方法；
　　　　　　了解抽样的几种组织方式及程序；
　　　　　　掌握总体均值及成数的区间估计方法；
　　　　　　掌握必要的样本容量的确定方法。
◆能力目标：能够恰当地选择合适的抽样方法、方式并实施抽样调查；
　　　　　　能够熟练应用区间估计的方法来推断总体；
　　　　　　能够正确计算必要的样本容量。

【统计名称】

有些人不喜欢统计学，但是我却觉得它充满美感并对其感兴趣。不论何时，统计学都不是蛮不讲理的。在实际应用中只要运用正确的方法，它就可以细致并严谨地解释问题。统计学处理复杂事件的能力是无与伦比的。

——弗朗西斯·高尔顿

【任务描述】

某校为了解学生上网情况，在全校10000名学生中按不重复抽样方法随机抽取了100人进行调查。整理数据时，工作人员在关于"每天上网时长"问题中，得到如下数据（小时）：

　　5.0　2.5　6.5　4.0　1.0　5.0　3.5　3.0　6.0　2.0　4.5　4.0　3.5　7.0　2.5
4.0　5.5　2.5　6.0　3.0

　　3.0　6.5　3.5　1.0　2.0　1.0　6.5　5.0　2.0　3.5　1.0　4.0　5.5　4.5　6.0
6.5　2.5　2.0　7.0　2.5

　　2.5　2.0　3.0　7.0　6.0　3.5　4.5　1.5　4.0　7.0　1.5　3.5　3.0　4.0　2.0
8.0　6.0　5.0　3.0　2.5

　　3.0　8.0　6.5　2.5　2.0　7.0　3.0　5.0　5.5　5.5　4.0　7.5　2.0　5.0　4.5
4.0　5.5　3.5　4.0　3.5

　　3.3　5.0　6.0　4.5　5.5　5.0　4.5　4.0　5.0　6.0　3.5　4.5　5.0　5.0　4.0

4.5　6.0　3.5　5.0　5.0

依据上述调查的原始数据，该如何推断全校学生每天的平均上网时长呢？每天上网时长超过 4 小时的学生在全校学生中占多大的比重？希望同学们能从本任务的相关知识模块中寻找到解决问题的思路和方法。

【相关知识】

6.1　抽样推断的意义

6.1.1　抽样推断的概念

抽样包括抽样调查和抽样推断两部分。

抽样调查是一种科学的非全面调查方法，是指按照随机性原则从总体中抽取一部分单位进行调查，以获得各项数据。

抽样推断是进一步运用数理统计的原理，根据抽样调查的数据，对总体做出具有一定可靠程度的估计和判断的统计方法。

抽样推断作为一种调查方法和分析方法，相对于其他调查方式而言，具有经济性、时效性、准确性和灵活性等优点，因此，在统计实践中被广泛运用。

［知识卡片］抽样推断的科学性

抽样调查被公认为是非全面调查中用来推算和代表总体的最完善、最有科学依据的调查方法。原因如下：

① 调查样本是按随机的原则抽取；

② 以抽取的全部样本单位作为一个"代表团"，用整个"代表团"来代表总体；

③ 所抽选的样本单位数，是根据调查误差的要求，经过科学的计算确定的；

④ 抽样调查的误差，在调查前就可以根据样本单位数和总体中各单位之间的差异程度进行计算，并控制在允许范围以内，推断结果的准确程度较高。

6.1.2　抽样推断的特点

① 抽样推断的目的在于推断总体的数量特征。抽样调查虽然只是调查总体中的部分单位，但其目的并不是要了解所调查单位的情况，而是通过部分单位的数量及属性表现，来达到对总体数量特征的认识。例如，通过检测几克、几十克奶粉，判断这一批奶粉的质量是否合格等。

② 抽样推断是建立在随机取样的基础上。抽样调查可以是随机抽样，也可以是非随机抽样，但是作为抽样推断的前提必须是随机抽样。随机抽样指从总体中抽取样本单位时，样本单位的中选机会均等。这样做的原因之一是可以利用概率论的原理对调查的结果做出具有一定可靠程度的估计与推断；二是防止出现由于主观抽选被调查单位带来的倾向性误差。

③ 抽样推断的误差可以事先计算并进行控制。以抽样调查的样本指标数值来推断总体指标数值，虽然存在一定误差，但这种误差在抽样调查之前是可以计算的，并能根据统计研究的任务、目的、精确性等，采取相应的措施加以控制，使抽样推断的结论达到一定的可靠

程度。这也是抽样调查不同于其他调查方式的重要区别之一。

6.1.3 抽样推断的意义

在实际工作中我们不可能对所有现象总体进行全面调查。例如，市场商品需求量、城市居民家庭收支情况等，很难对每个单位进行观察，只能组织抽样调查，取得部分实际资料，用来估计和判断总体的数量特征，以达到对现象总体的认识。

① 对于不可能进行全面调查的无限总体，只能借助抽样推断来认识总体。对于无限总体，不可能对其进行全面调查，对于范围过大的总体，也很难进行全面调查。如对江河湖海中鱼的数量的调查，对大气的污染情况调查等，只能进行抽样调查。

② 对于不能进行全面调查的破坏性或消耗性检测，只能借助抽样推断来认识总体。很多产品的质量检验是带有破坏性或消耗性的，例如测试一批轮胎的行驶里程、某型号炮弹的平均射程等。

③ 对于不必要进行全面调查的总体，可以借助抽样推断来认识总体。例如，要了解全国城乡居民的家庭收支状况，从理论上可以进行全面调查，但是要消耗大量的人力、物力、财力和时间，采用抽样推断，则可以大大节省人力、物力和财力，有利于提高经济效益和统计资料的时效性，达到事半功倍的效果。

④ 抽样调查可以补充和修正全面调查的结果。全面调查由于范围广、工作量大、参加人员多，所获得的全面资料容易发生差错。在全面调查的基础上，做一次抽样调查，将这两次的调查资料进行对比，计算其差错率，并以此为依据对全面调查资料加以修正，可以进一步提高全面调查资料的准确性。

⑤ 抽样调查还常用于工业生产过程中的质量控制。对于成批或大量连续生产的产品生产过程，通过抽样可以及时提供有关产品质量信息，分析各种可能的原因，以便采取措施，排除故障，使生产过程保持正常，起到质量控制的目的。

小资料：抽样推断的魅力

盖洛普是美国较有影响的民意测验机构。调查范围涉及社会、政治、经济、生活的方方面面，尤以政治选举的预测准确性受到世人的关注。

1936 年罗斯福任美国总统的第一任届满。这一年是选举年，和他竞争的是共和党的候选人兰登。此时的美国正处于大萧条时期，实际收入下降了三分之一，经济刚刚开始回升。选举前，绝大多数观察家认为罗斯福会是毫不费力的获胜者。

美国《读者文摘》（Digest）杂志却不这样认为，它寄出了 1000 万份读者调查问卷，回收了 240 万份，得出兰登会以 57% 对 43% 的压倒优势获胜。自 1918 年以来的历届总统选举中《读者文摘》都正确预测出获胜的一方。

而当时刚刚成立的盖洛普公司只用了 1500 份调查问卷，得出了罗斯福将以 56% 的选票战胜兰登的结果。自此，盖洛普公司声名远扬。在历次的民意调查中，我们都会非常惊讶于其精确的预测。在民意调查中有一个有趣的现象，人们都相信民意调查出的选举结果，但对其中的方法以及它的原理却并不相信，这正是抽样估计的魅力所在。

资料来源：施智梁. 还原一份盖洛普的民意调查报告. 商学院，2008（05）

6.2 抽样推断中的基本概念

6.2.1 全及总体和样本总体

全及总体，也称母体，简称总体。就是我们所要调查研究的现象的全体。全及总体单位数通常用 N 表示。

样本总体，又叫子样，简称样本。是从全及总体中随机抽取出来的那部分单位的集合体。样本总体的单位数称为样本容量，用 n 表示。$n \geq 30$，称为大样本；$n < 30$，称为小样本。社会经济现象的抽样多取大样本。

作为推断对象的全及总体是确定的，而且是唯一的。但观察对象的样本却不唯一。从一个总体中可以抽取许多样本，每次可能抽到哪个样本在随机抽样调查前是不能确定的。理解这一点对于学习抽样推断原理是很重要的。

6.2.2 全及指标和样本指标

全及指标是反映总体数量特征的综合指标，又叫总体指标或总体参数。在一个总体中，全及指标是唯一确定的量，而且是一个未知量，需要通过样本资料进行推算。常用的全及指标：总体平均数及总体标准差（方差），总体成数及总体成数的标准差（方差）。

样本指标是反映样本数量特征的综合指标，又称样本统计量。由于从一个全及总体中可以抽取多个样本，样本不同，样本指标的数值就不同，是随机的。常用的样本指标：样本平均数及样本标准差（方差），样本成数及样本成数的标准差（方差）。常用的指标如表6-1所示。

表 6-1 常用的全及指标和样本指标

指标		总体指标		样本指标	
		变量总体	属性总体	变量总体	属性总体
平均指标	未分组资料	$\bar{X} = \dfrac{\sum X_i}{N}$	$P = \dfrac{N_1}{N}$	$\bar{x} = \dfrac{\sum x_i}{n}$	$p = \dfrac{n_1}{n}$
	分组资料	$\bar{X} = \dfrac{\sum X_i F_i}{\sum F_i}$		$\bar{x} = \dfrac{\sum x_i f_i}{\sum f_i}$	
方差	未分组资料	$\sigma_{\bar{X}}^2 = \dfrac{\sum (X_i - \bar{X})^2}{N}$	$\sigma_P^2 = P(1-P)$	$s_{\bar{x}}^2 = \dfrac{\sum (x_i - \bar{x})^2}{n}$	$s_p^2 = p(1-p)$
	分组资料	$\sigma_{\bar{X}}^2 = \dfrac{\sum (X_i - \bar{X})^2 F_i}{\sum F_i}$		$s_{\bar{x}}^2 = \dfrac{\sum (x_i - \bar{x})^2 f_i}{\sum f_i}$	

续表

指标		总体指标		样本指标	
		变量总体	属性总体	变量总体	属性总体
标准差	未分组资料	$\sigma_{\overline{X}} = \sqrt{\dfrac{\sum (X_i - \overline{X})^2}{N}}$	$\sigma_P = \sqrt{P(1-P)}$	$s_{\overline{x}} = \sqrt{\dfrac{\sum (x_i - \overline{x})^2}{n}}$	$s_p = \sqrt{p(1-p)}$
	分组资料	$\sigma_{\overline{X}} = \sqrt{\dfrac{\sum (X_i - \overline{X})^2 F_i}{\sum F_i}}$		$s_{\overline{x}} = \sqrt{\dfrac{\sum (x_i - \overline{x})^2 f_i}{\sum f_i}}$	

式中，N_1、n_1 分别表示具有某种属性的总体单位数和样本单位数。

6.2.3　重复抽样和不重复抽样

重复抽样又称重置抽样、有放回抽样。是从总体中随机抽取一个容量为 n 的样本时，每一次抽取一个单位，记录其标志值后，又将其放回总体中参加下一次的抽取，直到抽取的样本容量为 n。在这种抽样方法中，同一单位可能会被重复抽中。

不重复抽样也称为不放回抽样。是从总体中每次抽出一个单位就不再放回参加下一次抽选，因此每抽取一次总体单位数就少一个。在这种抽样方法中，同一单位不可能被重复抽中。

★ **思考：** 重复抽样和不重复抽样，你认为哪种做法在实际调查中会用的更为普遍？理由是什么？

<hr>

能力训练

一、判断题

1. 遵循随机原则抽样，可使样本与总体同分布，提高样本的代表性。　　　　（　　）
2. 抽样调查所遵循的基本原则是可靠性原则。　　　　（　　）
3. 样本容量是从一个总体中可能抽取的样本个数。　　　　（　　）

二、单项选择题

1. 抽样调查的目的是（　　）。
   A. 用样本指标推断总体指标　　　　B. 了解总体的基本情况
   C. 了解样本的基本情况　　　　D. 对样本单位进行深入调查
2. 统计抽样必须遵循的原则是（　　）。
   A. 准确性　　　　B. 可靠性
   C. 随机性　　　　D. 任意性
3. 不宜采用抽样调查的情况是（　　）。
   A. 总体单位分布不均匀　　　　B. 总体单位分布均匀

    C. 总体单位太多　　　　　　　　　D. 总体单位太少

三、多项选择题

1. 关于抽样推断的特点，以下说法正确的是（　　）。

    A. 遵循随机取样　　　　　　　　　B. 误差可控

    C. 推断总体　　　　　　　　　　　D. 分布均匀

    E. 有一定的概率保证程度

2. 抽样调查适合的场合有（　　）。

    A. 产品的质量检测　　　　　　　　B. 总体范围过大

    C. 人财物及时间限制　　　　　　　D. 破坏性或消耗性的实验

    E. 任何调查都可以

3. 在由 1000 个个体构成的总体中，抽取 100 个个体组成样本，下列说法错误的是（　　）。

    A. 100 是样本数　　　　　　　　　B. 100 是样本容量

    C. 这是大样本　　　　　　　　　　D. 这是小样本

    E. 100 是样本可能的数目

4. 在抽样推断中，样本就是（　　）。

    A. 抽样的样本个数　　　　　　　　B. 推断对象的总体

    C. 子样　　　　　　　　　　　　　D. 代表总体的那部分单位的集合体

    E. 总体全部单位的集合

6.3　抽样的组织形式

    抽样调查是非全面调查中最完善、最有科学依据的搜集资料的方法。抽样的组织方式有：简单随机抽样、类型抽样、等距抽样、整群抽样、多阶段抽样。

6.3.1　简单随机抽样

    简单随机抽样，又称纯随机抽样。对总体各单位不做任何处理，不进行分类排队，而是直接从总体中按随机原则抽取调查单位。不论是重复抽样还是不重复抽样，都要保证每个单位在抽选中都有相等的中选机会。是最基本，也是最简单的抽样组织形式，适用于均匀分布总体。

    简单随机抽样的常用方法有直接抽选法、抽签法、随机数字表法和 Excel 抽样。

    ① 直接抽选法。即直接从调查对象中随机抽选。例如，质检部门对超市的食品进行质量检验，从中随机指定若干件进行检查。

    ② 抽签法。将全及总体的各个单位编号，做成号签，然后把号签搅均匀，从中随机摸取，抽中者即为样本单位，直到抽满所需样本容量为止。

    ③ 随机数字表法。当总体单位数较大时，往往使用随机数字表法。其具体做法是将全及总体各单位编号，然后根据随机数字表来确定样本单位。随机数字表见附录1。

    ④ Excel 抽样。利用 Excel 先将全及总体各个单位按照某种自然的顺序编上号，然后把号码输入 Excel 表格，利用"数据分析"中的"抽样"功能进行抽选。

★**讨论**：某高校为了解新生的英语水平，欲从全校 3500 名新生中抽选一个 300 人的简单随机样本进行测试。四种方法各该如何操作？

6.3.2 类型抽样

类型抽样，又称分层抽样。是先对总体各单位按一定的标志加以分类（层），然后再从各类（层）中按随机的原则抽取一定单位构成样本。

通过分类，可以把总体中标志值比较接近的单位归为一组，减少各组内的差异程度，再从各组抽取样本单位就有更大的代表性，抽样误差相对缩小。在总体单位标志值差异较大的情况下，运用类型抽样比简单随机抽样可以得到比较准确的效果。在企业的市场调查中常用到类型抽样方法。

类型抽样通常是按各组总体单位数占全及总体单位数的一定比例来抽取样本。单位数较多的组多取样，单位数少的组则少取样。

★**讨论**：上述讨论话题中，如果选择类型抽样，又该如何操作？

6.3.3 等距抽样

等距抽样，又称机械抽样或系统抽样。将总体各单位按某一标志排队，每隔一定的间隔抽取一个单位，组成样本。

等距抽样是不重复抽样，通常可以保证被抽选的单位在总体中均匀分布，缩小各单位之间的差异程度，提高样本的代表性。具有简便易行、推断总体代表性强的特点。

排队标志可以是无关标志，也可以是有关标志。排队之后，确定抽样距离，抽样起点一旦确定，样本也就确定了。所以等距抽样的随机性体现在排队顺序与抽样起点的确定上。

① 无关标志排队。调查某校在校学生年龄时，对按专业排列的学生名单进行等距抽样，显然年龄与专业之间没有必然的联系。

② 有关标志排队。如前例中对在校学生按年龄进行排序。通常有两种做法：

半距起点取样：即抽样起点定在第一个抽样距离的一半，然后按等间隔抽取其他的样本单位。

对称等距取样：即抽样起点在第一个抽样距离内随机确定，抽取的第 2 个单位为第二段抽样距离中第 1 个样本单位的对称点，以此类推。

★**讨论**：有关标志排队为什么要半距起点取样或对称等距取样呢？上述讨论话题中，如果选择等距抽样，该如何操作？

6.3.4 整群抽样

整群抽样，也称集团抽样。它是将总体各单位划分成许多群，然后从其中随机抽取部分群，对中选群的所有单位进行全面调查的抽样组织形式。

在缺乏总体抽样框的情况下，常常采用整群抽样。例如，要调查某市大学生总体，面对这样一个庞大的总体，直接抽取样本单位有很多困难。如果采用整群抽样，以班级为抽样单位，从全部学校的所有班级中抽出部分班级，只调查所抽中的班级，就方便多了。

整群抽样对所选群需做全面调查，所以调查单位很集中，大大简便了抽样工作、节省了开支。但由于抽样单位比较集中，限制了样本在总体分配的均匀性，所以代表性较小，抽样误差较大。

★**讨论：**上述讨论话题中，如果换成整群抽样，又该如何具体操作？鉴于整群抽样误差较大的弊端，在具体应用时，该注意些什么？

6.3.5　多阶段抽样

前述四种抽样形式都属于单阶段抽样，即从总体中进行一次抽样就可以产生一个完整的样本。但在实际工作中，由于单位多分布广，要通过一次抽样就抽选出一个完整的样本是很难的。

在这种情况下，可以将整个抽样过程分成多个阶段，由粗到细逐阶段进行抽样，这就是多阶段抽样。我国的农产品调查就是采用多阶段抽样的形式，具体步骤是：第一阶段从省抽县；第二阶段从中选的县抽乡（镇）；第三阶段从中选的乡（镇）抽村；第四阶段从中选的村抽地块；第五阶段再从抽中的地块抽具体的样本点。

===== 能力训练 =====

一、判断题

1. 当总体单位数很大但分布不均匀时，不宜采用抽样调查方法。　　　　　　（　　）
2. 一个全及总体可能抽取若干不同的样本总体。　　　　　　　　　　　　　（　　）
3. 某企业在调查本厂产品质量时，有意选择管理好的车间进行调查，这样做必将导致登记性误差的产生。　　　　　　　　　　　　　　　　　　　　　　　　　　　（　　）

二、单项选择题

1. 按随机原则直接从总体 N 个单位中抽取 n 个单位作为样本，这是（　　　）。
   A. 简单随机抽样　　　　　　　　　　B. 类型抽样
   C. 等距抽样　　　　　　　　　　　　D. 整群抽样

2. 某市为了解城市在业人员的经济收入，分别从工人、机关干部、个体劳动者和其他职工类型中按照一个大体相同的比例随机抽取了 2000 人进行调查。这是（　　　）。
   A. 类型抽样　　　　　　　　　　　　B. 等距抽样
   C. 整群抽样　　　　　　　　　　　　D. 多阶段抽样

3. 一个连续性生产的工厂，为检验产品的质量，在一天中每隔一小时取下五分钟的产品做全部检验，这是（　　　）。
   A. 类型抽样　　　　　　　　　　　　B. 等距抽样
   C. 整群抽样　　　　　　　　　　　　D. 简单随机抽样

4. 事先将全及总体各单位按某一标志排列，然后依固定顺序和间隔来抽选调查单位的抽样组织方式叫作（　　　）。
   A. 类型抽样　　　　　　　　　　　　B. 等距抽样

C. 整群抽样   D. 简单随机抽样

5. 1000 箱灯泡，每箱 200 只，现随机抽取 20 箱并检查这些箱中全部灯泡，这是（　　）。

     A. 类型抽样   B. 等距抽样

     C. 整群抽样   D. 简单随机抽样

6. 总体单位不是很多，且各单位差异较小时，适合采用（　　）。

     A. 类型抽样   B. 等距抽样

     C. 整群抽样   D. 简单随机抽样

7. 按行政区域划片的区域抽样，属于（　　）。

     A. 类型抽样   B. 等距抽样

     C. 整群抽样   D. 简单随机抽样

三、多项选择题

1. 抽样调查之所以遵循随机原则，是因为（　　）。

     A. 保证样本和总体有相似的结构   B. 保证样本和总体有相同的结构

     C. 避免产生系统偏差   D. 方便抽取样本单位

     E. 避免产生抽样误差

2. 简单随机抽样，一般用于（　　）。

     A. 对总体情况了解很少   B. 总体单位的排列没有顺序

     C. 现象的标志变异程度较小   D. 现象的标志变异程度较大

     E. 抽样框难以确定的情况

6.4 抽样推断的方法

6.4.1 抽样推断中误差的来源

一般情况下，抽样推断过程中误差的来源有三方面：登记性误差、系统性误差和抽样误差（见图6-1）。

① 登记性误差。在调查登记过程中由于主客观原因引起的误差。这种误差通常由人为因素造成，如测量、记录、计算造成的差错，或由于被调查者所报材料不实或有意虚报、瞒报造成的差错等。登记性误差可以通过搞好调查的组织宣传工作，不断提高调查人员素质，对调查资料进行严密审核和广泛采用计算机处理数据等措施来避免。

图 6-1 抽样推断中的误差来源

② 系统性误差。因为在抽样过程中破坏了随机原则所产生的误差。如调查人员有意挑选较好或较差的个体作为样本单位，只要遵循随机原则，这类误差也完全可以避免。

③ 抽样误差。是由于抽样的随机性造成的样本指标与总体指标之间的代表性误差。抽样误差则不可避免、难于消灭，只能加以控制。

抽样误差又分为两种类型：实际误差和抽样平均误差。实际误差是指在一次抽样中样本指标和总体指标的离差。抽样平均误差是指所有可能出现的样本指标的平均离差。

6.4.2 影响抽样误差的因素

① 总体被研究标志的差异程度。差异程度越大则抽样误差也越大，反之越小。在其他条件不变时，如果总体各单位标志值差异大，则说明对总体进行的抽样调查所获取的样本资料的代表性降低；反之，如果总体各单位标志值差异小，甚至于没有差异，则抽样调查所选取的任何一个样本都能较好的代表总体，甚至于不需要抽样调查。

② 样本单位数的多少。在其他条件相同的情况下，样本的单位数越多，则抽样误差越小。抽样调查是在全及总体中抽取部分单位进行的调查，如果所抽取的单位足够多，以至于接近总体单位总量，则样本指标就更能代表总体的相应数量特征，抽样误差就会趋近于零。

③ 抽样方法。抽样方法不同，抽样误差也不同。一般来说重复抽样的误差比不重复抽样的误差要大些。

④ 抽样调查的组织形式。不同的抽样组织形式就有不同的抽样误差。

6.4.3 抽样平均误差与抽样极限误差

（1）抽样平均误差

由于总体指标是未知的，因此实际误差无法计算。根据抽样理论，如果总体方差已知，在样本容量和抽样方式确定以后，抽样平均误差可以计算出来，本任务中所指抽样误差即指抽样平均误差。用公式表示为：

$$\mu_{\bar{x}} = \sqrt{\frac{\sum (\bar{x} - \bar{X})^2}{M}} \quad \text{或} \quad \mu_p = \sqrt{\frac{\sum (p - P)^2}{M}} \tag{6-1}$$

式中，$\mu_{\bar{x}}$代表抽样平均数的平均误差；μ_p代表抽样成数的平均误差；M代表全部可能的样本数目。

上述公式表明了抽样平均误差的实质。但由于总体平均数和总体成数未知，而且无法计算全部样本的抽样指标，所以利用上述公式计算抽样平均误差实际上是不可能的。因此实践中常用其他的方法来推算。

本任务仅就简单随机抽样条件下，介绍抽样平均误差的计算方法。

① 抽样平均数的平均误差。在重复抽样条件下，抽样平均数的平均误差和总体的变异程度以及样本容量大小两个因素有关，公式如下：

$$\mu_{\bar{x}} = \sqrt{\frac{\sigma^2}{n}} = \frac{\sigma}{\sqrt{n}} \tag{6-2}$$

在不重复抽样条件下，抽样平均数的平均误差不仅与总体变异程度、样本容量有关，而且还与总体单位数的多少有关。

$$\mu_{\bar{x}} = \sqrt{\frac{\sigma^2}{n} \left(\frac{N - n}{N - 1} \right)} \tag{6-3}$$

当总体单位数 N 很大的情况下，可以将式 6-3 改写为：

$$\mu_{\bar{x}} = \sqrt{\frac{\sigma^2}{n} \left(1 - \frac{n}{N} \right)} \tag{6-4}$$

式中 $\left(1 - \dfrac{n}{N} \right)$ 称为修正因子，因为修正因子总是小于 1，因此不重复抽样的平均误差总是小于重复抽样的平均误差。

其中，$\dfrac{n}{N}$ 称为抽样比，在抽样比很小的情况下，$\sqrt{\dfrac{\sigma^2}{n}\left(1-\dfrac{n}{N}\right)}$ 与 $\sqrt{\dfrac{\sigma^2}{n}}$ 的数值很接近，因此实际工作中在总体单位数未知或很大的情况下常用重复抽样平均误差的公式来计算不重复抽样的平均误差。

② 抽样成数的平均误差

重复抽样时：
$$\mu_p = \sqrt{\frac{P(1-P)}{n}} \tag{6-5}$$

不重复抽样时：
$$\mu_p = \sqrt{\frac{P(1-P)}{n}\left(1-\frac{n}{N}\right)} \tag{6-6}$$

上述计算公式中，需要用到全及总体方差，但在抽样调查实施中，总体方差未知，通常用以下方法解决。

① 用样本方差代替总体方差。遵循随机原则并抽取大样本，可以保证样本方差很接近总体方差。

② 用过去调查所得方差资料。如过去做过全面调查，可直接采用总体方差资料；如做过抽样调查，可采用样本方差资料；如有几个不同的方差资料，则采用数值最大的方差。

③ 用小规模调查取得的方差。如果没有过去的资料，又需要在调查之前就估计出抽样误差，可以考虑在大规模调查之前，组织一次小规模的实验性调查，以获取方差数据。

④ 当成数方差没有现成的数据时，可取成数为 0.5，此时方差最大为 0.25。

★ **思考**：重复抽样条件下，假定其他条件不变，样本单位数分别增加 1 倍、2 倍、3 倍，则抽样平均误差会发生什么变化？

（2）抽样极限误差

以样本指标估计总体指标时，必须考虑误差的大小。误差越大，样本的价值就越低，但抽样误差也不是越小越好，越小就意味着要增加样本单位数量，增加调查费用和时间。因此，抽样估计时，应根据现象的变异程度以及任务要求确定允许的误差范围，在这个范围内的推断数值都是有效的，这个允许的误差范围就是抽样极限误差。

抽样极限误差，是指在一定条件下抽样指标和总体指标之间抽样误差的可允许范围，即允许出现的最大误差，通常用符号 Δ 表示，则有抽样平均数的极限误差、抽样成数的极限误差如下：
$$|\bar{x} - \overline{X}| \leqslant \Delta_{\bar{x}}, |p - P| \leqslant \Delta_p$$

基于理论上的要求，抽样极限误差通常需要以抽样平均误差 $\mu_{\bar{x}}$ 或 μ_p 为标准单位来衡量，即：
$$\Delta_{\bar{x}} = t\mu_{\bar{x}}, \Delta_p = t\mu_p \tag{6-7}$$

抽样极限误差是抽样误差的可能范围而非完全肯定的范围。因此这个可能范围的大小是与可能性的大小即概率紧密联系的。在抽样估计中，这个概率叫置信度，习惯上也称之为可信程度、把握程度或概率保证程度。式 6-7 中的 t 值与样本估计值落入该允许误差范围内的概率有关，因此 t 也称为概率度。抽样误差的概率是概率度 t 的函数。这种对应函数关系见附录 2 标准正态分布概率表。

★**查资料：** 抽样推断中，经常用到的几个概率值如下，请查出对应的概率度的取值。

概率 $F(t)$ 概率度 (t)

68.27%

95%

95.45%

99.73%

从上述几组数字的对应关系，结合式（6-7），可以看出：

抽样的可靠程度（即概率）越大，概率度就越大，抽样极限误差也就越大，抽样估计的精确度就降低。即估计的可靠程度与精确度呈反向变动关系。因此在估计时，应该将可靠程度与精确度的要求结合起来，不能一味地追求估计的可靠程度而降低精确度，也不能一味地追求估计的精确度而降低估计的可靠程度。

6.4.4 对总体平均数的区间估计

对总体指标的估计方法有两种，一是点估计，二是区间估计。

点估计是根据抽样调查所搜集的资料来计算样本指标，并直接用样本指标值作为相应总体指标的估计值。点估计计算简单，但未考虑估计的误差发生的可能性大小，因此，一般不用这一估计方法。但它是我们进行区间估计的基础。

[知识卡片] 优良估计量的标准
① 无偏性。即样本指标的平均数等于被估计总体的总体指标。 ② 一致性。即当样本的单位数充分大时，样本指标也无限靠近总体指标。 ③ 有效性。即优良估计的方差应该比其他估计量的方差小。 理论上可以证明，样本平均数、样本成数作为总体平均数、总体成数的估计量完全符合上述标准。

区间估计是在点估计的基础上，在一定的概率保证下，给出总体估计值的一个区间范围。即根据样本指标和抽样误差来推断总体的最大可能范围，并同时指出估计的可靠程度。

区间估计必须具备三个要素：一是点估计值；二是误差范围，即抽样极限误差；三是估计的可靠程度。

区间估计的基本特点是根据给定的概率保证程度的要求，利用实际抽样资料，指出总体指标被估计值的上限和下限，即指出总体指标可能存在的区间范围，而不是直接给出总体指标的估计值。

对总体平均数的区间估计，计算公式为：

$$\bar{x} - \Delta_{\bar{x}} \leq \bar{X} \leq \bar{x} + \Delta_{\bar{x}} \quad 或 \quad \bar{x} - t\mu_{\bar{x}} \leq \bar{X} \leq \bar{x} + t\mu_{\bar{x}} \tag{6-8}$$

具体步骤：

① 计算抽样平均数、样本标准差或方差。

② 计算抽样平均误差。

③ 根据给定概率保证程度 $F(t)$，查正态分布概率表求得概率度 t 值。

④ 计算抽样极限误差。

⑤ 计算被估计指标的上限和下限，对总体指标作出区间估计。

【例6-1】 某地进行居民家计调查，随机抽取 400 户居民，调查得年平均每户耐用消费品支出为 1850 元，标准差为 520 元，要求以 95% 的概率保证程度，估计该城市居民户年平均每户耐用消费品支出。

① 根据资料求得样本每户平均开支 $\bar{x} = 1850$ 元；样本标准差 $s = 520$ 元，则

$$\mu_{\bar{x}} = \frac{\sigma}{\sqrt{n}} = \frac{520}{\sqrt{400}} = 26 \text{（元）}$$

② 根据给定的概率置信度 $F(t) = 0.95$，查概率表得 $t = 1.96$

③ 计算 $\Delta_{\bar{x}} = t\mu_{\bar{x}} = 1.96 \times 26 = 50.96$ 元，则该地居民每户年平均耐用消费品支出的上、下限为：

$$下限 = \bar{x} - \Delta_{\bar{x}} = 1850 - 50.96 = 1799.04 \text{（元）}$$
$$上限 = \bar{x} + \Delta_{\bar{x}} = 1850 + 50.96 = 1900.96 \text{（元）}$$

由此我们以 95% 的概率保证程度，估计该地居民户家庭年平均每户耐用消费品支出在 1799.04 ~ 1900.96 元之间。

6.4.5 对总体成数的区间估计

总体成数的区间估计的计算公式为：

$$p - \Delta_p \leqslant P \leqslant p + \Delta_p \quad 或 \quad p - t\mu_p \leqslant P \leqslant p + t\mu_p \tag{6-9}$$

【例6-2】 某学校对大一新生进行了一次英语水平抽测，参加测试人数 100 人，其中 5 人不合格，要求以 95% 的概率保证程度，估计该校大一全体新生英语水平不合格的人数所占的比重。

① 根据资料计算抽样成数及成数的抽样平均误差：

$$P = \frac{5}{100} = 5\% , \mu_p = \sqrt{\frac{P(1-P)}{n}} = \sqrt{\frac{0.05 \times 0.95}{100}} = 2.18\%$$

② 根据给定的概率置信度 $F(t) = 0.95$，查概率表得 $t = 1.96$

③ 计算抽样极限误差。$\Delta_p = t\mu_p = 1.96 \times 2.18\% = 4.27\%$

则不合格人数所占比重的下限为：$5\% - 4.27\% = 0.73\%$

上限为：$5\% + 4.27\% = 9.27\%$

由此我们以 95% 的概率保证程度，估计该校大一全体新生英语水平不合格的人数所占的比重在 0.73% ~ 9.27% 之间。

6.4.6 利用 Excel 进行抽样及区间估计

【例6-3】 某学院为了解大一新生的基础英语水平，拟从入学的 3000 名新生中随机抽取 100 人进行英语水平测试。请利用 Excel 进行抽样，并结合抽取的样本，以 95% 的概率保证程度，估计全体大一新生英语成绩的平均水平及不及格率。

（1）利用 Excel 抽取样本

第一步：建立编号数据库。

需要将全体新生进行编号，也可直接使用学生的学号，将其录入到 Excel 工作表中。如图 6-2 所示。

第二步：选取样本。

点开"数据"，单击"数据分析"，在"数据分析"对话框的"分析工具"列表中选择"抽样"，单击"确定"，打开"抽样"对话框，并进行相应设置。如图6-3、图6-4所示。

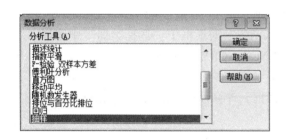

图6-2　建立编号数据库

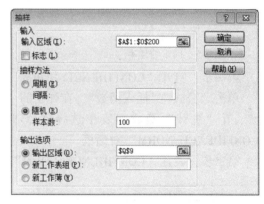

图6-3　选择分析工具"抽样"　　　图6-4　设置"抽样"对话框

第三步：将抽取的100名新生编号排序整理，如图6-5所示。

第四步：整理样本资料。

利用抽取样本的编号，组织该样本中的100名学生进行测试，得出样本中各学生的英语测试成绩，如图6-6所示。

至此，样本抽取工作基本完成。

（2）利用Excel估计总体均值

估计总体均值关键在于计算抽样极限误差，抽样极限误差的计算有多种方法，这里只介绍两种最常用的适合大样本的估计方法。

① 利用"描述统计"功能。

第一步：计算相关样本指标（方法见模块四任务五）。结果如图6-7所示。

图6-7中，标准误差即抽样平均误差，最后一行置信度（95.0%）对应的数值2.198491即抽样极限误差，保留两位小数为2.20分。

第二步：计算总体平均数估计区间的下限和上限。

区间下限：78.94 - 2.20 = 76.74（分）

区间上限：78.94 + 2.20 = 81.14（分）

② 利用函数"CONFIDENCE. NORM"。

Q	R	S	T	U
2	591	1213	1944	2470
21	633	1249	1976	2530
80	661	1346	1988	2537
88	667	1346	2001	2585
98	680	1464	2001	2610
131	686	1475	2003	2660
160	709	1536	2028	2682
188	733	1541	2044	2684
189	804	1556	2075	2695
214	808	1613	2077	2719
300	832	1640	2099	2737
329	833	1706	2164	2754
338	844	1772	2166	2780
365	867	1808	2212	2802
374	948	1826	2246	2823
412	1053	1842	2249	2851
421	1099	1849	2279	2904
488	1114	1861	2298	2906
506	1156	1870	2378	2924
590	1182	1940	2461	2970

图 6-5 抽中的样本

	A	B	C	D	E	F	G	H	I	J
1	编号	成绩	编号	成绩	编号	成绩	编号	成绩	编号	成绩
2	2	87	591	95	1213	82	1944	85	2470	82
3	21	87	633	51	1249	78	1976	66	2530	92
4	80	80	661	80	1346	93	1988	71	2537	75
5	88	79	667	87	1346	49	2001	63	2585	56
6	98	84	680	68	1464	78	2001	83	2610	84
7	131	72	686	73	1475	56	2003	66	2660	82
8	160	83	709	65	1536	95	2028	72	2682	79
9	188	88	733	85	1541	67	2044	85	2684	73
10	189	92	804	58	1556	71	2075	78	2695	77
11	214	72	808	97	1613	82	2077	78	2719	68
12	300	87	832	68	1640	85	2099	78	2737	88
13	329	77	833	74	1706	75	2164	81	2754	60
14	338	92	844	69	1772	87	2166	82	2780	83
15	365	71	867	88	1808	86	2212	92	2802	90
16	374	82	948	74	1826	70	2246	75	2823	77
17	412	87	1053	80	1842	89	2249	73	2851	92
18	421	57	1099	84	1849	80	2279	94	2904	72
19	488	99	1114	83	1861	89	2298	55	2906	79
20	506	93	1156	78	1870	96	2378	95	2924	87
21	590	92	1182	69	1940	90	2461	60	2970	74

图 6-6 样本中 100 名学生的考试成绩

第一步：打开"CONFIDENCE. NORM"对话框。

单击"公式""插入函数"，在弹出的"插入函数"对话框中"选择类别"中选择"统计"，在"统计"函数列表中选择"CONFIDENCE. NORM"函数，单击"确定"，弹出"CONFIDENCE. NORM"对话框。

第二步：设置"CONFIDENCE. NORM"对话框，计算抽样极限误差。如图 6-8 所示。

列1	
平均	78.94
标准误差	1.107989
中位数	80
众数	87
标准差	11.07989
方差	122.764
峰度	-0.08697
偏度	-0.5808
区域	50
最小值	49
最大值	99
求和	7894
观测数	100
置信度(95.0%)	2.198491

图 6-7 样本指标

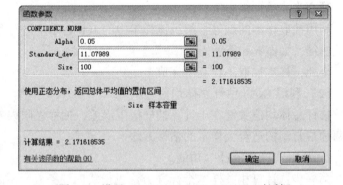

图 6-8 设置"CONFIDENCE. NORM"对话框

图 6-8 中，"Alpha"输入 0.05，即 1－95%的结果，称为显著水平；"Standard_dev"为总体标准差（本例中，因为总体标准差未知，因此用样本标准差代替。样本标准差可以利用"描述统计"或相关函数事先计算出来）；"Size"输入 100，即样本单位数。

按此方法计算的抽样极限误差保留两位小数为 2.17。

第三步：计算估计区间的下限和上限。

据抽样极限误差的结果，计算全体大一新生英语平均水平的下限 76.77 分，上限 81.11 分。

可以看出两种方法得出的结果不同。

需要注意的是，第一种方法在计算抽样极限误差时是严格按照总体方差未知时的估计方法来计算的，这更加符合抽样推断的一般情况。

（3）利用 Excel 估计总体成数

估计总体成数可以直接编辑公式计算，也可以利用统计函数来计算抽样极限误差，从而得出区间估计的下限和上限。本例只介绍编辑公式的做法。

第一步：计算样本成数。即求出不及格学生的比重。

利用 "COUNTIF" 函数统计出不及格学生人数 7 人。在 Excel 工作表中，任一单元格中输入 " =7/100"，回车确认，得到样本成数 0.07。

第二步：计算抽样平均误差。

在任一单元格中输入 " =SQRT（0.07 * 0.93）/100"，回车确认，得到样本成数的抽样平均误差 0.0255。

第三步：计算抽样极限误差。

由于要求概率保证程度为 95%，则 t 值为 1.96。在任一单元格中输入 " = 0.0255 * 1.96"，回车确认，得到抽样极限误差 0.05。

第四步：计算总体成数的下限和上限。

则全院大一新生英语不合格的比重估计下限：0.07 - 0.05 = 2%，上限：0.07 + 0.02 = 9%。

能力训练

一、判断题

1. 抽样误差是抽样调查中无法避免的误差。　　　　　　　　　　　　　　（　　）

2. 全面调查只有登记性误差而没有代表性误差，抽样调查只有代表性误差而没有登记性误差。　　　　　　　　　　　　　　　　　　　　　　　　　　　　　　（　　）

3. 重复抽样条件下的抽样平均误差总是大于不重复抽样的抽样平均误差。　（　　）

二、单项选择题

1. 抽样误差是指（　　）。

    A. 抽选样本单位时违反随机原则出现的系统误差

    B. 抽选样本单位时遵循随机原则出现的代表性误差

    C. 调查中由于观察、测量、登记等出现差错所引起的误差

    D. 抽样调查时可能出现的所有误差

2. 概率度的高低反映了区间估计的（　　）。

    A. 精确性　　　　　　　　　　　　B. 范围

    C. 可靠性　　　　　　　　　　　　D. 有效性

3. 抽样调查，抽样误差（　　）。
   A. 可以避免可以控制　　　　　　B. 可以避免无法控制
   C. 不可避免可以控制　　　　　　D. 可以避免

4. 重复抽样，如其他条件不变，欲使抽样单位数增加一半，则抽样平均误差（　　）。
   A. 缩小为原来的 81.6%　　　　　B. 缩小为原来的 50%
   C. 缩小为原来的 25%　　　　　　D. 扩大为原来的四倍

5. 某企业对其产品进行了 5% 的抽样检测，结果为：甲产品合格率为 60%，乙产品合格率为 80%，在抽样产品数相等的条件下，合格率的抽样误差是（　　）。
   A. 甲产品大　　　　　　　　　　B. 乙产品大
   C. 相等　　　　　　　　　　　　D. 无法判断

6. 计算抽样平均误差时，若有多个样本标准差的资料，应选（　　）来计算。
   A. 最小一个　　　　　　　　　　B. 最大一个
   C. 中间一个　　　　　　　　　　D. 平均值

7. 在其他条件不变的情况下，提高抽样估计的可靠度，其精确程度将（　　）。
   A. 保持不变　　　　　　　　　　B. 随之扩大
   C. 随之缩小　　　　　　　　　　D. 无法确定

8. 在一定抽样平均误差的条件下（　　）。
   A. 缩小极限误差，可以提高推断的可靠程度
   B. 缩小极限误差，推断的可靠程度不变
   C. 扩大极限误差，可以提高推断的可靠程度
   D. 扩大极限误差，可以降低推断的可靠程度

9. 要提高抽样推断的精确性，可以采用的方法有（　　）。
   A. 增加样本单位数　　　　　　　B. 缩小总体的变异程度
   C. 采取整群抽样的组织形式　　　D. 采用重复抽样方法

10. 区间估计中，关于总体指标的范围，以下说法最确切的是（　　）。
   A. 是绝对可靠的范围　　　　　　B. 是一个可能的范围
   C. 是有一定把握程度的范围　　　D. 采用重复抽样方法

三、多项选择题

1. 区间估计必须具备的三个要素分别是（　　）。
   A. 样本单位数　　　　　　　　　B. 样本指标
   C. 抽样误差范围　　　　　　　　D. 估计的概率
   E. 全及指标

2. 抽样误差是（　　）。
   A. 由于抽样的随机性所产生的那一部分误差，不包括登记误差
   B. 不可避免，难于消灭，只能加以控制的误差
   C. 是固定不变的，它不是随机变量
   D. 随着样本的不同而不同的随机误差
   E. 是随机误差

3. 计算抽样平均误差时，如果总体方差未知，则可以用（　　）代替。

A. 样本方差　　　　　　　　　　B. 过去的方差资料

C. 经验估计的方差　　　　　　　D. 假设方差

E. 其他单位的方差

4. 在重复抽样的条件下，影响抽样平均误差的因素有（　　　）。

A. 样本容量的大小　　　　　　　B. 总体中各单位被研究的标志变异程度

C. 抽样组织形式　　　　　　　　D. 极限误差范围

E. 总体单位数的多少

5. 在抽样推断中，抽样误差可以事先计算并控制其大小，原因是（　　　）。

A. 可以增减样本单位数　　　　　B. 可以采用不同的抽样方法

C. 可以增减总体方差　　　　　　D. 可以采取不同的抽样组织形式

E. 可以增减样本方差

6. 下列误差中，不属于抽样误差的有（　　　）。

A. 被调查者虚报产值　　　　　　B. 被调查者根据经验填写数字

C. 调查者有意挑选部分单位　　　D. 调查者工作失误，错写数字

E. 用少数重点单位的数值推断总体

7. 要提高抽样推断的精确度，可以采用的方法有（　　　）。

A. 不重复抽样　　　　　　　　　B. 整群抽样

C. 增加样本容量　　　　　　　　D. 减小总体方差

E. 增加样本数目

四、综合分析题

1. 某地区粮食播种面积共 5000 亩，按不重复抽样方法随机抽取了 100 亩进行实测。调查结果：平均亩产为 450 千克，亩产量的标准差为 52 千克。试以 95% 的置信度估计该地区粮食平均亩产量的区间及总产量区间。

2. 某地对上年栽种的一批树苗共 3000 株进行了抽样调查，随机抽查的 200 株树苗中有 170 株成活。试以 95.45% 的概率估计该批树苗的成活率的置信区间和成活总数的置信区间。

3. 某制造商欲对其新推出的一款产品做满意度调查，请顾客对产品打分，现随机抽取 50 名顾客，得到样本的平均数为 7.8 分，样本标准差 2.1 分。试以 90% 的可靠程度估计顾客对产品评分的均值。

4. 某公司想通过抽样调查了解消费者对其品牌的认知度，随机抽取了 100 名消费者，其中，70 人回答知道该品牌，试以 95.45% 的概率保证程度估计市场上知道该品牌的消费者人数在全体中所占的比重。

5. 某地为了解居民家庭收入情况，从本地 3000 户家庭中，按不重复抽样抽取了 100 户家庭进行调查，整理数据如下表所示：

某地家庭收入情况分组表

每户月收入/元	调查户数/户
2000 以下	5
2000 ~ 4000	20
4000 ~ 6000	45
6000 ~ 8000	20

每户月收入/元	调查户数/户
8000 以上	10
合计	100

要求：

（1）以 95% 的可靠程度估计该地居民家庭收入的均值。

（2）以 95% 的可靠程度估计该地居民家庭月收入在 2000 元以下的家庭所占的比重。

6.5 必要样本单位数的确定

6.5.1 影响必要样本单位数的因素

在前面的分析中，我们是先确定样本容量即抽样的样本单位数，再计算其相关指标，最后推断总体指标。实际上，在进行抽样调查之前进行抽样方案设计时，就需要确定所抽取的样本单位数。因为在其他条件不变时，抽样误差的大小与抽取的样本单位数密切相关。因此，确定样本容量是在抽样调查之前所关心的中心问题，在抽样调查中占有十分重要的地位。

要确定样本容量，就必须分析影响样本容量的因素，从而提高抽样调查的可信度与准确性。从理论上讲，影响样本容量的因素有：

① 总体被研究标志的变异程度，即总体方差 σ^2（或总体标准差 σ），在其他条件不变的情况下，总体单位的差异程度大，应多抽；反之则少抽。

② 允许误差范围。在其他条件不变的情况下，允许误差增大，意味着推断的精确性要求降低，抽样数目可减少；反之，则增多。

③ 概率保证程度（把握程度）。在其他条件不变的情况下，要提高抽样推断的把握程度，就必须增加抽样数目。

④ 抽样方法和抽样组织形式。在其他条件不变的情况下，采用重复抽样应比不重复抽样多抽一些样本单位。但当总体单位数很大时，二者差异很小。不同的抽样组织形式，也会对抽取标本单位数有一定的影响。

⑤ 人力、物力和财力。

6.5.2 确定必要样本单位数的方法

（1）平均数抽样推断的样本容量

重复抽样：

$$\text{由于 } \Delta_{\bar{x}} = t\mu_{\bar{x}} = t\sqrt{\frac{\sigma^2}{n}}，\text{所以} \quad n = \frac{t^2\sigma^2}{\Delta_{\bar{x}}^2} \tag{6-10}$$

不重复抽样：

$$\text{由于 } \Delta_{\bar{x}} = t\mu_{\bar{x}} = t\sqrt{\frac{\sigma^2}{n}\left(1 - \frac{n}{N}\right)}，\text{所以} \quad n = \frac{Nt^2\sigma^2}{N\Delta_{\bar{x}}^2 + t^2\sigma^2} \tag{6-11}$$

（2）成数抽样的样本容量

重复抽样：
$$n = \frac{t^2 P(1-P)}{\Delta_p^2} \qquad (6-12)$$

不重复抽样：
$$n = \frac{Nt^2 P(1-P)}{N\Delta_p^2 + t^2 P(1-P)} \qquad (6-13)$$

【例6-4】　某企业对一批10000件产品进行调查，从中抽取300件，发现不合格产品9件，若要求以95%的概率保证程度，不合格率估计的最大允许误差为1.5%。至少应抽取多少样本单位？

$$p = \frac{9}{300} = 3\% , F(t) = 95\% , t = 1.96 , \Delta_p = 1.5\%$$

重复抽样
$$n = \frac{t^2 P(1-P)}{\Delta_p^2} = \frac{1.96^2 \times 0.03 \times 0.97}{0.015^2} = 497 \text{（件）}$$

不重复抽样 $n = \frac{Nt^2 P(1-P)}{N\Delta_p^2 + t^2 P(1-P)} = \frac{10000 \times 1.96^2 \times 0.03 \times 0.97}{10000 \times 0.015^2 + 1.96^2 \times 0.03 \times 0.97} = 474 \text{（件）}$

★**思考：** 确定必要的样本单位数时，其计算结果不能舍零，只能进位成整数。为什么？

以上公式中的各因素数值是在调查之前就已经预先确定下来的，但事实上我们并不知道总体的方差，也没有样本方差可替代，因此，计算出的必要抽样数目仅仅是一个参考数据，还需要结合实际情况和调查经验，适当进行调整。为有效防止抽样误差的扩大，在确定必要的抽样单位数时应注意以下几点：

① 在抽样所需条件允许的情况下，必要的抽样单位数应大于30。

② 当总体单位数不大时，如果采用不重复抽样方法抽取样本，必须用不重复抽样的公式计算必要抽样单位数；当总体单位数很大时，即便采用了不重复抽样，仍可采用重复抽样的公式计算必要抽样单位数。

③ 如有几个方差可以选用时，应选择最大的方差代入计算，对于成数，如果没有成数方差资料可用，应取成数方差的最大值0.25代入公式计算。

④ 如果一个总体需要同时计算抽样平均数和抽样成数，由于它们的方差和允许误差范围不同，计算的必要抽样单位数也不同。此时，应选择较大的必要抽样单位数进行抽样。

能力训练

一、单项选择题

1. 某公司想了解职工本年医疗费用支出情况，根据往年的调查资料，人均医疗费支出的标准差为400元左右。若将允许误差控制在60元，则在90%的概率下至少要抽取调查的人数为（　　）。

A. 120 人   B. 171 人

C. 178 人   D. 245 人

2. 根据过去的调查可知，某种产品的不合格率有7%、8%、9%，在计算必要样本容量时，应选择的不合格率为（   ）。

A. 7%   B. 8%

C. 9%   D. 都可以

3. 用简单随机抽样（重复）方法抽取样本单位，如果要使抽样平均误差降低50%，则样本容量需扩大为原来的（   ）。

A. 2 倍   B. 3 倍

C. 4 倍   D. 5 倍

二、多项选择题

抽样推断中，必要的样本单位数的多少取决于（   ）。

A. 总体标准差的大小   B. 抽样方法

C. 所允许的极限误差   D. 推断的可靠性

E. 样本平均数的大小

三、综合分析题

对某型号电子元件10000只进行耐用性能检查，根据以往抽样测定的耐用时数的标准差为51.91小时，一等品率92%。

要求：

(1) 概率保证程度为95%，元件平均耐用时间的误差范围不超过9小时，在重复抽样条件下，要抽取多少元件进行检查？

(2) 概率保证程度为99.73%，一等品率的极限误差不超过2%，在重复抽样条件下，要抽取多少元件进行检查？

(3) 要同时满足 (1)、(2) 的要求，重复抽样条件下，需抽取多少元件进行检查？

❂【任务解析】

我国统计法第十六条规定：搜集、整理统计资料，应当以周期性普查为基础，以经常性抽样调查为主体，综合运用全面调查、重点调查等方法，并充分利用行政记录等资料。抽样调查作为主体性的调查方式，在很多不能全面调查或不必要全面调查的领域中发挥着重要作用，节省了大量人力、物力、财力和时间。而且抽样调查在随机取样及抽取大样本的前提下，能够很好地反映总体的结构特征，因此在推断总体时被认为是一种科学可靠的方式。

借助100名学生的上网时长数据来推断全校10000名学生的上网平均时长，应首先计算出100名学生的平均上网时长（样本平均数）及样本标准差或方差；其次，求出上网时长的抽样平均误差；再次，结合估计的概率保证程度，求出抽样极限误差；最后，计算出置信区间的下限、上限。

估计每天上网时长超过4小时的学生在全校学生中所占比重，即总体成数的估计。其思路和方法与总体平均数的区间估计完全一样。不同的是在计算公式上，成数与平均数、成数方差与平均数的方差存在差异。

请同学们自己结合原始数据完成推断工作。

·◆ 知识图谱 ◆·

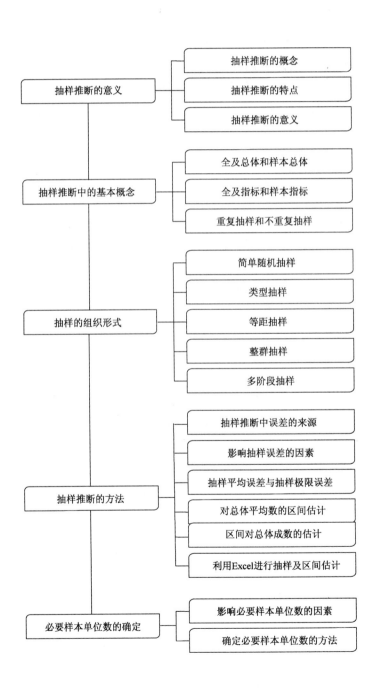

任务七　动态数列分析与预测

➔ 【学习目标】

◆**知识目标**：理解动态数列的构成及作用；

　　　　　　熟悉动态数列的各种类型；

　　　　　　掌握动态数列水平分析、速度分析指标的计算方法；

　　　　　　掌握动态数列长期趋势的测定方法。

◆**能力目标**：熟练运用统计语言描述现象的发展现状、过程与结果；

　　　　　　熟练运用 Excel 计算各种动态分析指标及趋势预测。

【统计名言】

世界之网是必然性和偶然性的交织。这对于那些已经习惯于自己总能在必然事物中找到一些变化，将类似推断的事物归结于偶然的人来说无疑是一种灾难。

——约翰·歌德（Johann Goethe）

真实地记录过去，准确地分析现在，合理地规划未来。　　　　——国家统计局网站

【任务描述】

党的十八大提出，2020 年我国居民人均收入要在 2010 年的基础上翻一番。2010 年我国全年农村居民人均纯收入是 5919 元，城镇居民人均可支配收入是 19109 元。

截止到 2017 年年底，我国居民人均收入目标完成进度如何呢？按照"十八大"任务规定，我国居民人均收入的平均增速应达到多少？在过去的七年间，我国居民人均收入实际平均增速又达到了多少？

希望同学们通过这部分内容的学习，能够找到解决上述问题的方法。

【相关知识】

7.1　动态数列的种类与编制

7.1.1　动态数列的构成

动态数列，又称时间数列，是将反映某种社会经济现象的同一指标，在不同时间上的指标数值，按时间先后顺序排列所形成的数列。例如，表 7-1 是一个关于我国 2017 年轿车产量情况的动态数列。

表 7-1　2017 年全国轿车产量　　　　　　　　　单位：万辆

月份	1 月	2 月	3 月	4 月	5 月	6 月	7 月	8 月	9 月	10 月	11 月	12 月
产量	99.0	88.2	105.7	86.0	85.5	90.5	86.6	89.2	119.0	104.8	126.8	125.3

资料来源：国家统计局网站

任何一个动态数列均由两个基本要素构成，即现象所属的时间、现象在各时间上的指标数值。

7.1.2　动态数列分析的意义

动态数列对于统计分析有着极其重要的作用，主要表现在：

① 通过动态数列可以描述被研究现象的发展过程和结果；

② 通过动态数列可以分析被研究现象的发展速度、发展变化的规律和发展趋势；

③ 通过动态数列可以将不同国家或地区的同类现象进行比较分析。

7.1.3　动态数列的类型

动态数列按其统计指标表现形式的不同可分为三种：绝对数动态数列、相对数动态数列、平均数动态数列。其中绝对数动态数列是基本数列，相对数动态数列和平均数动态数列是派生数列。判断动态数列的类型，对于平均发展水平这一动态分析指标的计算至关重要。动态数列类型如图 7-1 所示。

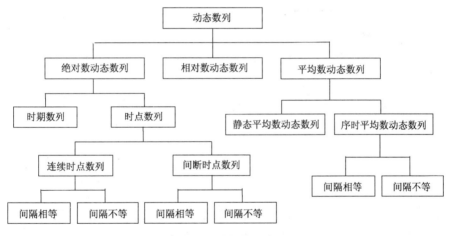

图 7-1　动态数列的类型

（1）绝对数动态数列

绝对数动态数列，即数列中的指标为总量指标，分为时期动态数列和时点动态数列。

① 时期动态数列。简称时期数列，即数列中的指标是反映现象在一段时间内的发展过程的总量。表 7-1 所列的数列即为时期数列。

② 时点动态数列。简称时点数列，即数列中的指标是反映现象在某一时点上的总量。表 7-2 所列的数列就是时点数列。

表 7-2　2006～2010 年年末移动电话用户数

年　份	2006	2007	2008	2009	2010
数量／万户	46106	54731	64125	74721	85900

资料来源：国家统计局网站。

时期数列和时点数列区别如表 7-3 所示。

表7-3　时期数列和时点数列的区别

区　别	时 期 数 列	时 点 数 列
指标反映的时间状态	一段时间内	某一时点
指标是否具备可加性	具有可加性	不具有可加性
指标值与时间的关系	时期越长，指标值越大	指标值大小与时间间隔长短无关
统计手段	连续统计的结果	间断统计的结果

a. 连续时点数列。即数据逐日登记的时点数列。如果数据又逐日排列，则称为间隔相等的连续时点数列；如果仅仅是数据发生变动时才记录，则一般为间隔不等的连续时点数列。

b. 间断时点数列。即数据非逐日登记的时点数列。如果每次登记间隔的时间相等，则为间隔相等的间断时点数列；如果每次登记间隔时间不等，则为间隔不等的间断时点数列。

（2）相对数动态数列

相对数动态数列，即数列中的指标为相对指标，主要用以表示现象数量对比关系的发展变化情况，说明社会经济现象的比例关系、结构、速度的发展变化过程。相对数动态数列中的各项数值，不能加总，相加无意义。表 7-4 所列即为相对数动态数列。

表7-4　我国"十二五"期间国民生产总值增长率

年　份	2011	2012	2013	2014	2015
国民生产总值增长率/%	9.5	7.7	7.7	7.3	7.0

资料来源：国家统计局网站

（3）平均数动态数列

平均数动态数列，即数列中的指标为平均指标，表明社会经济现象平均水平的发展变化过程。平均数动态数列的各项指标一般也不具有可加性。

[知识卡片] 序时平均数与静态平均数的区别

不同点	序时平均数	静态平均数
计算依据	动态数列	变量数列
计算方式	不同时间上的数值求平均	同一时间各总体单位标志值求平均
作用	说明现象在不同时间上的一般水平	各总体单位在某个数量标志上的一般水平

表 7-5 所列为 2011～2016 年全国城镇单位在岗职工年平均工资数列，其中每一项数值均为当年全国城镇单位在岗职工的工资总额与职工人数之比，为静态平均数，因此该数列为静态平均数动态数列。

表7-5　2011～2016 年全国城镇单位在岗职工年平均工资

年　份	2011	2012	2013	2014	2015	2016
年度平均工资/元	42452	47593	52388	57346	63241	68993

资料来源：国家统计局网站

在表 7-5 的基础上，将各年的年度平均工资除以 12，计算全国城镇单位在岗职工各年度月平均工资，则为序时平均数，见表 7-6，该数列则为序时平均数动态数列。如每项指标值反映的是同等时间长度下的平均数，则为间隔相等；如每项指标值反映的是不同等时间长度下的平均数，则为间隔不等。

表7-6　2011~2016年全国城镇单位在岗职工各年月平均工资

年　　份	2011	2012	2013	2014	2015	2016
月平均工资/元	3538	3966	4366	4779	5270	5749

★ **思考：** 指出下列动态数列的类型。

　　某企业全年各月的产品产量、产值、利润、资金利润率、工人劳动生产率、全员劳动生产率、职工平均工资，全年各月末的产品库存量、职工人数、资产总额；我国历年净增人口数、年末人口数；某高校历年招生人数、毕业生人数、每年10月初统计的在校生人数。

7.1.4　动态数列的编制原则

　　编制动态数列的目的是要通过对数列中各指标数值进行动态分析，来研究现象的发展变化过程及其规律性和发展趋势，因此，保证数列中各个指标的可比性，是编制动态数列应遵循的基本原则。

　　（1）指标经济内容相同

　　指标的内涵不一致，不能混合编成一个动态数列，各项指标值所反映的经济内容前后各期要保持一致，才能进行动态对比。

　　（2）指标的总体范围应一致

　　在动态数列中，各项指标值在空间范围上前后各期要保持一致。空间范围包括地区范围、隶属关系范围等。无论是时期数列还是时点数列，指标值的大小都与总体范围有关。如果总体范围发生变化，指标统计范围不同，各期指标值也就不能直接对比。

　　（3）时间上要可比

　　时期数列中各指标数值的大小与时期的长短有密切关系，时期越长，指标数值一般就越大；反之，就越小。时期长短不一，就很难做直接比较。因此，一般情况下，时期长短应相等。时点数列中各指标反映的是在某一时点的状态，与两时点间隔长短无直接关系，但为更准确地反映经济现象的发展趋势和变化规律，各项指标数值之间的间隔应尽可能保持一致。

小资料：特殊情况下的时间数列

我国几个重要时期的钢产量

年　　份	1900~1949	1981~1985	1986~1990	1991~1995	1996~2000
产量/万吨	776	20304	27372	42478	71842

　　从表中可以看出，统计的第一个时期是新中国成立前50年钢产量的总和，后几段时期均为新中国成立后我国各五年计划时期的实际钢产量。虽然长度不等，但目的在于说明新中国成立前我国经济落后和新中国成立后我国钢铁工业的迅速发展情况。

　　（4）指标的计算口径要一致

　　动态数列中各项指标的计算方法、计算价格、计算单位应一致。在一个动态数列中，各指标数值的计算口径不同，那么指标反映的内容也就不一致。各指标之间也就无法比较。例如，某企业的劳动生产率指标，可以按全部职工计算，也可以按生产工人计算，计算方法不同，指标数值就不同。计算价格的现行价格和不变价格也是不一样的；计量单位更是多种多样。所以一个动态数列中，各期指标的计算方法、计算价格和计量单位必须一致，其指标数值才具有可比性。

能力训练

一、判断题

1. 动态数列中的发展水平只能是总量指标。 （　　）
2. 保证动态数列中各指标数值的可比性是编制动态数列的基本原则。 （　　）
3. 动态数列中各期发展水平之和就是该现象在该时期内发展水平的总量。 （　　）
4. 各种动态数列中，指标值的大小均受到时间长短的制约。 （　　）

二、单项选择题

1. 构成动态数列的两个要素是 （　　）。
   A. 时间和次数　　　　　　　　　　　B. 变量和次数
   C. 主词和宾词　　　　　　　　　　　D. 现象所属时间和具体的指标值
2. 各种类型的动态数列中，指标值的大小与时间长短有直接关系的是 （　　）。
   A. 时期数列　　　　　　　　　　　　B. 时点数列
   C. 相对数动态数列　　　　　　　　　D. 平均数动态数列
3. 动态数列中，每个指标数值可以相加的是 （　　）。
   A. 时期数列　　　　　　　　　　　　B. 时点数列
   C. 相对数动态数列　　　　　　　　　D. 平均数动态数列
4. 间隔长短对时点数列 （　　）。
   A. 有直接影响　　　　　　　　　　　B. 没有直接影响
   C. 有时有影响，有时没影响　　　　　D. 无法判断是否有影响
5. 某高校历年招生人数动态数列是 （　　）。
   A. 时期数列　　　　　　　　　　　　B. 时点数列
   C. 平均数动态数列　　　　　　　　　D. 相对数动态数列
6. 某银行储蓄额动态数列是 （　　）。
   A. 时期数列　　　　　　　　　　　　B. 时点数列
   C. 平均数动态数列　　　　　　　　　D. 相对数动态数列
7. 动态数列中各项指标数值之和有独立经济意义的是 （　　）。
   A. 绝对数动态数列　　　　　　　　　B. 时点数列
   C. 时期数列　　　　　　　　　　　　D. 平均数动态数列

三、多项选择题

1. 下列属于动态数列的是 （　　）。
   A. 按公司利润额排列而形成的数列
   B. 将职工按工作年限排列而形成的数列
   C. 将公司利润额按年份排列而形成的数列

D. 将产品产量按月份排列而形成的数列

E. 将公司按各车间的产量从低到高的顺序排列而成的数列

2. 编制动态数列的要求是（　　）。

A. 时间长短一般应相等　　　　　　B. 总体范围应该一致

C. 指标性质内容要相同　　　　　　D. 计算价格和计量单位要统一

E. 计算方法应该一致

3. 时期数列的特点是（　　）。

A. 指标数值有可加性　　　　　　　B. 指标数值不能直接相加

C. 指标数值只能间断计量　　　　　D. 指标数值连续登记获取

E. 指标数值的大小与时期长短成正比

4. 以下数列属于时点数列的有（　　）。

A. 历年粮食库存量　　　　　　　　B. 历年的利润额

C. 各月末职工人数　　　　　　　　D. 各年商品销售量

E. 历年银行储蓄存款余额

7.2　动态数列的水平分析指标

动态数列虽描述了现象发展变化的过程和结果，但不能直接反映现象随时间变化而发生的增减变化、速度变化，因此还需要在动态数列的基础上计算一系列的动态分析指标。常用的动态分析指标有两大类：水平分析指标、速度分析指标，如图 7-2 所示。水平分析指标反映社会经济现象在某一时期或时点上的发展水平和增长水平，速度分析指标反映现象在不同时间上发展变化的程度。水平分析是速度分析的基础，速度分析是水平分析的深入和继续。

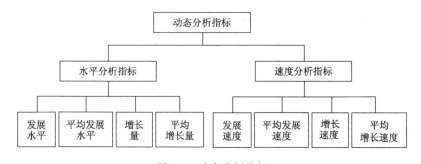

图 7-2　动态分析指标

7.2.1　发展水平

发展水平是指动态数列中的各期指标数值，用来反映经济现象在一定时期内或时点上所达到的水平，是进行动态分析的基本指标。发展水平可以是总量指标，如某地区的粮食产量、工农业总产值等；也可以是相对数，如某企业的销售利润率，产品的合格率等；还可以是平均指标，如某企业的平均生产成本、产品的平均库存量等。

动态数列中两个时期（或时点）的指标数值对比时，用作对比基础时期（或时点）的指标数值称为基期水平；所要计算研究的那个时期（或时点）的指标数值称为报告期水平。

根据发展水平在动态数列中所处的位置不同，分为最初水平、中间水平和最末水平，通

常用符号 a_0、a_1、a_2、$\cdots$、a_n 表示。

其中 a_0 为最初水平，时期数列中通常是作为第一个观测期 a_1 的对比基期的水平，时点数列中通常是整个观察期内作为时间起点的水平。

a_n 为最末水平，中间各项称为中间水平。

7.2.2　平均发展水平

将一个动态数列各期发展水平加以平均而得的平均数，叫平均发展水平，又称为序时平均数或动态平均数。

由于动态数列中指标性质不同，各种动态数列的平均发展水平计算方法也不一样，绝对数动态数列计算平均发展水平的方法是相对数动态数列和平均数动态数列计算平均发展水平的基础。计算平均发展水平应首先判断数列类型，进而选择相应的公式。各种类型的平均发展水平的计算公式汇总见表7-7所示。

表7-7　平均发展水平的计算公式汇总

数 列 类 型	计 算 公 式	方 　 法
时期数列	$\bar{a} = \dfrac{\sum a}{n}$	简单算术平均
间隔相等的连续时点数列	$\bar{a} = \dfrac{\sum a}{n}$	简单算术平均
间隔不等的连续时点数列	$\bar{a} = \dfrac{\sum af}{\sum f}$	加权算术平均
间隔相等的间断时点数列	$\bar{a} = \dfrac{\frac{a_0}{2} + a_1 + \cdots + a_{n-1} + \frac{a_n}{2}}{n}$	首末折半
间隔不等的间断时点数列	$\bar{a} = \dfrac{\frac{a_0 + a_1}{2} \times f_1 + \frac{a_1 + a_2}{2} \times f_2 + \cdots + \frac{a_{n-1} + a_n}{2} \times f_n}{f_1 + f_2 + \cdots + f_n}$	两两平均
相对数动态数列	如果 $a = b/c$，则 $\bar{a} = \bar{b}/\bar{c}$	分子分母各自平均
静态平均数动态数列	如果 $a = b/c$，则 $\bar{a} = \bar{b}/\bar{c}$	分子分母各自平均
间隔相等的序时平均数动态数列	$\bar{a} = \dfrac{\sum a}{n}$	简单算术平均
间隔不等的序时平均数动态数列	$\bar{a} = \dfrac{\sum af}{\sum f}$	加权算术平均

（1）绝对数动态数列的平均发展水平

① 时期数列平均发展水平的计算。时期数列中各项指标所属时期长短一般相等，且又具有可加性，可直接采用算术平均法计算。其计算公式为：

$$\bar{a} = \frac{a_1 + a_2 + a_3 + \cdots + a_n}{n} = \frac{\sum a}{n} \tag{7-1}$$

式中　a_i——各期发展水平；

　　　n——数列项数；

　　　$\bar{a}$——平均发展水平。

【例7-1】　根据表7-1，我国2017年全国轿车产量动态数列资料，计算平均每月轿车产量为：

$$\bar{a} = \frac{\sum a}{n} = \frac{99.0 + 88.2 + \cdots + 125.3}{12} = 100.55 \text{（万辆）}$$

② 时点数列平均发展水平的计算。

a. 掌握间隔相等的连续时点资料时，可用简单算术平均法即式 7-1 计算。例如，已知某单位一个月内每天的出勤人数，要计算该月平均每天的出勤人数，可将每天的职工出勤人数相加后再除以该月的总天数即可。

b. 掌握间隔不等的连续时点资料时，如果被研究的现象每隔一段时间才变动，则用每次变动持续的时间长度 f 为权数，各时点水平 a 为变量，用加权算术平均法计算平均发展水平，其计算公式为：

$$\bar{a} = \frac{\sum af}{\sum f} \tag{7-2}$$

【例 7-2】　某生产车间在 2017 年 6 月 1 号有工人 200 人，由于生产的需要于 13 号从其他车间调入 50 人，经过 8 天的生产，任务基本完成，于 21 号调出 30 人，则该车间 6 月份平均工人数为：

$$\bar{a} = \frac{\sum af}{\sum f} = \frac{200 \times 12 + 250 \times 8 + 220 \times 10}{30} = 220 \text{（人）}$$

c. 掌握间隔相等的间断时点数列资料时，要先计算两两相邻时点指标值的算术平均数，再计算各平均数的平均发展水平，称为首末折半法，其计算公式为：

$$\bar{a} = \frac{\dfrac{a_0 + a_1}{2} + \dfrac{a_1 + a_2}{2} + \cdots + \dfrac{a_{n-1} + a_n}{2}}{n} = \frac{\dfrac{a_0}{2} + a_1 + \cdots + a_{n-1} + \dfrac{a_n}{2}}{n} \tag{7-3}$$

【例 7-3】　某企业 2017 年第三季度的产品库存量为：6 月底 3000 件，7 月底 4000 件，8 月底 4000 件，9 月底 5000 件，则该企业第三季度的平均库存量为：

$$\bar{a} = \frac{\dfrac{a_0}{2} + a_1 + a_2 + \dfrac{a_3}{2}}{n} = \frac{\dfrac{3000}{2} + 4000 + 4000 + \dfrac{5000}{2}}{3} = 4000 \text{（件）}$$

首末折半法是计算时点数列的平均发展水平最常用的方法。因为时点指标通常由间隔一定的时间登记一次的方法取得，大多掌握的是间隔相等的间断时点资料，如企业的职工人数、商品月末库存量、银行储蓄余额等。

d. 掌握间隔不等的间断时点数列资料时，也是首先计算两两相邻时点指标值的平均数，然后再用加权算术平均法计算平均发展水平，其计算公式为：

$$\bar{a} = \frac{\dfrac{a_0 + a_1}{2} \times f_1 + \dfrac{a_1 + a_2}{2} \times f_2 + \cdots + \dfrac{a_{n-1} + a_n}{2} \times f_n}{f_1 + f_1 + \cdots + f_n} \tag{7-4}$$

式中，f 为各时点之间的时间长度。

【例7-4】 某工厂2017年原材料库存如下：1月1日12吨，4月1日14吨，5月30日18吨，8月1日16吨，12月31日10吨，则该工厂2017年的平均原材料库存量为

$$\bar{a} = \frac{\frac{12+14}{2} \times 3 + \frac{14+18}{2} \times 2 + \frac{18+16}{2} \times 2 + \frac{16+10}{2} \times 5}{3+2+2+5} = 14.17 \text{（吨）}$$

（2）相对数动态数列的平均发展水平

相对数动态数列是由两个有联系的绝对数动态数列相应项对比所形成的数列，因此计算时不能直接对数列中的相对数指标值进行平均，而应分别计算出分子数列和分母数列的平均发展水平，再将这两个平均发展水平对比得到相对数时间数列的平均发展水平。

设某相对指标 $a = \frac{b}{c}$，则平均发展水平计算公式为：

$$\bar{a} = \frac{\bar{b}}{\bar{c}} \tag{7-5}$$

式中 $\bar{a}$——相对数动态数列的平均发展水平；

$\bar{b}$——分子数列的平均发展水平；

$\bar{c}$——分母数列的平均发展水平。

【例7-5】 某企业2017年某种产品产值计划完成情况如表7-8所示，计算该企业2017年产品产值的平均计划完成程度。

表7-8 某企业2017年产品产值的平均计划完成程度

指 标	一季度	二季度	三季度	四季度	合计
实际产值（b）/万元	880	850	870	890	3490
计划产值（c）/万元	860	845	850	860	3415
计划完成情况（a）/%	102.3	100.6	102.4	103.5	102.2

该企业2017年产品产值的平均计划完成程度为：

$$\bar{a} = \frac{\bar{b}}{\bar{c}} = \frac{\sum b/n}{\sum c/n} = \frac{\sum b}{\sum c} = \frac{3490}{3415} = 102.2\%$$

（3）平均数动态数列的平均发展水平

① 由静态平均数组成的动态数列。计算平均发展水平的计算方法与相对数动态数列计算平均发展水平的方法相同。即先求分子数列和分母数列的平均发展水平，然后将两个平均数对比求得。计算公式同式7-5。

② 由序时平均数组成的动态数列。

a. 如间隔相等，则用简单算术平均法式7-1计算。

【例7-6】 已知某企业2017年各季度月平均产值为：一季度100万元，二季度120万元，三季度160万元，四季度140万元，则全年月平均产值为

$$\bar{a} = \frac{100+120+160+140}{4} = 130 \text{（万元）}$$

b. 如果间隔不等，则应以每个平均值的时间长度为权数，用加权算术平均法式7-2计算。

【例7-7】 已知某企业2017年各月平均产值为1~6月110万元，7~9月160万元，10~

12 月 140 万元，则全年月平均净产值为：

$$\bar{a} = \frac{\sum af}{\sum f} = \frac{110 \times 6 + 160 \times 3 + 140 \times 3}{6 + 3 + 3} = 130 （万元）$$

7.2.3 增长量

增长量是动态数列中两个发展水平之差。其计算公式为：

$$增长量 = 报告期水平 - 基期水平 \qquad (7-6)$$

增长量可能为正数，也可能是负数或零。正数表示社会经济现象增长的水平，负数表示社会经济现象减少或降低的水平，零说明社会经济现象没有增减变化。

根据基期的不同，增长量可分为逐期增长量、累计增长量和年距增长量三种（见图7-3）。

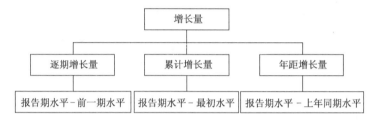

图 7-3 增长量的类型

逐期增长量是报告期与前一期水平之差，说明报告期较前期水平增长的绝对量。

累计增长量是报告期与固定基期水平之差，说明报告期较某一固定基期增长的绝对量。固定基期通常确定为第一个观测期的对比基期。

年距增长量是报告期与上年同期水平之差。在统计工作中，对受季节影响较大的现象，为了消除季节变动的影响，常计算年距增长量，表明现象同比增长的绝对数量。

逐期增长量与累计增长量的关系：

① 同一动态数列的各逐期增长量之和等于相应的累计增长量；

② 两个相邻的累计增长量之差，等于相应的逐期增长量。

★ **小训练**：请同学们结合下表的资料，利用 Excel 练习逐期增长量、累计增长量的计算，并验证二者之间的换算关系。

2011 ~ 2016 年我国粮食产量及其增长量 单位：万吨

年份	2011	2012	2013	2014	2015	2016
粮食产量	57121	58958	60194	60703	62144	61625
逐期增长量	—					
累计增长量	—					

利用 Excel 计算累计增长量时，注意比较基数是一个常数，不可直接选中 57121，再利用填充柄功能产生系列结果。想想这是为什么？该如何实现累计增长量的快速计算？

7.2.4 平均增长量

平均增长量是将现象各期的逐期增长量加以平均，用来反映现象在较长时期内增长的一般水平。可以采用简单算术平均法来计算，即将各个逐期增长量相加后，除以逐期增长量的

个数，或用累计增长量除以动态数列的项数减1。计算公式为

$$平均增长量 = \frac{逐期增长量之和}{逐期增长量的个数} = \frac{累计增长量}{动态数列项数 - 1} \tag{7-7}$$

Excel 中，可直接利用函数 AVERAGE，对各逐期增长量求平均。

☆ **小训练：** 请同学们结合上表"2011～2016年我国粮食产量及其增长量"的资料，练习平均增长量的计算。

$$平均增长量 = \frac{逐期增长量之和}{逐期增长量的个数} =$$

$$平均增长量 = \frac{累计增长量}{数列项数 - 1} =$$

能力训练

一、判断题

1. 动态数列中的基期水平就是最初水平。 （　　）

2. 逐期增长量等于两个相邻的累计增长量之差。 （　　）

3. 逐期增长量之和等于累计增长量，累计增长量必大于各期的逐期增长量。 （　　）

4. 可以用累计增长量除以动态数列的项数计算平均增长量。 （　　）

二、单项选择题

1. 某企业 2015 年利润为 100 万元，2017 年增加到 180 万元，这里的 180 万元是（　　）。

    A. 发展水平   B. 逐期增长量

    C. 累计增长量   D. 平均增长量

2. 由间隔不等的时点数列计算序时平均数，用以加权的权数是（　　）。

    A. 时期长度   B. 时点长度

    C. 间隔长度   D. 指标值项数

3. 累计增长量等于（　　）。

    A. 报告期水平与基期水平之差   B. 报告期水平与前一期水平之差

    C. 逐期增长量之差   D. 报告期水平与某一固定基期水平之差

4. 累计增长量与相应的各逐期增长量之间的关系，说法正确的是（　　）。

    A. 相加关系   B. 相减关系

    C. 相乘关系   D. 相除关系

三、多项选择题

1. 关于发展水平指标，以下说法正确的是（　　）。

    A. 泛指动态数列中的各项指标数值

    B. 是现象在各个时间上达到的总规模或总水平

C. 只能是统计指标或统计绝对数

D. 可以是绝对水平、相对水平或平均水平

E. 一般用"发展到""增长到""降低到"等字眼表示

2. 平均发展水平（　　）。

A. 又称序时平均数　　　　　　　B. 是现象在不同时间上发展水平的平均数

C. 是各期发展水平的算术平均数　　D. 是同一动态数列各项指标值的平均数

E. 说明某一现象的总量在不同时间上变化的一般水平

3. 关于累计增长量、逐期增长量，以下说法正确的是（　　）。

A. 前者基期不变，后者基期一直变化

B. 前者基期一直变化，后者基期不变

C. 各逐期增长量之和等于相应时期的累计增长量

D. 相邻两个逐期增长量之差等于相应时期的累计增长量

E. 根据逐期增长量和累计增长量都可以计算平均增长量

四、综合分析题

1. 某企业 2017 年职工人数如下表所示：

某企业职工人数统计表

时　　间	每日人数/人
1 月 1 日 ~ 3 月 31 日	200
4 月 1 日 ~ 6 月 30 日	180
7 月 1 日 ~ 9 月 15 日	182
9 月 16 日 ~ 12 月底	210

要求：（1）计算上半年平均人数；

　　　（2）计算下半年平均人数；

　　　（3）计算全年平均人数。

2. 某商业银行 2017 年的居民储蓄资料如下表所示：

某商业银行 2017 年居民储蓄资料

月　份	1	2	3	4	5	6	7
月初存款额/万元	83000	92800	100500	112000	116500	120000	123000

要求：（1）计算第一季度居民平均存款额；

　　　（2）计算第二季度居民平均存款额；

　　　（3）计算上半年居民平均存款额。

3. 某企业 2017 年第四季度各月份的生产计划完成情况如下表所示：

某企业 2017 年第四季度产量完成情况

月　份	10	11	12
实际产量/万件	185	200	210
计划完成程度/%	105	98	102

要求：计算第四季度的平均生产完成程度。

4. 某企业 2017 年上半年职工人数及非生产人数如下表所列：

某企业 2017 年上半年职工人数资料

日期（每月 1 日）	1.1	2.1	3.1	4.1	5.1	6.1	7.1
职工人数/人	4000	4040	4045	4075	4072	4080	4095
非生产人员/人	724	716	680	692	685	666	660

要求：（1）计算第一季度非生产人员的平均比重；

（2）计算第二季度非生产人员的平均比重；

（3）计算上半年非生产人员的平均比重。

5. 某公司 2017 年各季度的产品销售额和销售利润率如下表所示：

某公司 2017 年各季度销售额及利润资料

季　　度	1	2	3	4
产品销售额/万元	300	350	380	410
销售利润率/%	30	35	33	38

要求：计算年平均销售利润率。

6. 某公司 2017 年总产值和职工人数资料如下表所示：

某公司 2017 年总产值及职工人数资料

月　　份	3	4	5	6
总产值/万元	1150	1170	1300	1370
月末职工人数/人	250	260	270	280

要求：（1）计算该公司第二季度月平均全员劳动生产率；

（2）计算该公司第二季度全员劳动生产率。

7.3　动态数列的速度分析指标

7.3.1　发展速度

发展速度是表明社会经济现象在一定时期内发展相对程度的动态分析指标，它是动态数列中的报告期水平与基期水平之比。一般用百分比表示。当发展速度较快时，也可表现为倍数或翻番数。当其大于 100%（或 1）时，说明现象在增长，若小于 100%（或 1）时，表明现象在下降。其基本公式为：

$$发展速度 = \frac{报告期水平}{基期水平} \times 100\% \tag{7-8}$$

根据基期的不同，发展速度可分为环比发展速度、定基发展速度和年距发展速度三种。

环比发展速度：是报告期与前一期水平之比，说明现象逐期发展的相对程度。

定基发展速度：是报告期水平与某一固定基期水平之比，说明现象在较长一段时间内总的发展变化程度，也称为总速度。固定基期通常确定为第一个观测期的对比基期。

年距发展速度：是报告期与上年同期水平之比。在统计工作中，对受季节影响较大的现象，为了消除季节变动的影响，常计算年距增长量，表明现象同比发展的相对程度。

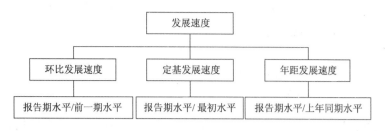

图 7-4　发展速度的类型

环比发展速度与定基发展速度的关系：

① 同一动态数列的各期环比发展速度的连乘积等于相应的定基发展速度；

② 两个相邻的定基发展速度之比，等于相应的环比发展速度。

★ **小训练**：请同学们结合下表的资料，利用 Excel 练习环比发展速度、定基发展速度的计算，并验证二者之间的换算关系。

2011～2016 年我国粮食产量及其增长量

年　份	2011	2012	2013	2014	2015	2016
粮食产量/万吨	57121	58958	60194	60703	62144	61625
环比发展速度/%	—					
定基发展速度/%	—					
环比增长速度/%	—					
定基增长速度/%	—					

7.3.2　增长速度

增长速度是表明社会经济现象在一定时期内增减程度的动态分析指标。它用增长量除以基期发展水平求得。其基本公式为：

$$增长速度 = \frac{增长量}{基期水平} = \frac{报告期水平 - 基期水平}{基期水平} = 发展速度 - 1 \tag{7-9}$$

增长速度指标可正可负。为正值时，表示报告期比基期增长的程度；为负值时，表示报告期比基期下降的程度。

根据基期不同，增长速度可分为环比增长速度、定基增长速度和年距增长速度三种。

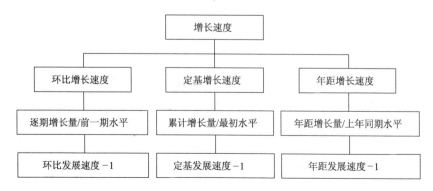

图 7-5　增长速度的类型

★ 小训练：请同学们结合上表"2011～2016年我国粮食产量及其增长量"的资料，练习环比增长速度、定基增长速度的计算。

7.3.3 平均发展速度与平均增长速度

（1）平均发展速度

平均发展速度是各期环比发展速度的序时平均数，反映现象在某一较长时期内平均发展变化的程度，一般采用几何平均法（或称水平法）计算。

基本原理：假定现象从 a_0 开始，每期按照各期的环比速度发展，经过 n 个时期后达到最末水平 a_n，平均发展速度 $\bar{x}$ 是各个时期环比发展速度的平均数，则最末水平可表示为 $a_n = a_0 \bar{x}^n$。

设各期的环比发展速度为：$x_1 = \dfrac{a_1}{a_0}$，$x_2 = \dfrac{a_2}{a_1}$，$\cdots$，$x_n = \dfrac{a_n}{a_{n-1}}$

利用上述原理，则平均发展速度的计算公式为

$$\bar{x} = \sqrt[n]{\frac{a_1}{a_0} \times \frac{a_2}{a_1} \cdots \frac{a_n}{a_{n-1}}} = \sqrt[n]{x_1 x_2 \cdots x_n} = \sqrt[n]{\prod x} \tag{7-10}$$

$$\bar{x} = \sqrt[n]{\frac{a_n}{a_0}} \tag{7-11}$$

$$\bar{x} = \sqrt[n]{R} \tag{7-12}$$

式中，$\prod$ 为连乘符号，R 为总速度。

利用 Excel 操作时，有以下几种方法可用：

① 函数 GEOMEAN：选中各期的环比发展速度计算几何平均数；

② 函数 POWER：NUMBER 框中输入"a_n/a_0"，POWER 框中输入"$1/n$"；

③ 公式编辑栏：$(a_n/a_0)^{\wedge}(1/n)$。

★ 小训练：请同学们结合上表"2011～2016年我国粮食产量及其增长量"的资料及环比发展速度、定基发展速度的计算结果，尝试用以上3种方法练习平均发展速度的计算，并比较计算误差。

$$\bar{x} = \sqrt[n]{x_1 x_2 \cdots x_n} =$$
$$\bar{x} = \sqrt[n]{\frac{a_n}{a_0}} =$$
$$\bar{x} = \sqrt[n]{R} =$$

（2）平均增长速度

平均增长速度是各期环比增长速度的序时平均数，表明现象在一段时期内逐期平均增长的程度。其计算公式为：

$$平均增长速度 = 平均发展速度 - 1（或100\%） \tag{7-13}$$

当平均发展速度大于1时，平均增长速度为正值，表明现象在某一较长时期内是逐期平均递增的；当平均发展速度小于1时，平均增长速度为负值，表明现象在某一较长时期内是逐期平均递减的。

【例7-8】 2015年甲地区工业总产值为8.8亿元，乙地区为9.5亿元，"十三五"期间，

乙地区计划五年的总发展速度为213.68%（即每年平均增长速度为16.4%），试问甲地区要在2020年赶上乙地区，其平均每年增长速度应为多少？

乙地区计划"十三五"期间的总发展速度为213.68%，则2020年应达到的工业总产值为：

$$9.5 \times 213.68\% = 20.30 （亿元）$$

甲地区要在2020年赶上乙地区，意味着甲地区在2015年8.8亿工业总产值的基础上，经过5年的发展也达到20.30亿元，则甲地区工业总产值的平均发展速度应为：

$$\bar{x} = \sqrt[n]{\frac{a_n}{a_0}} = \sqrt[5]{\frac{20.30}{8.8}} = 118.2\%$$

即甲企业要在2020年赶上乙企业，平均每年增长速度应达到18.2%。

7.3.4　计算和应用速度指标应注意的几点

① 当动态数列中的观察值出现有0或负数时，不宜计算速度指标，应直接用绝对数进行分析。

② 合理确定基期。基期是起点，是标准，因此要结合具体的研究目的选择适当的基期。例如，要研究现象五年计划期内的平均发展速度，应以五年计划初的前一年为基期；如果要研究我国改革开放以来的平均发展速度，就应以1978年为基期。

③ 要注意与水平指标相结合。因为速度指标是一个相对值，它与对比的基期水平的大小有很大关系。基期水平低，很容易实现高速度；基期水平高，就难以达到高速度。因此，高速度可能掩盖着低水平，低速度也可能隐藏着高水平。所以需要把速度指标和水平指标结合起来分析，计算增长1%的绝对值，才能全面说明问题。

$$增长1\%的绝对值 = \frac{逐期增长量}{环比增长速度} = \frac{前一期水平}{100}$$

④ 总平均速度要与分段平均速度相结合。这一点在分析较长时期资料时尤为重要。尤其是在使用几何平均法计算平均发展速度时，利用的仅仅是首末两期水平，中间各期如何变动，变动程度怎样，都得不到反映。例如，资料中有几期速度增长较快，而又有几期降低较多，出现较大悬殊，这时直接计算平均发展速度就会降低这一指标的意义，甚至失去代表性而不能确切说明实际情况。因此，在应用平均发展速度指标分析实际问题时，要注意利用分段平均发展速度补充说明总平均发展速度。

━━━ 能力训练 ━━━

一、判断题

1. 定基增长速度等于各期环比增长速度的连乘积。　　　　　　　　　（　　）

2. 增长1%的绝对值等于前期水平除以100。　　　　　　　　　　　（　　）

3. 如果现象的平均增长速度是正的，则逐期增长量也是年年增长的。　（　　）

4. 如果平均发展速度大于100%，则环比发展速度也一定大于100%。　（　　）

5. 用几何法计算平均发展速度，其结果只取决于最初水平和最末水平。（　　）

6. 某银行贷款总额比 5 年前增长了 300%，这是翻了 3 番。　　　　　　　　　（　　　）

二、单项选择题

1. 反映现象在较长时间内发展的总速度的指标是（　　）。

    A. 环比发展速度　　　　　　　　　　B. 定基发展速度

    C. 平均发展速度　　　　　　　　　　D. 平均增长速度

2. 已知各项环比增长速度求总增长速度的方法是（　　）。

    A. 将各项环比增长速度连乘

    B. 将各项环比增长速度连加

    C. 将各项环比增长速度还原为环比发展速度，然后连加，最后减去 1

    D. 将各项环比增长速度还原为环比发展速度，然后连乘，最后减去 1

3. 计算平均发展速度之所以采用几何平均法是因为（　　）。

    A. 总速度等于各期环比发展速度的相加和

    B. 总速度等于各期环比发展速度的连乘积

    C. 总速度等于各期环比增长速度的相加和

    D. 总速度等于各期环比增长速度的连乘积

4. 某商店 5 年中商品销售额每年增加 10 万元，则销售额的环比发展速度（　　）。

    A. 年年上升　　　　　　　　　　　　B. 年年下降

    C. 稳定不变　　　　　　　　　　　　D. 不能据此做出结论

5. 某商店 5 年中商品销售额的环比增长速度每年都是 10%，则销售额的逐期增长量
（　　）。

    A. 年年上升　　　　　　　　　　　　B. 年年下降

    C. 稳定不变　　　　　　　　　　　　D. 不能据此做出结论

6. 某市国民生产总值 2015 年比 2010 年增长 0.5 倍，比 2005 年增长 1 倍，则 2010 年比
2005 年增长了（　　）。

    A. 50%　　　　　　　　　　　　　　B. 33.33%

    C. 1 倍　　　　　　　　　　　　　　D. 2 倍

三、多项选择题

1. 根据动态数列各期发展水平计算的平均数为（　　）。

    A. 序时平均数　　　　　　　　　　　B. 静态平均数

    C. 平均发展水平　　　　　　　　　　D. 平均发展速度

    E. 几何平均数

2. 发展水平、增长量、发展速度、增长速度之间的关系是（　　）。

    A. 发展水平 = $\sum$ 增长量　　　　　　B. 增长量 = 报告期水平 − 基期水平

    C. 增长速度 = 发展速度 − 1　　　　　D. 增长速度 = 增长量/基期水平

    E. 发展速度 = 基期水平/报告期水平

3. 平均发展速度是（　　）。

    A. 环比发展速度的动态平均数　　　　B. 环比发展速度的算术平均数

    C. 环比发展速度的几何平均数　　　　D. 各个环比发展速度的代表值

    E. 最末水平与最初水平之比的 n 次方根（数列为 a_0，a_1，$\cdots$，a_n）

4. 关于平均增长速度、平均发展速度，以下说法正确的是（　　）。

    A. 都是动态分析指标

    B. 都为正值

    C. 都可用几何法计算

    D. 平均发展速度等于平均增长速度加 1（或 100%）

    E. 平均发展速度大于 0 时，平均增长速度不一定大于 0

5. 关于定基发展速度、环比发展速度，以下说法正确的是（　　）。

    A. 都属于速度分析指标

    B. 计算结果都为正值

    C. 相邻两个定基发展速度之比等于相应时期的环比发展速度

    D. 环比发展速度的连乘积等于相应时期的定基发展速度

    E. 定基发展速度的连乘积等于相应时期的环比发展速度

6. 关于增长 1% 的绝对值的计算，以下说法正确的是（　　）。

    A. 发展水平除以增长速度　　　　　　B. 前期水平除以 100

    C. 逐期增长量除以环比增长速度　　　D. 累计增长量除以定基增长速度

    E. 平均增长量除以平均增长速度

四、综合分析题

1. 某企业 1~6 月份的月初工人数和工业总产值资料如表所示，并已知 7 月初工人人数 2385 人。

某企业工人人数及产值资料

月　　份		1	2	3	4	5	6
月初工人数/人		1980	2180	2230	2295	2319	2397
工业总产值/万元		2958	3280	3594	3845	3979	4260
增长量/万元	逐期增长量						
	累计增长量						
	平均增长量						
发展速度/%	定基发展速度						
	环比发展速度						
	平均发展速度						
增长速度/%	定基增长速度						
	环比增长速度						
	平均增长速度						

    要求：（1）计算有关工业总产值的分析指标并填入表中空格内；

         （2）计算该企业上半年月平均工业总产值；

         （3）分别计算第一季度和第二季度的月平均劳动生产率，并进行比较分析。

2. 已知某地区 2015 年社会商品零售额为 12.78 亿元，2020 年计划达到 25 亿元，试从水平和速度分析两个角度测算该地区"十三五"规划期间（2016~2020）社会商品零售额每年需平均增长多少？

7.4 动态数列的长期趋势及预测

7.4.1 动态数列的影响因素

现象的发展变化是由多种因素共同作用的结果。这些因素中，有的属于基本因素，对现象在各个时期都起着普遍的、长期的、决定性的作用，使各期水平在一个相当长的时期内，沿着一个方向发展；有的因素只是偶然的、临时的，对现象的发展起着非决定性的作用，而且大小、方向不定。

小资料：蝴蝶效应——随机扰动的力量

蝴蝶效应是气象学家洛伦茨 1963 年提出来的。其大意是：一只南美洲亚马逊河流域热带雨林中的蝴蝶，偶尔扇动几下翅膀，可能在两周后在美国德克萨斯引起一场龙卷风。

其原因在于：蝴蝶翅膀的运动，导致其身边的空气系统发生变化，并引起微弱气流的产生，而微弱气流的产生又会引起它四周空气或其他系统产生相应的变化，由此引起连锁反应，最终导致其他系统的极大变化。此效应说明，事物发展的结果，对初始条件具有极为敏感的依赖性，初始条件的极小偏差，将会引起结果的极大差异。

蝴蝶效应意味着一个很小的波动都可能会极大地影响最终结果：

丢失一个钉子，坏了一只蹄铁；坏了一只蹄铁，折了一匹战马；折了一匹战马，伤了一位骑士；伤了一位骑士，输了一场战斗；输了一场战斗，亡了一个国家。

资料来源：卢国红，杨柳主编. 统计学基础. 南京：南京大学出版社，2012

为了分析动态数列的发展变化规律，必须把影响动态数列的各种因素分开，并找出它们的变动规律。影响因素可以分为以下几类。

（1）长期趋势

长期趋势是现象在一个相当长的时期内，由于受某种基本因素的影响呈现出来的基本趋势。例如，我国国民生产总值、人均可支配收入等近几年都呈现上升趋势；高新技术在生产中的应用走势等。长期趋势呈现为持续增加、持续降低或基本持平。虽然过程中存在高低波动，但基本方向不变。

（2）季节变动

季节变动是现象由于受自然条件或社会因素的影响，在一年或更短的时间内呈现出来的周期性波动。如很多商品的销售存在"淡季""旺季"之分。研究季节变动的目的在于克服由于季节变动引起的不良影响，以便更好地组织生产，安排人们的经济生活。

（3）循环变动

循环变动是现象发展过程中呈现出的以若干年为周期的周而复始的上下波动。循环周期一般在数年以上，不固定，很难事先预知。

（4）不规则变动

不规则变动是现象由于受到突发事件或偶然因素引起的无规律性的波动。包括：由于突发的自然灾害、意外事故、重大政治事件等引起的剧烈变动；大量随机因素干扰造成的起伏波动。

测定长期趋势的目的，在于消除季节变动、循环变动和不规则变动等因素对现象的影响，使之显现出现象发展变化的基本趋势，探讨现象发展变化的规律，为统计预测、编制经营管理计划，指导经营实践提供依据。本书仅就长期趋势的测定及在此基础上进行趋势外推预测进行介绍。测定长期趋势的方法主要有：时距扩大法、移动平均法、数学模型法。

7.4.2 长期趋势的预测误差

根据历史数据对未来进行预测，由于现象本身会受到除长期趋势以外的多种因素干扰，预测结果与实际值之间就会有误差，不同的预测方法也会产生不同程度的误差。因此，利用长期趋势进行预测时，还需要计算各种预测方案的预测误差，以衡量各种预测方法的优劣，从而选择最佳的预测方案，提高预测的准确度。

反映预测误差的指标有以下几个。

（1）平均绝对误差

平均绝对误差是各期实际值与预测值的离差绝对值的算术平均数。其计算公式为：

$$MAD = \frac{\sum |y - \hat{y}|}{n} \tag{7-14}$$

式中　y——各期的实际值；

　　　$\hat{y}$——各期的趋势值；

　　　n——动态数列的项数。

（2）均方误差

均方误差是各期实际值与预测值离差平方的算术平均数。其计算公式为：

$$MSE = \frac{\sum (y - \hat{y})^2}{n} \tag{7-15}$$

（3）均方根误差

均方根误差是均方误差的平方根。其计算公式为：

$$RMSE = \sqrt{\frac{\sum (y - \hat{y})^2}{n}} \tag{7-16}$$

（4）估计标准误差

利用线性趋势方程进行外推预测时，还常用线性回归中的估计标准误差来衡量趋势预测的误差。其计算公式为：

$$S_y = \sqrt{\frac{\sum (y - \hat{y})^2}{n - m}} \tag{7-17}$$

式中，m 为待定参数的个数。

7.4.3 时距扩大法

时距扩大法是测定长期趋势最简便的一种方法。它是对原动态数列中较短的时距单位加以适当合并，扩大每段时距计算指标数值，形成新的动态数列，以消除原动态数列由于时距较短而受偶然因素影响所引起的波动，显示出现象变动的长期趋势。

使用时距扩大法，要注意时间间隔的扩大程度要适度。间隔时间太短，难以排除偶然因素的影响；间隔时间太长，又会掩盖现象在不同时期发展变化的差异。间隔扩大到何种程度，以能显示现象长期发展变化的趋势为宜。另外，前后扩大的时距应当一致，以便于相互比较，观察现象的发展趋势。现举例说明。

【例7-9】 某农机厂2017年各月的产量如表7-9所示。

表7-9 某农机厂2017年各月产量

月份	1	2	3	4	5	6	7	8	9	10	11	12
产量/万台	100	140	120	160	140	180	200	190	180	210	220	200

从表7-9可以看出，各月的产量并不均匀，趋势不够明显，若将时距扩大为季度，则情况如表7-10所示。

表7-10 某农机厂2017年各季度产量

季 度	一季度	二季度	三季度	四季度
总产量/万台	360	480	570	630
平均月产量/万台	120	160	190	210

很显然，表7-10很明显地反映出产量变动的总趋势是不断增长的。

时距扩大法修匀动态数列，既可以用扩大时距后的总量指标，也可以用平均指标。前者仅适用于时期数列，后者既适用于时期数列，也适用于时点数列。

时距扩大法测定动态数列的长期趋势，其优点是简单方便，其结果对做长期分析也很有用，缺点是把一个周期内数据变化的信息去掉了，不宜用它做进一步的细致分析。可以说时距扩大法是一种简单易行，但较为粗略的长期趋势测定方法，一般不用于预测。

7.4.4 移动平均法

移动平均法是对时距扩大法的改进。它是将原动态数列中的时距扩大的同时，采用逐项依次递移的方法，计算出一系列扩大时距后的序时平均数，得出一个新的派生的序时平均数动态数列，来代替原有的动态数列。在这个新的动态数列中，短期的偶然因素引起的变动被削弱了，从而使现象发展的长期趋势得以明显呈现。

移动平均法所采用的扩大时距，应依据动态数列的具体特点而定，同时距扩大法一样，要注意数列水平波动的周期性。一般是扩大的时距与周期变动的时距相吻合，或为它的整倍数。

移动平均法根据资料的特点及研究的具体任务，可能进行三项、四项、五项乃至更多项的移动平均。奇数项移动平均所得的数值放在中间一项的位置上；偶数项移动平均所得的数值放在中间两项的中间位置，它还需要移正平均。现举例说明移动平均法的应用。

【例7-10】 某超市2017年各月营业额资料如表7-11所示。

表7-11 某超市2017年各月营业额

月份	1	2	3	4	5	6	7	8	9	10	11	12
营业额/万元	41	42	52	43	45	51	53	40	51	49	56	54

从表7-11来看，时间数列变化不均匀，各月营业额起伏不定，用该动态数列不能清楚地反映该超市营业额变动的趋势。现将该超市营业额资料采取3项和5项移动平均数分别进

行修匀，计算其各个移动平均数，作为下一期的预测值，如表7-12所示。

表 7-12 某超市 2017 年各月营业额移动平均数

月份	营业额/万元	3 项移动平均数	预测值	预测误差	5 项移动平均数	预测值	预测误差
1	41	—	—	—	—	—	—
2	42	45.0	—	—	—	—	—
3	52	45.7	—	—	44.6	—	—
4	43	46.7	45.0	−2	46.6	—	—
5	45	46.3	45.7	−0.7	48.8	—	—
6	51	49.7	46.7	4.3	46.4	44.6	6.4
7	53	48.0	46.3	6.7	48.0	46.6	6.4
8	40	48.0	49.7	−9.7	48.8	48.8	−8.8
9	51	46.7	48.0	3.0	49.8	46.4	4.6
10	49	52.0	48.0	1.0	50.0	48.0	1.0
11	56	53.0	46.7	9.3	—	48.8	7.2
12	54	—	52.0	2.0	—	49.8	4.2
次年 1	—	—	53.0	—	—	50.0	—

3 项移动的均方误差：$MSE = \dfrac{(-2)^2 + (-0.7)^2 + \cdots + 2^2}{9} = 29.2$

5 项移动的均方误差：$MSE = \dfrac{6.4^2 + 6.4^2 + \cdots + 4.2^2}{7} = 35.9$

3 项移动的均方误差小于 5 项移动的均方误差，预测该超市营业额采用 3 项移动好于 5 项移动。

以 3 项移动平均为例说明 Excel 操作过程。

① 资料录入后，点击"数据""数据分析"，选择"移动平均"，单击"确定"。

② 设置"移动平均"对话框，单击"确定"。选择"输出区域"起始位置时，需注意 Excel 2010 默认将移动平均过程中的消除项放置在最上边几个单元格，如图7-6、图7-7 所示。

③ 如需移动平均预测，则需进一步调整位置，如图7-8 所示。

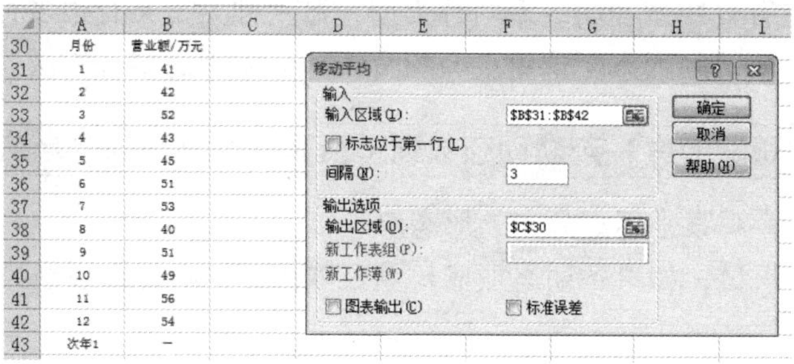

图 7-6 移动平均对话框

	A	B	C
30	月份	营业额/万元	#N/A
31	1	41	#N/A
32	2	42	45
33	3	52	45.66666667
34	4	43	46.66666667
35	5	45	46.33333333
36	6	51	49.66666667
37	7	53	48
38	8	40	48
39	9	51	46.66666667
40	10	49	52
41	11	56	53
42	12	54	
43	次年1	—	

图 7-7　3 项移动平均结果

	A	B	C	D
30	月份	营业额/万元	3项移动平均结果	3项移动平均预测值
31	1	41		
32	2	42	45	
33	3	52	45.66666667	
34	4	43	46.66666667	45
35	5	45	46.33333333	45.66666667
36	6	51	49.66666667	46.66666667
37	7	53	48	46.33333333
38	8	40	48	49.66666667
39	9	51	46.66666667	48
40	10	49	52	48
41	11	56	53	46.66666667
42	12	54		52
43	次年1	—		53

图 7-8　3 项移动平均预测

［知识卡片］移动平均法要注意的事项

① 移动平均法对原动态数列修匀时，被移动平均的项数越多，对原数列修匀的作用就越大，长期趋势越明显。

② 移动平均法所取项数的多少，应视资料特点而定。原有动态数列如有循环周期，移动平均的项数应以周期跨越的项数为准，取其周期长度或整倍数为移动平均的时期长度。如 3 年为一周期，可作 3 年移动平均；5 年为一周期，可作 5 年移动平均。

③ 移动平均后数列的项数比原数列项数少。移动的项数愈多，所得趋势值的项数愈少。

④ 移动平均法选择奇数项时比较方便，移动平均数都能与各个相应时期的数值对应，一次即可取得趋势值。但当移动平均项数为偶数时，由于计算的平均值在两项的中间，所以要将第一次移动的平均值再进行两项移动平均，得出的平均数才是趋势值。由于偶数项移动比较复杂，因此一般常用奇数项为长度。

⑤ 移动平均法在反映长期趋势时有明显的时间滞后，所以常用来修匀数列，较少用于外推预测。

7.4.5　数学模型法

数学模型法是根据动态数列发展形态的特点，选择一个合适的数学方程式来分析长期趋势的方法。数学模型有直线型和曲线型两种类型，每一种类型又有很多种具体形式，在建立模型之前首先要判断趋势的形态。这里仅介绍直线趋势方程的拟合方法。

［知识卡片］判断动态数列是否具备直线趋势的方法

① 绘制散点图，观察坐标点分布的形态。

② 计算逐期增长量，如果各期逐期增长量大体相等，则为直线趋势。

直线方程的一般形式为：

$$\hat{y} = a + bt$$

式中 $\hat{y}$——趋势线的估计值；

a——趋势线的截距；

b——趋势线的斜率；

t——时间变量。

求解待定参数 a、b，应根据最小二乘法的原理。求得 a、b 的计算公式为：

$$\begin{cases} b = \dfrac{N\sum ty - \sum t \sum y}{n\sum t^2 - (\sum t)^2} \\[2mm] a = \dfrac{\sum y}{n} - b\dfrac{\sum t}{n} = \bar{y} - b\bar{t} \end{cases} \quad (7\text{-}18)$$

式中 t——动态数列的时间；

y——动态数列中各期水平；

n——动态数列的项数。

【例 7-11】 某地区近几年经济作物的种植面积有关资料如表 7-13 所示。试以最小二乘法配合直线趋势方程。

表 7-13 某地区经济作物种植面积

年份	2012	2013	2014	2015	2016	2017
种植面积／公顷	86.6	91.2	94.1	101.2	105.0	110.2

第一步：计算各期逐期增长量。如表 7-14 所示。

从表中可以看出，各期逐期增长量大体相等，因此该地区经济作物的种植面积呈直线趋势，拟合直线趋势方程：$\hat{y} = a + bt$。

第二步：计算待定参数 a、b，见表 7-14 相关计算数据。

表 7-14 某地区经济作物种植面积计算表

年份	时间（t）	种植面积（y）/公顷	逐期增长量	t^2	ty	$\hat{y} = 81.4 + 4.76t$
2012	1	86.6	—	1	86.6	86.2
2013	2	91.2	4.6	4	182.4	90.9
2014	3	94.1	2.9	9	282.3	95.6
2015	4	101.2	7.1	16	404.8	100.4
2016	5	105.0	3.8	25	525.0	105.2
2017	6	110.2	5.2	36	661.2	110.0
合计	21	588.3	23.6	91	2142.3	588.3

$$b = \frac{6 \times 2142.3 - 21 \times 588.3}{6 \times 91 - 21^2} = 4.76$$

$$a = \frac{588.3}{6} - 4.76 \times \frac{21}{6} = 81.4$$

则所配合的趋势方程为：

$$\hat{y} = 81.4 + 4.76t$$

根据直线趋势方程，可据以计算各期的长期趋势值（见表7-14最后一列数据），也可以进行外推预测。

例如，预测2018年该地区的经济作物种植面积：

$$\hat{y} = 81.4 + 4.76t = 81.4 + 4.76 \times 7 = 114.72 \text{（公顷）}$$

式中 $b = 4.76$ 公顷，即表示本地区经济作物的种植面积估计平均每年增加 4.76 公顷。

上例中假如令 $\sum t = 0$，那么式7-18就变为：

$$\begin{cases} b = \dfrac{\sum ty}{\sum t^2} \\ a = \dfrac{\sum y}{n} \end{cases}$$
，这样，参数 a、b 的计算就简便多了。如何做到 $\sum t = 0$ 呢？

假设时间项数为 t，当 t 为奇数时，将最中间的时间项定为0，这时时间项依次排列为：…，-3，-2，-1，0，1，2，3，…；当时间项数为偶数时，可用两个中间项的中点为原点0，这时就不是以年为测定的时间单位，而是以半年为测定时间单位。时间项依次排列为：…，-5，-3，-1，1，3，5，…。

在以上两种假设的情况下，时间项的正负相抵消，即 $\sum t = 0$，则有：

$$\begin{cases} b = \dfrac{\sum ty}{\sum t^2} \\ a = \dfrac{\sum y}{n} \end{cases} \tag{7-19}$$

【例7-12】 仍以上例表7-13的资料来计算偶数项动态数列以中间为原点的计算方法，其计算资料如下（见表7-15）。

表7-15 某地区经济作物种植面积计算表

年 份	时间 (t)	种植面积 (y)/公顷	t^2	ty	$y_c = 98.05 + 2.38t$
2012	-5	86.6	25	-433.0	86.2
2013	-3	91.2	9	-273.6	90.9
2014	-1	94.1	1	-94.1	95.7
2015	1	101.2	1	101.2	100.4
2016	3	105.0	9	315.0	105.2
2017	5	110.2	25	551.0	110.0
合计	0	588.3	70	166.5	588.4

将所需数据代入式7-19，即可得出：

$$a = \frac{\sum y}{n} = \frac{588.3}{6} = 98.05$$

$$b = \frac{\sum ty}{\sum t^2} = \frac{166.5}{70} = 2.38$$

则直线方程为：

$$\hat{y} = 98.05 + 2.38t$$

同理，预测2018年该地区经济作物种植面积：$\hat{y} = 98.05 + 2.38 \times 7 = 114.71$（公顷）。

其结果与第一种方法相同（排除计算误差）。式中 $b=2.38$ 为每半年的增长量。

利用 Excel 解决上述问题的方法如下。

① 资料录入后，点击"数据""数据分析"，选择"回归"，点击"确定"。

② 设置"回归"对话框，单击"确定"。如图 7-9、图 7-10 所示。图 7-10 中，Intercept 的结果 81.4 即为一元线性回归方程中的截距，X Variable 4.757 即为斜率。

图 7-9　回归对话框

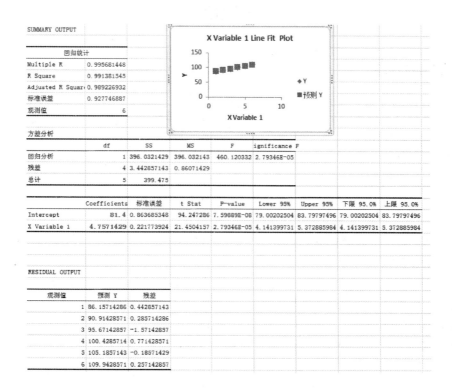

图 7-10　回归结果

③ 添加趋势线及直线趋势方程。在线性拟合图的任意数据点上右击，在弹出的菜单中执行"添加趋势线"命令，如图 7-11、图 7-12 所示。

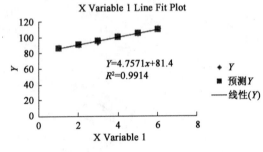

图 7-11　添加趋势线　　　　　　　图 7-12　趋势线及直线趋势方程

能力训练

一、单项选择题

1. 利用动态数列进行预测，以下说法与预测无关的是（　　）。
   A. 观察动态数列的形态　　　　　　B. 选择预测方法
   C. 拟合数学模型　　　　　　　　　D. 计算平均增长率

2. 用移动平均法修匀动态数列，移动时距的长短首先应考虑（　　）。
   A. 选择偶数项　　　　　　　　　　B. 选择奇数项
   C. 无所谓　　　　　　　　　　　　D. 现象的周期性变动规律

3. 移动平均法用于预测，最适合的情况是（　　）。
   A. 增长或降低趋势明显的数列　　　B. 季节性变动数列
   C. 平稳数列　　　　　　　　　　　D. 无规律数列

4. 若时间数列在长时期内呈现出某种持续向上或向下的变动，则称为（　　）。
   A. 随机变动　　　　　　　　　　　B. 周期变动
   C. 季节变动　　　　　　　　　　　D. 趋势变动

5. 如果现象随时间推移而呈现出稳定增长或下降的趋势，适合采用（　　）预测。
   A. 时距扩大法　　　　　　　　　　B. 移动平均法
   C. 数学模型法　　　　　　　　　　D. 都可以

6. 数学模型法配合直线趋势，如果计算出趋势线的斜率为负值，意味着现象（　　）。
   A. 上升趋势　　　　　　　　　　　B. 下降趋势
   C. 不升不降　　　　　　　　　　　D. 都有可能

二、多项选择题

1. 定量测定现象长期趋势的方法有（　　　）。

  A. 时距扩大法   B. 移动平均法

  C. 头脑风暴法   D. 数学模型法

  E. 季节变动法

2. 用移动平均法对数列修匀时，如果移动平均的项数越多，则（　　　）。

  A. 修匀的效果越好   B. 修匀的效果越差

  C. 得到的移动平均数的项数越少   D. 得到的移动平均数的项数越多

  E. 修匀的效果与项数无关

3. 直线趋势方程 $\hat{y} = a + bt$ 中，参数 b 表示（　　　）。

  A. 直线的截距   B. 直线的斜率

  C. 趋势值   D. 动态数列的初始值

  E. t 每变动一个单位，$\hat{y}$ 的平均增加值

三、综合分析题

1. 某公司 2017 年各月的销售额资料见下表。

某公司 2017 年各月销售额资料   单位：万元

月份	1	2	3	4	5	6	7	8	9	10	11	12
销售额	33	35	40	36	41	53	51	54	50	54	56	60

要求：

（1）绘制散点图，观察动态数列的形态；

（2）应用 3 项移动平均法预测 2018 年 1 月销售额，并计算均方误差；

（3）应用数学模型法建立直线趋势方程，预测 2018 年 1 月销售额，并计算均方误差；

（4）对比以上（2）、（3）的预测及均方误差的计算结果，确定哪种方法对于该公司销售额的预测更加合适并说明理由。

2. 某公司近几年实现的利润总额资料如下表所示。

某公司各年利润资料   单位：万元

年份	2013	2014	2015	2016	2017
利润总额	400	480	570	670	790

要求：用最小二乘法拟合该公司利润总额的直线趋势方程。

【任务解析】

利用动态数列对社会经济现象进行分析，既可以对现象的发展变化过程进行分析，也可以对现象未来的发展变化趋势进行分析，还可以在既定未来发展目标的前提下，制定出自己的阶段性目标，并检查阶段执行情况。

党的十八大提出的我国居民收入目标翻番，即增长 1 倍，发展总速度为 200%。也意味着农村居民人均纯收入达到 11838 元，城镇居民人均可支配收入达到 38218 元。

截止到 2017 年年底，我国居民人均收入目标完成进度如何呢？首先应查找 2017 年我国

农村居民人均纯收入、城镇居民人均可支配收入的具体数字。

2017 年城镇居民人均可支配收入达到 36396 元，完成进度为：$36396/(19109 \times 2) = 95.2\%$，已经接近完成 10 年总目标。

因农村居民人均收入自 2014 年起不再统计人均纯收入指标，而代之以人均可支配收入，统计口径发生变化，因此无法直接测算进度完成情况。但从前三年和后四年的平均增速看，都大幅超过目标增速。

按照"十八大"任务规定，我国居民人均收入的平均增速应达到 $\sqrt[10]{2} - 1 = 7.2\%$。

在过去的七年间，我国城镇居民人均可支配收入的实际平均增速达到 $\sqrt[7]{36396/19109} - 1 = 9.64\%$，远远超过目标增速。

农村居民人均收入实际增速：2013 年前 $\sqrt[3]{8896/59199} - 1 = 14.5\%$，

2014 年后 $\sqrt[3]{13422/10489} - 1 = 8.6\%$

分段测算结果也显示大幅超过目标增速。

◦◆ 知识图谱 ◆◦

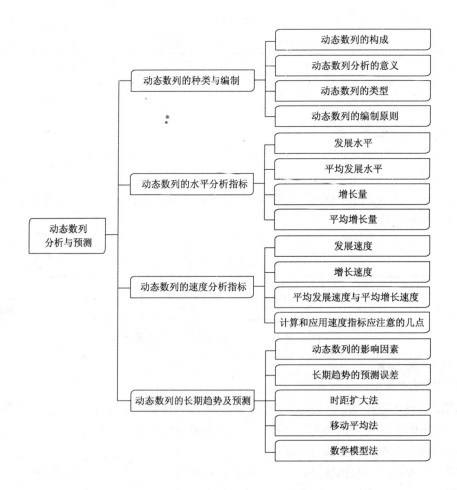

任务八 统计指数分析

【学习目标】

◆ **知识目标**：了解统计指数的概念、意义及分类；

掌握综合指数、平均数指数的编制原理及方法；

理解统计指数体系的构成及特点；

掌握因素分析的原理、方法及应用。

◆ **能力目标**：熟练运用统计指数语言对社会经济现象的变动进行描述；

深入理解统计指数分析法在统计实践中的应用；

熟练使用 *Excel* 编制指数，进行因素分析。

【统计名言】

当人们谈论报纸上的数字时，几乎没人知道这些数字代表什么。这是因为我们总是在举例说，像政治家们以及股票市场的分析师们，他们也不知道这些数字代表什么。

——莫莉·埃文斯（Molly Ivins）

【任务描述】

汉水酒精厂利润滑坡的原因分析

背景

汉水酒精厂上年盈利33万元，报告年度亏损39万元，出现利润大滑坡。年底上级调换了厂长，新厂长上任后决心带领职工扭转亏损局面。新厂长年轻有为，大学经济管理专业毕业，搞过几年工业统计，又当了一年多副厂长，他深知要扭转亏损局面，必须首先搞好企业诊断，进行科学的决策。为此，新任厂长将统计学会咨询服务组请来拟定决策方案，并派本厂统计人员与咨询服务组一起工作。

资料搜集整理分析

（1）近两年经营情况见下表。

近两年经营情况

项目	单位	上年度	报告年度	比上年增减量	比上年增减/%
产值（不变价）	万元	611	425	−186	−30.44
酒精销售量	吨	5823	4052	−1771	−30.41
出厂价	元/吨	1283	1782	+499	+38.89
销售收入	万元	747	722	−25	−3.35
单位成本	元/吨	1130	1746	+616	+54.51
总成本	万元	658	707	+49	+7.45
税金	万元	56	54	−2	−3.57
利润	万元	33	−39	−72	−218.18

（2）销售收入变动的影响因素。销售收入受销售量和价格两个因素的影响。

由于销售量减少，销售收入减少了 227 万元 $[(4052-5823) \times 1283 = 2272193]$，

由于价格上升，销售收入增加了 202 万元 $[(1782-1283) \times 4052 = 2021948]$。

增减相抵，销售收入减少 25 万元。

（3）总成本变动的影响因素。总成本受单位成本和产量两个因素的影响。

由于单位成本上升，总成本增加了 249.6 万元 $[(1746-1130) \times 4052 = 2496032]$，

由于产量减少，总成本减少了 200.1 万元 $[(4052-5823) \times 1130 = -2001230]$。

增减相抵，总成本增加 49.5 万元。

（4）单位成本的影响因素。单位成本可分解为单位变动成本和单位固定成本两部分，具体项目见下表。

单位成本构成

项 目	单位	上年度			报告年度		
		数量	单价/元	金额/元	数量	单价/元	金额/元
单位成本	元			1130.0			1746.0
一、单位变动成本	元			901.1			1422.3
粮食	吨	2.89	240	693.6	3.03	400	1212.0
电	度	383	0.2	76.6	431	0.2	86.2
煤	吨	1.54	85	130.9	1.46	85	124.1
二、单位固定成本	元			228.9			323.7
固定成本总额	万元			133.3			131.2
1. 管理费	万元			68.3			64.2
2. 财务费	万元			30.0			31.0
3. 折旧费	万元			25.0			25.0
4. 工资	万元			10.0			11.0
酒精产量	吨	5823			4052		

注：单位固定成本＝固定成本总额/酒精产量。

（5）单位变动成本的影响因素。单位变动成本可分解为数量和价格两个因素，现计算成本指数如下表所示。

单位变动成本指数计算资料

项目	单位	数 量		价格/元		金额/元		
		上年度 q_0	报告年度 q_1	上年度 p_0	报告年度 p_1	上年度 $q_0 p_0$	报告年度 $q_1 p_1$	假定 $q_1 p_0$
粮食	吨	2.89	3.03	240	400	693.6	1212.0	727.2
电	度	383	431	0.2	0.2	76.6	86.2	86.2
煤	吨	1.54	1.46	85	85	130.9	124.1	124.1
合计	—	—	—	—	—	901.1	1422.3	937.5

数量指数 $K_q = \dfrac{\sum q_1 p_0}{\sum q_0 p_0} = \dfrac{937.5}{901.1} = 104.04\%$ $\sum q_1 p_0 - \sum q_0 p_0 = 937.5 - 901.1 = 36.4$（元）

价格指数 $K_p = \dfrac{\sum q_1 p_1}{\sum q_1 p_0} = \dfrac{1422.3}{937.5} = 151.71\%$ $\sum q_1 p_1 - \sum q_1 p_0 = 1422.3 - 937.5 = 484.8$（元）

单位变动成本总指数 $K_{qp} = \dfrac{\sum q_1 p_1}{\sum q_0 p_0} = \dfrac{1422.3}{901.1} = 157.84\%$

$$\sum q_1 p_1 - \sum q_0 p_0 = 1422.3 - 901.1 = 521.2 \text{（元）}$$

$$104.04\% \times 151.71\% = 157.84\% \qquad 36.4 + 484.8 = 521.2 \text{（元）}$$

（6）劳动生产率变动情况见下表。

劳动生产率变动情况

项　　目	单位	上年度	报告年度	比上年增减/%
工人劳动生产率	元/人	30725	21273	−30.76
企业劳动生产率	元/人	23698	16239	−31.48

（7）主要经济指标横向对比资料见下表。

报告年度横向对比资料

项目	单位	全国最高水平	全国平均水平	本厂水平	比最高/%	比平均/%
企业年产量	吨	33083	10088	4052	−87.75	−59.83
实物劳动生产率	吨/人	235.9	80.38	15.47	−93.44	−80.75
淀粉出酒率	%	57.29	52.14	50.27	−12.25	−3.59
标煤单耗	千克/吨	428	808	1046	+144.39	+29.46
电单耗	度/吨	160	255	431	+169.38	69.02

（8）酒精市场供求状况调查资料。为了更好地安排今后的酒精生产和销售工作，咨询组对该地区范围内的31家酒精生产和使用单位进行了问卷调查，调查情况如下：

① 该地区共有10家酒精生产单位，报告年度共生产酒精27400吨；

② 报告年度该地区酒精消费量为25409吨，其中企业自产自用16900吨，从市场购买8509吨；

③ 目前，该地区生产酒精的厂家平均售价为2330元/吨，而使用酒精的厂家平均售价为2350元/吨。这说明使用单位在外地的采购价高于本地平均售价。

咨询报告

向管理要效益

汉水酒精厂是一个拥有自动化设备的现代化企业，系轻工部定点生产单位，产品质量好，价格合理，建厂初期经济效益较好，年利润在100万元左右。上年利润下降到33万元，报告年度则亏损39万元，出现利润大滑坡。

从"近两年经营情况"表反映的情况看，报告年度比上年的利润减少72万元，主要是销售收入减少使利润减少25万元，总成本增加使利润减少49.5万元。

销售收入为什么减少呢？从以上内容可以看出，由于报告年度酒精销售量比上年减少1771吨，销售收入减少227万元，由于酒精出厂价上涨38.89%，销售收入增加202万元，两个因素增减相抵，销售收入减少25万元。

总成本为什么增加呢？从以上内容可以看出，报告年度单位成本达到1746元，比上年的1130元上升616元，由于单位成本上升总成本增加249.6万元，由于产量减少总成本减少200.1万元，增减相抵，总成本增加49.6万元。

单位成本为什么大幅度上升呢？从"单位成本构成"表可以看出，单位变动成本报告年度为 1422.3 元，比上年的 901.1 元增加 521.2 元，由于单位变动成本的增加，总成本增加 211 万元 [(1422.3 - 901.1) × 4052 = 2111902]。

单位固定成本报告年度为 323.7 元，比上年的 228.9 元增加 94.8 元，由于单位固定成本的增加，总成本增加 38 万元 [(323.7 - 228.9) × 4052 = 384129]。

单位固定成本增加，主要是由于产量减少，而固定成本总额并没有增加。单位变动成本为什么大幅度上升呢？从以上内容可以看出，一个因素是单位消耗数量增长 4.4%，使单位变动成本增加 36.4 元，单位消耗数量增加使总成本增加 15 万元 (36.4 × 4052)；另一个因素是原材料价格上涨 51.71%，使单位变动成本增加 484.8 元。原材料价格上涨使总成本增加 196 万元 (484.8 × 4052)。

原材料涨价使总成本增加，同时使利润减少 196 万元。这在出厂价中已经得到补偿，因为出厂价上涨使利润增加了 202 万元。这两项价格因素正负相抵后，使利润增加了 6 万元 (202 - 196)。

综上所述，报告年度的利润比上年减少 72 万元，其原因如下：① 销售收入减少使利润减少 25 万元；② 单位固定成本增加使利润减少 38 万元；③ 单位消耗数量增加使利润减少 15 万元；产品出厂价增加额大于原材料进价增加额使利润增加 6 万元，即 -25 - 38 - 15 + 6 = -72（万元）。

从本质上看，汉水酒精厂利润滑坡是个管理问题。下面作进一步的分析论证。

第一，缺乏市场竞争意识，忽视营销管理。

上面归纳的利润减少的原因中第①、②两项，实际上都是个产销问题。因为产销量减少直接减少销售收入，减少利润；因为产销减少，也间接地增大了单位固定成本，使利润减少。

报告年度的酒精产销量为什么大幅度下降呢？一个原因是原材料供应不足。酒精生产的主要原材料是红薯干，当时红薯干供不应求，价格猛涨，该厂又储备很少，所以原材料供应时断时续，对生产有一定影响。另一个原因是忽视营销管理。报告年度酒精市场逐渐从供不应求转变为供过于求，市场出现了竞争，而该厂对市场竞争形势缺乏思想准备。既没有设立营销机构，也没有开展营销工作，结果失去了一些客户。

第二，生产管理和成本管理松弛。

报告年度与上年比较，物质消耗上升，劳动生产率下降，几项主要经济指标远远低于全国平均水平。由于单位产品物质消耗上升，利润减少 15 万元，全员劳动生产率下降 31.48%。

实物劳动生产率全国最高水平为 235.9 吨/人，全国平均水平为 80.38 吨/人，该厂只有 15.47 吨/人，比最高水平低 93.44%，比平均水平低 80.75%。

淀粉出酒率全国最高水平为 57.29%，全国平均水平为 52.14%，该厂则为 50.27%，比最高水平低 7.02 个百分点，比平均水平低 1.87 个百分点，该厂如能达到全国平均水平，以年产量 6500 吨计算，则可节约淀粉 464 吨 (6500/50.27% - 6500/52.14%)，如果淀粉含量达到 66%，可折合红薯干 703 吨，按每千克红薯干 0.4 元计算，可节约原材料费 28.12 万元。

标煤单耗全国最低为 428 千克/吨，全国平均水平为 808 千克/吨，而该厂的标煤单耗达 1046 千克/吨，比平均水平高 29.47%。如果标煤单耗能降至全国平均水平，仍以年产量 6500 吨计算，可节约标煤 1547 吨 [6500 × (1.046 - 0.808)]，可节约燃料费 18.4 万元 (1547/0.7143 × 85)。

电单耗全国最低为 160 度/吨，全国平均水平为 255 度/吨，该厂为 431 度/吨，为平均水平的 169%，高出平均水平 176 度，如能达到平均水平，可节约电力 114.4 万度 [6500 × (431 − 255)]，可节约电费 22.88 万元。

第三，劳动管理方法陈旧。

改革开放已有多年，该厂在劳动管理方面仍然是大锅饭，铁饭碗，干多干少一个样，干好干坏一个样，不能充分调动职工劳动生产率和参与管理的积极性，因此，劳动效率低，原材料和能源浪费严重。

针对上述情况，提出如下对策：

一、深化体制改革，充分调动职工群众的积极性。发动群众提出改革措施，尽快改变在分配上的平均主义，劳动报酬要与产量和成本挂钩。

二、全面实行现代科学管理，向管理要效益，建立健全各项规章制度，尽快变人治为制度治。当前要重点抓好营销管理、生产管理和成本管理，努力缩小几项主要经济指标与全国平均水平的距离。

三、加强市场调查，大力开拓市场，提高设备利用率，努力增加产销量。该厂设计生产能力为年产酒精 10000 吨，实际最高产量为 8600 吨，鉴于当前生产有一定困难，建议次年安排生产 6500 吨，销售 6500 吨。

实践效果

该厂领导采纳了统计咨询服务组的意见，迅速组织实施，结果效益骤增。次年生产酒精 5894 吨，比报告年度增长 45.46%，产销率达到 98%，各项经济指标都有程度不同的进步，实现了扭亏为盈，全年利润总额 41 万元。

启示

帮助一个企业扭亏为盈要有良策。良策从哪里来？良策只有一个来源，那就是实践。

一个企业亏损，既有一般性的原因，又有其特殊的原因。只有通过实践，通过深入细致的调查研究，通过去粗取精，去伪存真，由此及彼，由表及里的分析，真正找出这个企业亏损的根本原因，认识问题的个性和共性，才能找出解决问题的良策。而要做到这一点，必须以唯物辩证法为指导，下功夫搜集足够多的信息，熟练应用统计方法，认真分析和研究，才能实现统计分析的目的。

资料来源：游士兵主编. 统计学. 武汉：武汉大学出版社，2001

案例中大量使用统计指数分析的方法，统计指数已成为经济分析中不可或缺的重要工具。希望同学们能通过本案例理解统计指数分析在社会经济生活中的意义，通过对这部分内容的学习，能够理解案例中各种统计指数的计算方法以及如何利用指数来解释社会经济现象。

【相关知识】

8.1　统计指数分析的意义

8.1.1　统计指数的概念

指数是统计指数的简称，是用来分析社会经济现象数量变动的相对数。指数起源于 18 世纪后半叶的欧洲，当时由于市场物价上涨，社会动荡不安，人们需要了解物价的变动程度，于是产生了最初的物价指数。

指数的概念有广义和狭义之分。

广义的指数泛指一切通过对比形式计算的相对数，即模块四中介绍的各类相对指标都属于广义的指数。

狭义的指数是一种特殊的相对数，是反映多种不能直接相加的复杂现象总体数量综合变动的动态相对数。例如，企业生产的产品总体，要综合反映其产量的变动，由于各种产品的性质不同，使用价值不同，计量单位不同，因此不能直接相加进行对比，这就需要使用专门的方法，即编制狭义的指数。狭义的指数也称为总指数。

指数的这两种含义，在实际工作中，都被广泛地应用。不过，在社会经济统计学中，指数理论主要是研究狭义指数的编制方法。

8.1.2 统计指数的作用

① 分析复杂现象总体的变动方向和程度。

从数量方面反映社会经济现象的变动，除了要了解个别产品产量、价格或成本等在不同时期的变动情况外，更有必要了解多种产品产量、价格或成本等方面的综合变动，了解其增减及增减的幅度，这正是编制总指数的主要作用。指数分析法的首要任务就在于对这些不同使用价值的多种产品的数量关系，由不能直接相加过渡到可以综合对比。

② 分析复杂现象总体中各因素变动对总体总量变动的影响方向和程度，即总量指标变动的因素分析。

例如，某生产企业今年的总成本比去年有所下降，那么是产品单位成本比去年下降了，还是产品的产量比去年下降了，或是一个上升，另一个下降？这些问题都可以借助指数因素分析法来解决。

③ 分析复杂现象平均水平变动中各因素变动对总平均水平的影响方向和程度，即平均指标变动的因素分析。

例如，要分析某企业生产工人的平均工资变动，熟练工人和新工人的平均工资水平、两类工人的人数结构都可能发生变化，都会影响到全厂生产工人总平均工资的变动。通过指数因素分析就可以分析两个影响因素对总平均工资的影响。

④ 分析复杂现象总体的长期变化趋势。

例如，表8-1是将2017年各月的居民消费价格指数编制成的指数数列，从中可以观察出居民消费价格在一年中的变动方向、变动程度和变动趋势，从而研究居民消费价格变动对人民生活水平的影响，为国家制定或调整价格政策提供依据。

表8-1　2017年居民消费价格指数（上月＝100%）

月份	1	2	3	4	5	6	7	8	9	10	11	12
指数%	101.0	99.8	99.7	100.1	99.9	99.8	100.1	100.4	100.5	100.1	100.0	100.3

资料来源：国家统计局网站

8.1.3 统计指数的种类

（1）按其反映对象范围的不同，指数分为个体指数、类指数和总指数

① 个体指数是反映单一现象总体（简单总体或同质总体）数量变动的相对数，通常用

小写字母 k 表示。例如：

产品产量的个体指数：$k_q = \dfrac{q_1}{q_0}$（q_1 为报告期产量，q_0 为基期产量）

产品价格的个体指数：$k_p = \dfrac{p_1}{p_0}$（p_1 为报告期价格，p_0 为基期价格）

产品单位成本的个体指数：$k_z = \dfrac{z_1}{z_0}$（z_1 为报告期单位成本，z_0 为基期单位成本）

② 总指数是反映复杂现象总体数量变动的相对数，通常用大写符号 K 表示。例如：产量总指数 K_q、价格总指数 K_p、单位成本总指数 K_z 等。

③ 类指数是介于个体指数和总指数之间，在分类的基础上，分别计算的各类事物在数量上变动的相对数，其性质等同于总指数。

★ **查资料：** 我国居民消费价格指数统计中，就包括各种类指数的统计，请同学们自己查阅相关资料。

（2）按指数化指标的性质不同，指数分为数量指标指数和质量指标指数

数量指标指数是反映数量指标变动的相对数，例如产量指数、销售量指数、职工人数指数等。

质量指标指数是反映质量指标变动的相对数，例如价格指数、单位成本指数、劳动生产率指数等。

★ **讨论：**（1）如何理解"指数化指标"这一概念？

　　　　（2）区分下列指数是数量指标指数还是质量指标指数，并尝试总结区分两种指数的方法。

　　职工平均工资指数　工资总额指数　工业总产值指数　原材料单耗指数　原材料购进价格指数

（3）按编制形式不同，指数可以分为综合指数和平均数指数

综合指数是通过引入同度量因素，将复杂现象总体中不同度量的量，转化为可以同度量的量，再进行加总对比得到的相对数，以综合反映所研究现象总体的变动方向和程度。综合指数是编制总指数的基本形式。

平均数指数是对个体指数进行加权平均计算得到的总指数，是编制总指数的另一种形式。

━━━━━ **能力训练** ━━━━━

一、判断题

1. 指数的实质是相对数，它能反映现象的变动和差异程度。　　　　　　（　　）

2. 总指数的编制形式有综合指数、平均数指数和平均指标指数。　　　　（　　）

3. 数量指标指数反映总体的总量，质量指标指数反映总体的相对或平均水平。（　　）

4. 只有总指数可以区分数量指标指数和质量指标指数，个体指数不能这样区分。

（　　）

二、单项选择题

1. 说明单项事物变动的指数，以下说法最确切的是（　　）。
　　A. 个体指数　　　　　　　　　　B. 总指数
　　C. 数量指标指数　　　　　　　　D. 质量指标指数

2. 狭义的指数是反映（　　）数量综合变动的动态相对数。
　　A. 同质总体　　　　　　　　　　B. 复杂总体
　　C. 有限总体　　　　　　　　　　D. 无限总体

3. 根据指数化指标的性质不同，指数可分为（　　）。
　　A. 个体指数和总指数　　　　　　B. 数量指标指数和质量指标指数
　　C. 综合指数和平均数指数　　　　D. 简单指数和加权指数

4. 总指数编制的两种形式是（　　）。
　　A. 个体指数和综合指数　　　　　B. 算术平均指数和调和平均指数
　　C. 综合指数和平均指数　　　　　D. 定基指数和环比指数

5. 某商店 2018 年 1 月份微波炉的销售价格是 500 元，6 月份的价格是 518 元，指数为 103.6%，该指数是（　　）。
　　A. 综合指数　　　　　　　　　　B. 平均指数
　　C. 总指数　　　　　　　　　　　D. 个体指数

三、多项选择题

1. 指数的作用包括（　　）。
　　A. 综合反映事物的变动方向　　　B. 利用指数可以进行因素分析
　　C. 综合反映事物的变动程度　　　D. 研究事物在长时间内的变动趋势
　　E. 反映社会经济现象的一般水平

2. 下列属于质量指标指数的有（　　）。
　　A. 商品零售价格指数　　　　　　B. 个体价格指数
　　C. 销售量总指数　　　　　　　　D. 销售总额指数
　　E. 平均指标指数

3. 报告期数值与基期数值之比可以称为（　　）。
　　A. 统计指数　　　　　　　　　　B. 发展速度
　　C. 动态相对指标　　　　　　　　D. 增长速度
　　E. 计划完成程度相对指标

8.2 综合指数的编制

8.2.1 编制思路

总量指标都可以分解为两个或两个以上因素的乘积，利用指数对现象分析时，这些因素可以归为两类：

① 指数化因素。即指数化指标，是指数所要研究的对象。

② 同度量因素。即指数化因素之外的其他因素。同度量因素不仅起着同度量作用，还起着一定的加权作用，因此同度量因素也称为权数。

[知识卡片] 综合指数的特点
① 先综合，后对比；   ② 同度量因素时期需固定；   ③ 需要全面数据资料。

编制思路：首先引入同度量因素，解决复杂总体在指标上不能直接综合的困难，使其可以计算出总体的综合总量；其次，将同度量因素时期固定，以消除同度量因素变动的影响；最后将两个时期的总量对比，其结果即为综合指数。

实际应用中，综合指数分为数量指标综合指数和质量指标综合指数。

8.2.2 数量指标综合指数的编制

数量指标综合指数是反映数量指标变动的综合指数。其编制公式为：

$$K_q = \frac{\sum q_1 p_0}{\sum q_0 p_0} \tag{8-1}$$

式中，K_q 表示数量指标综合指数；q 表示数量指标；p 表示质量指标；下标 1 和 0 分别表示报告期和基期。

需要注意的两点：

① 引入质量指标作为同度量因素；

② 同度量因素一般采用基期水平。

【例 8-1】 现以商品销售量总指数的编制为例来说明数量指标综合指数编制的方法。假设某商店销售的三种商品相关资料见表 8-2 所示。

表 8-2 三种商品销售量指数计算表

商品	计量单位	销售量		价格/元		销售额/元		
		5月	6月	5月	6月	5月	6月	假定
一	一	q_0	q_1	p_0	p_1	$p_0 q_0$	$p_1 q_1$	$p_0 q_1$
甲	米	8000	8800	10.0	12.0	80000	105600	88000
乙	件	2000	2500	8.0	9.0	16000	22500	20000
丙	台	10000	10500	6.0	6.5	60000	68250	63000
合计	一	一	一	一	一	156000	196350	171000

三种商品销售量的个体指数，依据公式 $k_q = \dfrac{q_1}{q_0}$，分别为：

$$k_{q甲} = \frac{8800}{8000} = 110\% ; \quad k_{q乙} = \frac{2500}{2000} = 125\% ; \quad k_{q丙} = \frac{10500}{10000} = 105\%$$

可见，三种商品的销售量都有所增长，但增长幅度不一，为综合反映三种商品销售量的变动，就需计算销售量总指数。如下：

$$K_q = \frac{\sum q_1 p_0}{\sum q_0 p_0} = \frac{171000}{156000} = 109.6\%$$

结果表明三种商品的销售量总体来讲增长了 9.6%。

综合指数不仅可以综合表明复杂总体变动的相对程度，而且还可以从绝对量上分析指数化指标变动所带来的绝对效果。例中，分子与分母之差，即可反映由于销售量的变动使得销售额变动的增减额。即

$$\sum p_0 q_1 - \sum p_0 q_0 = 171000 - 156000 = 15000 \ （元）$$

结果表明三种商品由于销售量的增加使销售额增加了 15000 元。

8.2.3　质量指标综合指数的编制

质量指标综合指数是反映质量指标变动的综合指数。其编制公式为：

$$K_p = \frac{\sum p_1 q_1}{\sum p_0 q_1} \tag{8-2}$$

式中，K_p 表示质量指标综合指数。

需要注意的两点：

① 引入数量指标作为同度量因素；

② 同度量因素一般采用报告期水平。

【例 8-2】　现以商品价格总指数的编制为例来说明质量指标综合指数编制的一般原则。本例仍采用例 8-1 中资料。

三种商品价格的个体指数，依据公式 $k_p = \dfrac{p_1}{p_0}$，分别为：

$$k_{p甲} = \frac{12.0}{10.0} = 120\% \ ; \ k_{p乙} = \frac{9.0}{8.0} = 112.5\% \ ; \ k_{p丙} = \frac{6.5}{6.0} = 108.3\%$$

可见，三种商品的价格都有所增长，但增长幅度不一，为综合反映三种商品价格的变动，就需计算价格总指数。如下：

$$K_p = \frac{\sum p_1 q_1}{\sum p_0 q_1} = \frac{196350}{171000} = 114.8\%$$

$$\sum p_1 q_1 - \sum p_0 q_1 = 196350 - 171000 = 25350 \ （元）$$

结果表明三种商品的价格总体来讲提高了 14.8%，由于商品价格的提高使得销售额增加了 25350 元。

在综合指数编制中，通常将同度量因素固定在基期的综合指数称为拉式指数，同度量因素固定在报告期的称为派氏指数。因此，数量指标综合指数也称为拉式数量指标指数，质量指标综合指数也称为派氏质量指标指数。

━━━━━━━━━ 能力训练 ━━━━━━━━━

一、判断题

1. 综合价格指数中，指数化指标是销售量，同度量因素是价格。　　　　　（　　　）

2. 质量指标指数是固定质量指标，只观察数量指标的综合变动。　　　　　（　　　）

3. 编制综合指数，可以使用非全面资料，所以也有代表性误差。　　　　　（　　　）

4. 数量指标作为同度量因素，时期一般固定在基期。　　　　　　　　　　（　　　）

5. 编制单位成本指数时，一般以基期的产量作为同度量因素较为合适。　　　（　　）

二、单项选择题

1. 正确编制综合指数，关键在于（　　　）。

  A. 确定对比基期　　　　　　　　　　B. 确定同度量因素

  C. 确定公式的形式　　　　　　　　　D. 确定数量指标和质量指标

2. 编制数量指标指数一般是采用（　　　）作同度量因素。

  A. 基期质量指标　　　　　　　　　　B. 报告期质量指标

  C. 基期数量指标　　　　　　　　　　D. 报告期数量指标

3. 编制质量指标指数一般是采用（　　　）作同度量因素。

  A. 基期质量指标　　　　　　　　　　B. 报告期质量指标

  C. 基期数量指标　　　　　　　　　　D. 报告期数量指标

4. 产量指数中的指数化指标是（　　　）。

  A. 产量　　　　　　　　　　　　　　B. 产值

  C. 价格　　　　　　　　　　　　　　D. 单位产品成本

三、多项选择题

1. 以下关于综合指数说法正确的是（　　　）。

  A. 由两个总量指标对比形成　　　　　B. 编制时需要全面资料

  C. 分子或分母中有一项假定指标　　　D. 固定同度量因素

  E. 固定指数化因素

2. 以下同度量因素的作用，表述正确的是（　　　）。

  A. 加权作用　　　　　　　　　　　　B. 媒介作用

  C. 同度量作用　　　　　　　　　　　D. 平衡作用

  E. 比较作用

3. 如果用综合指数的形式编制工业产品产量总指数，下列可以作为同度量因素的有（　　　）。

  A. 报告期价格　　　　　　　　　　　B. 基期价格

  C. 报告期单位成本　　　　　　　　　D. 基期单位成本

  E. 基期工人劳动生产率

4. 某企业为分析本厂生产的两种产品产量的变动情况，已计算出产量指数为112.5%，这一指数是（　　　）。

  A. 综合指数　　　　　　　　　　　　B. 总指数

  C. 个体指数　　　　　　　　　　　　D. 数量指标指数

  E. 质量指标指数

5. 若 p 表示商品价格，q 表示销售量，则公式 $\dfrac{\sum p_1 q_1}{\sum p_0 q_1}$ 表示的意义是（　　　）。

  A. 综合反映商品的销售价格的变动程度

  B. 综合反映商品价格和销售量的变动程度

  C. 综合反映商品销售额的变动程度

  D. 综合反映商品销售价格变动对销售额变动的影响程度

E. 综合反映商品销售量的变动程度

6. 若 p 表示商品价格，q 表示销售量，则公式 $\sum p_1 q_1 - \sum p_0 q_1$ 表示的意义是（   ）。

　　A. 综合反映销售额变动的绝对额

　　B. 综合反映价格变动和销售量变动的绝对额

　　C. 综合反映商品价格变动而增减的销售额

　　D. 综合反映由于价格变动而使消费者增减的货币支出额

　　E. 综合反映商品销售量变动的绝对额

四、综合分析题

某厂三种产品的出厂价格及产量情况如下表所示。

某厂三种产品出厂价格及产量资料

产品	计量单位	出厂价格/元		产量	
		基期	报告期	基期	报告期
A	件	8	8	13500	15000
B	个	10	11	11000	10200
C	千克	6	5	4000	4800

要求：分别计算出厂价格指数和产量指数，分析出厂价格和产量的变动对总产值的影响。

8.3　平均数指数的编制

8.3.1　编制思路

平均数指数是计算总指数的另一形式，它是以个体指数为基础，对若干个体指数进行加权平均而计算的总指数。

平均数指数的编制思路不同于综合指数。综合指数的编制是"先综合，后对比"，平均数指数的编制是"先对比，后平均"。所谓"先对比"，即通过对比计算出个体指数；"后平均"即将个体指数进行加权平均，得到总指数。

平均数指数的编制所需资料也不同于综合指数。综合指数编制需要全面资料，而平均数指数的编制既能使用全面资料，也能使用非全面资料。

编制平均数指数的关键，在于权数资料的选择。常见的权数资料有：基期的价值量指标 $p_0 q_0$、报告期的价值量指标 $p_1 q_1$ 和抽样资料。

8.3.2　加权算术平均数指数的编制

加权算术平均数指数是以数量指标的个体指数 k_q 为变量，以基期的价值量指标 $p_0 q_0$ 为权数，按加权算术平均的形式计算的总指数。它是数量指标综合指数的变形。

$$K_q = \frac{\sum p_0 q_1}{\sum p_0 q_0} = \frac{\sum \left(\dfrac{q_1}{q_0} \cdot p_0 q_0 \right)}{\sum p_0 q_0} = \frac{\sum (k_q \cdot p_0 q_0)}{\sum p_0 q_0} \tag{8-3}$$

【例 8-3】 已知三种商品基期、报告期的销售量及基期商品销售额资料，见表 8-3，计算销售量总指数。

表 8-3 三种商品销售量指数计算表

商品名称	计量单位	商品销售量		个体销售量指数 /%	5 月商品销售额/元	5 月销售额乘以个体指数/元
		5 月	6 月			
—	—	q_0	q_1	k_q	$p_0 q_0$	$k_q \cdot p_0 q_0$
甲	米	8000	8800	110.0	80000	88000
乙	件	2000	2500	125.0	16000	20000
丙	台	10000	10500	105.0	60000	63000
合计	—	—	—	—	156000	171000

商品销售量总指数为：

$$K_q = \frac{\sum k_q \cdot p_0 q_0}{\sum p_0 q_0} = \frac{171000}{156000} = 109.6\%$$

计算结果表明，三种商品销售量总的增长了 9.6%，由于销售量的增长而使销售额增加了 15000 元（171000 - 156000）。

8.3.3 加权调和平均数指数的编制

加权调和平均数指数是以质量指标的个体指数 k_p 为变量，以报告期的价值量指标 $p_1 q_1$ 为权数，按加权调和平均的形式计算的总指数。它是质量指标综合指数的变形。

$$K_p = \frac{\sum p_1 q_1}{\sum p_0 q_1} = \frac{\sum p_1 q_1}{\sum \frac{p_0}{p_1} \cdot p_1 q_1} = \frac{\sum p_1 q_1}{\sum \frac{1}{k_p} \cdot p_1 q_1} = \frac{\sum p_1 q_1}{\sum p_1 q_1 / k_p} \tag{8-4}$$

【例 8-4】 以表 8-4 资料为例，计算价格总指数。

表 8-4 三种商品价格指数计算表

商品名称	计量单位	商品价格/元		个体价格指数/%	6 月商品销售额/元	6 月销售额除以个体指数/元
		5 月	6 月			
—	—	p_0	p_1	k_p	$p_1 q_1$	$p_1 q_1 / k_p$
甲	米	10.0	12.0	120.0	105600	88000
乙	件	8.0	9.0	112.5	22500	20000
丙	台	6.0	6.5	108.3	68250	63019
合计	—	—	—	—	196350	171019

商品价格总指数：

$$K_p = \frac{\sum p_1 q_1}{\sum p_1 q_1 / k_p} = \frac{196350}{171019} = 114.8\%$$

计算结果表明，三种商品的价格总的来说 6 月比 5 月上涨了 14.8%，由于三种商品价格的上涨而使销售额增加 25331 元（196350 - 171019）。

8.3.4 固定权数平均数指数的编制

在指数的编制过程中，经常遇到无法掌握全面资料的情况，如我国居民消费价格指数、零售商品价格指数等的编制，也就无法利用上述方法来编制总指数，而必须寻找其他途径来获取权数资料。常用抽样调查的方式取得每项事物的价值量指标，以其价值量的比重 w 作为权数（权数一旦确定，一般会将权数固定下来使用 3 年），再以算术平均的方法编制总指数。其计算公式为：

$$K = \frac{\sum kw}{\sum w} \tag{8-5}$$

式中　k——个体指数；

　　　w——某一时期的比重权数。

能力训练

一、判断题

1. 平均数指数是个体指数的平均数，所以平均数指数是个体指数。　　　　　（　　）

2. 一般情况下，加权算术平均指数多用报告期总值资料加权，加权调和平均指数多用基期总值资料加权。　　　　　　　　　　　　　　　　　　　　　　　　　（　　）

3. 算术平均数指数是反映平均指标变动程度的相对数。　　　　　　　　　（　　）

4. 综合指数只能根据全面资料才能编制，平均数指数则更加灵活。　　　　（　　）

二、单项选择题

1. 平均数指数的计算基础是（　　　）。

 A. 数量指标指数　　　　　　　　　　B. 质量指标指数

 C. 综合指数　　　　　　　　　　　　D. 个体指数

2. 先对比后平均是编制（　　　）的基本思路。

 A. 个体指数　　　　　　　　　　　　B. 平均数指数

 C. 综合指数　　　　　　　　　　　　D. 总指数

3. 按照个体价格指数和报告期销售额资料计算的价格指数是（　　　）。

 A. 加权算术平均数指数　　　　　　　B. 加权调和平均数指数

 C. 平均指标指数　　　　　　　　　　D. 综合指数

4. 用平均数指数形式编制指数，要求（　　　）。

 A. 必须是全面资料　　　　　　　　　B. 必须是非全面资料

 C. 全面资料、非全面资料都可以　　　D. 对资料没有要求

5. 在掌握基期产值和各种产品产量个体指数资料的条件下，计算产量总指数要采用（　　　）。

 A. 综合指数　　　　　　　　　　　　B. 可变构成指数

 C. 加权算术平均数指数　　　　　　　D. 加权调和平均数指数

三、多项选择题

1. 以下关于加权算术平均数指数说法正确的有（　　　）。

 A. 是总指数　　　　　　　　　　　　B. 是综合指数

C. 是个体指数　　　　　　　　　　D. 是平均数指数

E. 是平均指标指数

2. 以下哪些说法是正确的（　　　　）。

A. 数量指标综合指数可变形为加权算术平均指数

B. 数量指标综合指数可变形为加权调和平均指数

C. 质量指标指数可变形为加权算术平均指数

D. 质量指标指数可变形为加权调和平均指数

E. 综合指数与平均指数没有变形关系

四、综合分析题

1. 某地区三种水果的销售情况如下表所示。

某地区三种水果销售资料

水果品种	本月销售额/万元	本月比上月价格增减/%
苹果	68	-10
草莓	12	12
橘子	50	2

要求：计算该地区三种水果的价格指数及由于价格变动对居民开支的影响。

2. 某厂生产情况如下表所示。

某厂产量及产值资料

产品	计量单位	产量		基期产值/万元
		基期	报告期	
甲	台	1000	920	650
乙	双	320	335	290

要求：计算该厂的产量总指数和因产量变动而增减的产值。

8.4　指数体系与因素分析法

8.4.1　指数体系

指数不仅可以反映现象总体在数量上的变动，而且还可以分析影响总体总量甚至平均水平变动的各因素在其中所起的作用，这就是因素分析。因素分析是要借助于指数体系来进行的。

现象间的联系，通常可以表达为一定的数量关系式，即指标体系。例如：

商品销售额 = 商品销售量 × 商品价格

总产值 = 产品产量 × 出厂价格

总成本 = 产量 × 单位成本

上述指标体系按指数形式表现时，乘积关系仍然成立，即：

商品销售额指数 = 商品销售量指数 × 商品价格指数

总产值指数 = 产品产量指数 × 出厂价格指数

总成本指数 = 产量指数 × 单位成本指数

在统计分析中，将上述这种由 3 个及以上在经济上具有一定联系，在数量上存在对等关系的指数所构成的整体，称为指数体系。

在上述指数体系中，等号左边的称为对象总指数，等号右边具有乘积关系的称为因素指数。

［知识卡片］ 指数体系的特点

① 具备三个或三个以上的指数；
② 各指数之间在数量上能相互推算；
③ 现象总变动差额等于各个因素变动差额之和。

8.4.2 因素分析的思路

因素分析是指在统计分析中，以指数体系为依据，测定现象总变动中，受各个影响因素变动影响的方向、程度和绝对数的方法。

① 根据现象间的经济关系确定分析对象指标和因素指标，建立指数体系。
② 计算被分析指标的总变动方向、程度和增减变动的绝对数。
③ 计算各影响因素的变动方向、程度以及对被分析指标影响的绝对数。
④ 对指数体系间的等量关系从绝对数、相对数两个方面进行综合说明。

8.4.3 总量指标的双因素分析

（1）复杂现象的双因素分析

【例 8-5】 根据表 8-5 中三种商品的资料计算销售额的变动，并对其进行分析。

表 8-5 三种商品销售额因素分析计算表

商品	计量单位	销售量		价格/元		销售额/元		
		5 月	6 月	5 月	6 月	5 月	6 月	假定
—	—	q_0	q_1	p_0	p_1	$p_0 q_0$	$p_1 q_1$	$p_0 q_1$
甲	米	8000	8800	10.0	12.0	80000	105600	88000
乙	件	2000	2500	8.0	9.0	16000	22500	20000
丙	台	10000	10500	6.0	6.5	60000	68250	63000
合计	—	—	—	—	—	156000	196350	171000

三种商品销售额的变动：

$$销售额指数 \ K_{pq} = \frac{\sum p_1 q_1}{\sum p_0 q_0} = \frac{196350}{156000} = 125.87\%$$

$$增加的销售额 \sum p_1 q_1 - \sum p_0 q_0 = 40350 （元）$$

其中：

① 销售量变动对销售额的影响：

$$销售量指数 \ K_{pq} = \frac{\sum p_0 q_1}{\sum p_0 q_0} = \frac{171000}{156000} = 109.62\%$$

$$增加的销售额 \sum p_0 q_1 - \sum p_0 q_0 = 15000 （元）$$

② 商品价格变动对销售额的影响：

$$价格指数\ K_p = \frac{\sum p_1 q_1}{\sum p_0 q_1} = \frac{196350}{171000} = 114.82\%$$

$$增加的销售额\ \sum p_1 q_1 - \sum p_0 q_1 = 25350（元）$$

③ 综合影响：

$$125.87\% = 109.62\% \times 114.82\%$$

$$40350\ 元 = 15000\ 元 + 25350\ 元$$

由以上分析可知：由于三种商品销售量提高 9.62%，使销售额增加 15000 元；由于三种商品价格上涨 14.82%，使销售额增加 25350 元。两个因素共同作用使得三种商品的销售额增长 25.87%，即 40350 元。

（2）简单现象的双因素分析

【例8-6】　以表8-6中资料为例对某企业职工工资总额及人数的变动进行分析。

表8-6　某企业职工工资及人数资料

指标	符号	2016 年	2017 年
工资总额/万元	E	4800	5460
职工人数/人	a	1000	1050
平均工资/（万元/人）	b	4.8	5.2

工资总额的变动：

$$工资总额指数\ k_E = \frac{E_1}{E_0} = \frac{5460}{4800} = 113.75\%$$

$$工资总额增加\ E_1 - E_0 = 5460 - 4800 = 660（万元）$$

其中：

① 职工人数变动对工资总额的影响：

$$职工人数指数\ k_a = \frac{a_1}{a_0} = \frac{1050}{1000} = 105\%$$

$$使工资总额增减\ (a_1 - a_0)b_0 = (1050 - 1000) \times 4.8 = 240（万元）$$

② 平均工资变动对工资总额的影响：

$$平均工资指数\ k_b = \frac{b_1}{b_0} = \frac{5.2}{4.8} = 108.33\%$$

$$使工资总额增减\ (b_1 - b_0)a_1 = (5.2 - 4.8) \times 1050 = 420（万元）$$

③ 综合影响：

$$113.4\% = 105\% \times 108\%$$

$$660\ 万元 = 240\ 万元 + 420\ 万元$$

由以上分析可知：由于职工人数增长 5%，使工资总额增加 240 万元；由于职工平均工资提高 8.33%，使工资总额增加 420 万元。两个因素共同作用使得工资总额增长 13.75%，即 660 万元。

8.4.4　总量指标的多因素分析

利用指数体系对总量指标的变动进行多因素分析，其分析原理和双因素分析基本相同，但是由于包含的因素较多，在分析时需注意以下问题：

（1）各因素要正确排序，因素分析时要严格按照排序顺序进行分析

一般顺序为：数量指标在前，质量指标在后，并保证相邻的指标相乘有意义。

例如：原材料费用总额 = 产品产量 × 原材料单位消耗量 × 原材料单价

产量是数量指标，因此排在第一位。原材料单位消耗量、原材料单价同属于质量指标，谁在前谁在后就要取决于相邻指标的乘积是否有经济意义。产品产量 × 原材料单位消耗量 = 原材料消耗总量，原材料单位消耗量 × 原材料单价 = 单位产品消耗的原材料价值，即原材料单位消耗量与前后两个指标相乘均有意义，因此排在第二位。

（2）使用连环替代原则逐项确定同度量因素

同双因素分析一样，在分析其中一个因素时，需要将其他因素作为同度量因素，将其时期固定。连环替代的具体方法是：

分析第一个因素时，其他因素固定在基期；分析第二个因素时，第一个因素固定在报告期，其他因素固定在基期；分析第三个因素时，前两个因素固定在报告期，其他因素固定在基期，以此类推。即在确定同度量因素时，将已经分析过的固定在报告期，没有分析过的就固定在基期，顺次逐项替代，逐项分析。

【例 8-7】 现举一复杂现象的三因素分析的例子，资料如表 8-7 所示。

表 8-7 某企业产品产量及原材料消耗资料

产品	单位	产品产量		原材料单耗/千克		原材料单价/元		$q_0m_0p_0$	$q_1m_0p_0$	$q_1m_1p_0$	$q_1m_1p_1$
—	—	q_0	q_1	m_0	m_1	p_0	p_1				
甲	吨	150	200	10	9.0	100	110	150000	200000	180000	198000
乙	件	500	600	2	1.8	20	24	20000	24000	21600	25920
丙	套	300	400	5	6.0	50	40	75000	100000	120000	96000
合计	—	—	—	—	—	—	—	245000	324000	321600	319920

表 8-7 中生产三种不同的产品，分别使用三种不同的原材料。原材料的计量单位与相应产品的计量单位相同。现要求分析产量、单位产品原材料消耗量（简称单耗）和单位原材料价格变动对原材料费用总额 $\sum qmp$ 的影响。

采用表中符号，进行上述分析应依据的指数体系及绝对量关系式如下：

$$\frac{\sum q_1m_1p_1}{\sum q_0m_0p_0} = \frac{\sum q_1m_0p_0}{\sum q_0m_0p_0} \times \frac{\sum q_1m_1p_0}{\sum q_1m_0p_0} \times \frac{\sum q_1m_1p_1}{\sum q_1m_1p_0}$$

$$\sum q_1m_1p_1 - \sum q_0m_0p_0 = \left(\sum q_1m_0p_0 - \sum q_0m_0p_0\right) + \left(\sum q_1m_1p_0 - \sum q_1m_0p_0\right) + \left(\sum q_1m_1p_1 - \sum q_1m_1p_0\right)$$

(8-6)

原材料费用总额变动：

原材料费用总额指数 $K_{qmp} = \dfrac{\sum q_1m_1p_1}{\sum q_0m_0p_0} = \dfrac{319920}{245000} = 130.58\%$

原材料费用增加 $\sum q_1m_1p_1 - \sum q_0m_0p_0 = 319920 - 245000 = 74920$（元）

其中：

① 产品产量变动对原材料费用总额的影响：

产品产量指数 $K_q = \dfrac{\sum q_1m_0p_0}{\sum q_0m_0p_0} = \dfrac{324000}{245000} = 132.24\%$

使原材料费用增加 $\sum q_1m_0p_0 - \sum q_0m_0p_0 = 324000 - 245000 = 79000$（元）

② 单位产品原材料消耗量变动对费用总额的影响：

$$单耗指数 K_m = \frac{\sum q_1 m_1 p_0}{\sum q_1 m_0 p_0} = \frac{321600}{324000} = 99.26\%$$

使原材料费用增加 $\sum q_1 m_1 p_0 - \sum q_1 m_0 p_0 = 321600 - 324000 = -2400$（元）

③ 原材料价格变动对费用总额的影响：

$$原材料价格指数 K_p = \frac{\sum q_1 m_1 p_1}{\sum q_1 m_1 p_0} = \frac{319920}{321600} = 99.48\%$$

使原材料费用增加 $\sum q_1 m_1 p_1 - \sum q_1 m_1 p_0 = 319920 - 321600 = -1680$（元）

④ 综合影响：

$$130.58\% = 132.24\% \times 99.26\% \times 99.48\%$$
$$74920 元 = 79000 元 + (-2400) 元 + (-1680) 元$$

从以上分析可知，由于产品产量增长 32.24%，使原材料费用增加 79000 元；由于原材料单耗降低 0.74%，节约原材料费用 2400 元；由于原材料价格降低 0.52%，节约原材料费用 1680 元，从而使得原材料费用增加 30.58%，即 74920 元。

★小训练：对于简单现象的多因素分析，其原理与复杂现象的分析原理完全相同，以上例中的一种商品为例进行多因素分析，依据的指数体系及绝对量的关系式如下：

$$\frac{q_1 m_1 p_1}{q_0 m_0 p_0} = \frac{q_1}{q_0} \times \frac{m_1}{m_0} \times \frac{p_1}{p_0}$$

$$q_1 m_1 p_1 - q_0 m_0 p_0 = (q_1 - q_0) m_0 p_0 + (m_1 - m_0) q_1 p_0 + (p_1 - p_0) q_1 p_1$$

请同学们自己尝试分析。

8.4.5　平均指标的双因素分析

在资料分组的情况下，平均指标 $\bar{x} = \frac{\sum xf}{\sum f} = \sum x \frac{f}{\sum f}$ 的变动受 x 和 f（或 $\frac{f}{\sum f}$）两个因素的影响，要分析平均指标的变动，也可以利用指数体系对上述两个影响因素进行因素分析。

对平均指标进行因素分析，关键在于建立正确的平均指标指数体系，其通用公式为：

可变构成指数 = 结构影响指数 × 固定构成指数

① 可变构成指数。反映总体平均水平的实际变动状况，即对象总指数。是报告期的总体平均指标与基期的总体平均指标之比。

$$\frac{\sum x_1 f_1}{\sum f_1} \bigg/ \frac{\sum x_0 f_0}{\sum f_0} 或 \left(\sum x_1 \frac{f_1}{\sum f_1} \right) \bigg/ \left(\sum x_0 \frac{f_0}{\sum f_0} \right)$$

② 结构影响指数。反映总体结构变动对总体平均指标变动的影响。是将各部分（组）水平固定在基期条件下计算的指数。

$$\frac{\sum x_0 f_1}{\sum f_1} \bigg/ \frac{\sum x_0 f_0}{\sum f_0} 或 \left(\sum x_0 \frac{f_1}{\sum f_1} \right) \bigg/ \left(\sum x_0 \frac{f_0}{\sum f_0} \right)$$

③ 固定构成指数。反映各部分（组）水平变动对总体平均指标变动的影响。是将总体构成（即各部分比重）固定在报告期计算的指数。

$$\frac{\sum x_1 f_1}{\sum f_1} \bigg/ \frac{\sum x_0 f_1}{\sum f_1} 或 \left(\sum x_1 \frac{f_1}{\sum f_1} \right) \bigg/ \left(\sum x_0 \frac{f_1}{\sum f_1} \right)$$

该指数体系按权数形式不同，可有不同的表现形式。

按绝对权数形式，其指数体系为：

$$\frac{\sum x_1 f_1}{\sum f_1} \Big/ \frac{\sum x_0 f_0}{\sum f_0} = \left(\frac{\sum x_0 f_1}{\sum f_1} \Big/ \frac{\sum x_0 f_0}{\sum f_0}\right) \times \left(\frac{\sum x_1 f_1}{\sum f_1} \Big/ \frac{\sum x_0 f_1}{\sum f_1}\right)$$

(8-7)

$$\frac{\sum x_1 f_1}{\sum f_1} - \frac{\sum x_0 f_0}{\sum f_0} = \left(\frac{\sum x_0 f_1}{\sum f_1} - \frac{\sum x_0 f_0}{\sum f_0}\right) + \left(\frac{\sum x_1 f_1}{\sum f_1} - \frac{\sum x_0 f_1}{\sum f_1}\right)$$

按相对权数形式，其指数体系为：

$$\frac{\sum x_1 \dfrac{f_1}{\sum f_1}}{\sum x_0 \dfrac{f_0}{\sum f_0}} = \frac{\sum x_0 \dfrac{f_1}{\sum f_1}}{\sum x_0 \dfrac{f_0}{\sum f_0}} \times \frac{\sum x_1 \dfrac{f_1}{\sum f_1}}{\sum x_0 \dfrac{f_1}{\sum f_1}}$$

(8-8)

$$\sum x_1 \frac{f_1}{\sum f_1} - \sum x_0 \frac{f_0}{\sum f_0} = \left(\sum x_0 \frac{f_1}{\sum f_1} - \sum x_0 \frac{f_0}{\sum f_0}\right) + \left(\sum x_1 \frac{f_1}{\sum f_1} - \sum x_0 \frac{f_1}{\sum f_1}\right)$$

令 $\bar{x}_n = \dfrac{\sum x_0 f_1}{\sum f_1} = \sum x_0 \dfrac{f_1}{\sum f_1}$，则平均指标变动因素分析的指数体系可用如下简明形式表明：

$$\frac{\bar{x}_1}{\bar{x}_0} = \frac{\bar{x}_n}{\bar{x}_0} \times \frac{\bar{x}_1}{\bar{x}_n}$$

$$\bar{x}_1 - \bar{x}_0 = (\bar{x}_n - \bar{x}_0) + (\bar{x}_1 - \bar{x}_n)$$

(8-9)

【例8-8】 某总厂所属两个分厂的某产品成本资料如表8-8所示。试分析总厂该产品平均单位成本变动受分厂成本水平及总厂产量结构变动的影响。

表8-8　某总厂及分厂产品产量及成本资料

分厂	单位成本/元		生产量/件		总成本/元		
	x_0	x_1	f_0	f_1	$x_0 f_0$	$x_1 f_1$	$x_0 f_1$
甲	10.0	9.0	300	1300	3000	11700	13000
乙	12.0	12.2	700	700	8400	8540	8400
总厂	—	—	1000	2000	11400	20240	21400

总厂平均单位成本：

$$\bar{x}_0 = \frac{\sum x_0 f_0}{\sum f_0} = \frac{11400}{1000} = 11.4 \text{（元）}$$

$$\bar{x}_1 = \frac{\sum x_1 f_1}{\sum f_1} = \frac{20240}{2000} = 10.12 \text{（元）}$$

$$\bar{x}_n = \frac{\sum x_0 f_1}{\sum f_1} = \frac{21240}{2000} = 10.7 \text{（元）}$$

总厂平均单位成本变动：

$$\text{可变构成指数} \frac{\bar{x}_1}{\bar{x}_0} = \frac{10.12}{11.4} = 88.8\%$$

$$\text{单位成本增减} \ \bar{x}_1 - \bar{x}_0 = 10.12 - 11.4 = -1.28 \text{（元）}$$

其中：

① 产量结构变动的影响：

$$\text{结构影响指数} \frac{\bar{x}_n}{\bar{x}_0} = \frac{10.7}{11.4} = 93.9\%$$

使总厂单位成本增减 $\overline{x}_n - \overline{x}_0 = 10.7 - 11.4 = -0.7$ （元）

② 两分厂单位成本变动的影响：

$$固定构成指数\frac{\overline{x}_1}{\overline{x}_n} = \frac{10.12}{10.7} = 94.6\%$$

使总厂单位成本增减 $\overline{x}_1 - \overline{x}_n = 10.12 - 10.7 = -0.58$ （元）

③ 综合影响：

$$88.8\% = 93.9\% \times 94.6\%$$
$$(-1.28)元 = (-0.7)元 + (-0.58)元$$

由以上分析可知，由于两个分厂单位成本综合下降 5.4%，使总厂单位成本下降 0.58 元；由于产量结构变化影响总厂单位成本下降 6.1%，降低额为 0.7 元。两者综合作用使总厂单位成本下降 11.2%，即每生产单位产品节约 1.28 元。

从上面例子可以看到可变构成指数的数值有可能超出部分指数的范围。该例中，总厂平均单位成本指数（可变构成指数）为 88.8%，其降幅（11.2%）比两分厂中最好的甲厂降幅（10%）还大。显然，原因在于总厂的产量结构在有利于总厂平均成本下降的方向上发生了较大的变化。甲厂成本水平低，下降幅度大，正好产量在总厂中所占的比重又是增加的，而且增得较多，由基期的 30% 增加到报告期的 65%。

能力训练

一、判断题

1. 因素分析是借助指数体系来分析社会经济现象变动的方法。　　　　　（　　）

2. 在平均数变动因素分析中，两个因素指数是固定构成指数和结构影响指数。（　　）

3. 若物价上涨 10%，则同样多的货币只能买到原来数量的 90%。　　　（　　）

4. 用于因素分析的指数体系，指数间不要求一定存在数量推算关系。　　（　　）

5. 在平均数变动因素分析中，可变构成指数是用以专门反映总体构成变化这一因素影响的指数。　　　　　　　　　　　　　　　　　　　　　　　　　　　　　（　　）

二、单项选择题

1. 编制统计指数，最主要的目的是（　　）。

　　A. 建立指数体系　　　　　　　　B. 进行因素分析

　　C. 反映复杂现象的综合变动　　　D. 研究事物发展变化的规律和趋势

2. 居民以相同的人民币在物价上涨后少购商品 15%，则物价指数为（　　）。

　　A. 17.6%　　　　　　　　　　　B. 85%

　　C. 115%　　　　　　　　　　　 D. 117.6%

3. 在由三个指数组成的指数体系中，两个因素指数的同度量因素通常（　　）。

　　A. 都固定在基期　　　　　　　　B. 一个固定在基期，一个固定在报告期

　　C. 都固定在报告期　　　　　　　D. 采用基期和报告期的平均数

4. 某商店报告期与基期相比，商品销售额增长 6.5%，商品销售量增长 6.5%，则商品价格（　　）。

A. 增长 13% B. 增长 6.5%

C. 增长 1% D. 不增不减

5. 单位产品成本报告期比基期下降 6%，产量增长 6%，则生产总费用（　　）。

A. 增加 B. 减少

C. 没有变化 D. 无法判断

6. 某公司三个企业生产同一种产品，由于各企业成本降低使公司平均成本降低 15%，由于各种产品产量的比重变化使公司平均成本提高 10%，则该公司平均成本报告期比基期降低（　　）。

A. 5.0% B. 6.5%

C. 22.7% D. 33.3%

三、多项选择题

1. 指数体系中（　　）。

A. 一个总值指数等于两个（或两个以上）因素指数的代数和

B. 一个总值指数等于两个（或两个以上）因素指数的乘积

C. 存在相对数之间的数量对等关系

D. 存在绝对变动额之间的数量对等关系

E. 各指数都是总指数

2. 某工业局所属企业报告期生产费用总额为 50 万元，比基期多 8 万元，单位成本报告期比基期上升 7%，以下说法正确的是（　　）。

A. 生产费用总额指数为 119.05%

B. 单位成本总指数为 107%

C. 产品产量总指数为 111.26%

D. 由于产量变动而增加的生产费用额为 4.73 万元

E. 由于单位成本变动而增加的生产费用总额为 3.27 万元

3. 平均数变动因素分析的指数体系中包括的指数有（　　）。

A. 可变构成指数 B. 固定构成指数

C. 结构影响指数 D. 算术平均指数

E. 调和平均指数

四、综合分析题

1. 某商场三种商品的销售量及销售价格资料如下表所示。

某商场商品销售资料

商品名称	计量单位	销售量		价格/元		销售额/元	
		5月	6月	5月	6月	5月	6月
甲	套	600	520	150	180		
乙	件	900	980	200	180		
丙	台	830	850	120	120		
合计							

要求：运用因素分析原理，分析该商场 6 月份商品销量及价格对销售额的影响。

2. 某企业生产两种产品，其产量及原材料消耗资料如下表所示。

某企业两种产品产量及原材料消耗资料

产品名称	计量单位	产量		原材料种类	计量单位	单位产品消耗		采购价格/元		原材料消耗总额/万元	
		5 月	6 月			5 月	6 月	5 月	6 月	5 月	6 月
甲	件	500	600	A	千克	100	90	15	14		
乙	台	600	400	B	千克	50	45	40	38		
合计											

要求：运用因素分析原理，分析该企业 6 月份产品产量、原材料单耗及原材料采购价格对原材料消耗总额的影响。

3. 某企业职工人数及月工资资料如下表所示。

某企业职工人数及月工资资料

工种	职工人数/人		月工资/元		工资总额/元	
	5 月	6 月	5 月	6 月	5 月	6 月
甲	40	50	1800	1900		
乙	50	60	2000	2100		
丙	80	80	2500	2600		
合计						

要求：（1）对该企业 6 月份的工资总额变动进行分析。
（2）对该企业 6 月份的平均工资变动进行分析。

【任务解析】

统计指数及因素分析方法在经济领域里已得到广泛的应用，是一种常用的分析方法。该方法既可用于自身变动的分析，还可用于对影响因素的分析。既适用于简单现象总体，又适用于复杂现象总体。本任务案例，关于汉水酒精厂利润滑坡的原因分析中，大量运用了统计指数及因素分析方法。

汉水酒精厂产品单一，因此，对销售收入变动、总成本变动的影响因素分析中，同学们可结合简单现象的双因素分析原理来理解。

在单位变动成本的分析中，因包含三个不同的具体项目，应参照复杂现象总体的双因素分析原理来理解。

除了统计指数和因素分析方法的大量应用，本案例中还大量运用了比较分析、动态分析的方法。希望同学们能结合之前几个学习模块中的相关知识来理解，争取弄懂每一个分析数据结果的来由。

此外，还希望同学们能通过本任务案例的研讨，学会企业诊断的一些方法及统计分析报告的写作。

◆◆ 知识图谱 ◆◆

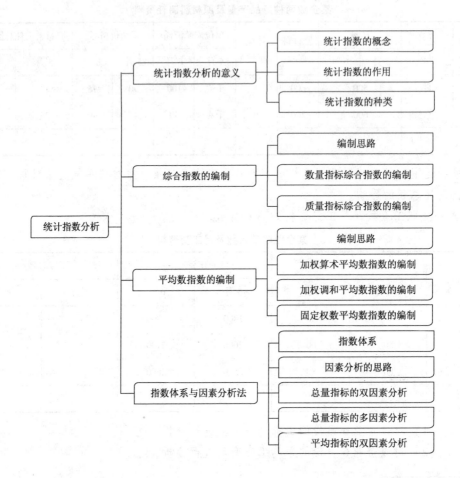

任务九 相关与回归分析

【学习目标】

◆ **知识目标**：理解相关与回归分析的意义；

　　　　　　了解相关分析与回归分析的概念及二者之间的关系；

　　　　　　掌握相关关系的测定方法；

　　　　　　掌握一元线性回归的方法。

◆ **能力目标**：熟练运用 Excel 绘制相关图，计算相关系数；

　　　　　　熟练运用一元线性回归模型对经济现象进行回归和预测；

　　　　　　熟练运用 Excel 进行一元线性回归分析。

✎ 【统计名言】

"知其然"而有工作，"知其所以然"而成为老板。——丹尼·里维奇（Diane Ravitch）

❖ 【任务描述】

广告投入作为一项无形资产投资，对于企业提高其产品知名度，扩大产品销售，建立企业品牌资产，树立企业正面形象，乃至提升企业价值等方面，都发挥着举足轻重的作用。那么，企业广告投入的实际效果如何？伴随着广告业的发展与日益增加的广告投入，这一问题迅速成为人们关注的焦点并构成企业广告投入研究的一个恒定不变的主题。

某调研公司为考察广告投入对企业销售额的影响，随机选择15家公司，了解他们在过去的一年中用于广告宣传方面的投入（万元）和销售额（万元）方面的相关数据，整理如下：

公司编号： 1 2 3 4 5 6 7 8 9 10 11 12 13 14 15

月均广告费： 17 18 22 18 15 25 19 16 20 23 30 22 20 28 23

月均销售额： 380 390 470 400 320 570 420 360 480 500 620 460 430
　　　　　　 600 480

从这15家公司的数据来看，广告费投入和销售额之间有没有必要的联系？如果有，那么二者的关系如何？你认为该调研公司接下来该如何分析这些数据？希望同学们通过对本模块任务相关知识的学习，能帮助调研公司完成接下来的数据分析工作。

📖 【相关知识】

9.1 相关分析

9.1.1 函数关系和相关关系

社会经济生活中的许多现象都是相互依存、相互联系、相互制约的，如商品的价格与需求量、广告投入和商品销售量、人的身高和体重、圆的半径与周长等，它们之间的联系可以通过一定的数量关系反映出来。现象间的数量关系，往往表现为两种不同的类型：函数关系和相关关系。

（1）函数关系

函数关系是指现象之间存在着严格的依存关系。即一个变量的数值完全由另一个（或一组）变量的数值所确定，通常可以用公式确切地表示出来。函数关系在自然科学领域（如数学、物理学、天文学等）经常遇到，在社会经济领域中也存在。

（2）相关关系

相关关系是指现象之间客观存在的，但数量关系不确定的依存关系。即当一个现象发生数量上的变化时，另一现象也会发生变化，但变化结果不确定，现象间的关系不能用数学公式准确地表达出来。

★**思考：** 区分下列现象间的关系是函数关系还是相关关系

A. 商品价格和需求量 　　　　　B. 广告费投入和商品销售量

C. 人的身高和体重 　　　　　　D. 施肥量和农作物的产量

E. 学习投入的时间和考试成绩 　F. 劳动生产率和产品单位成本

G. 圆的周长和半径 　　　　　　H. 商品的销售额与销售量和价格

函数关系有：

相关关系有：

相关关系具有如下两个特点：

① 现象之间确实存在着数量上的依存关系。如果一个现象发生数量上的变化，则另一个现象也会相应地发生数量上的变化。例如增加广告费支出，一般商品的销售量就会增加。

在互相依存的两个变量中，往往把作为影响因素的变量称为自变量（原因变量），把发生对应变化的变量称为因变量（结果变量）。在广告费和销售量的关系中，广告费是自变量，销售量是因变量。

② 现象之间数量上的关系不是确定的。例如，同样身高为 1.7 米的人，其体重有许多个值；体重为 60 千克的人，其身高也有许多个值。身高与体重之间没有完全严格确定的数量关系存在。再如产品单位成本和劳动生产率的变动之间存在着一定的依存关系，但是除了劳动生产率的变动以外，还会受到材料消耗、设备折旧、能源耗用以及管理费用等诸因素变动的影响。

函数关系与相关关系虽然是两种不同类型的依存关系，但它们之间并无严格的界限，由于有测量误差等原因，确定性关系在实际中往往通过相关关系表现出来；反之，当人们对事物的内部规律了解得更深刻的时候，相关关系又可能转化为函数关系或借助函数关系进行近似的描述和分析。

9.1.2 相关关系的类型

（1）根据自变量的多少，分为单相关和复相关

单相关：因变量的变化只受一个自变量的影响，即只分析两个变量间的关系。

复相关：因变量的变化同时受两个或两个以上自变量的影响，即分析三个或三个以上变量间的关系。

（2）根据相关的形态，分为线性相关和非线性相关

线性相关：也称直线相关。当一个变量变动时，另一个变量也相应地发生大致均等的变动。从图形上看，观察点的分布近似表现为一条直线。

非线性相关：也称曲线相关。当一个变量变动时，另一个变量也相应地发生变动，但这种变动是不均等的。从图形上看，观察点的分布近似地表现为一条曲线，如抛物线、指数曲线等。

（3）根据相关的方向，分为正相关和负相关

正相关：两个变量之间的变化方向一致，都是增长趋势或下降趋势。

负相关：两个变量变化趋势相反，一个下降而另一个上升，或一个上升而另一个下降。

（4）根据相关的程度，分为完全相关、不完全相关和完全不相关

完全相关：一个变量的数值变化完全取决于另一个变量的数值变化。完全相关实际上是函数关系。因此，可以理解成函数关系是相关关系的一种特殊情况。

完全不相关：变量之间彼此互不影响，数量变化各自独立。

不完全相关：变量之间的关系介于完全不相关和完全相关之间。大多数相关关系属于不完全相关，不完全相关正是统计中相关分析的主要研究对象。图 9-1 是几种主要的相关关系类型图。

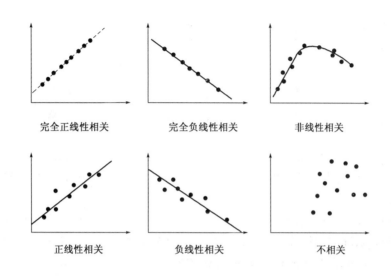

图 9-1　相关关系类型图

9.1.3　相关分析的内容

对现象之间相关关系的研究，就是相关分析。相关分析的内容，大致可以归纳为以下几点：

① 确定现象之间有无依存关系。判断现象间是否存在依存关系是相关分析的起点。只有现象间存在依存关系，才有必要进行相关分析。

② 确定相关关系的表现形式。判明了现象相互关系的具体表现形式，才能运用相应的相关分析方法去解决。如果把曲线相关误认为是直线相关，按直线相关来分析，便会导致错误的结论。

③ 判定相关关系的密切程度和方向。现象之间的相关关系是一种不严格的数量关系，相关分析就是要从这种松散的数量关系中，判定其相关关系的密切程度和方向。

9.1.4　相关关系的测定方法

相关关系的测定，主要借助编制相关表、绘制相关图和计算相关系数三种方法。

（1）相关表

将现象之间的相关关系，用表格来反映，即为相关表。相关表的编制，通常是根据现象之间的原始资料，将自变量按从小到大的顺序排列，并将因变量的值与之一一对应排列所形成。通过相关表可以初步看出相关关系的形式、密切程度和相关方向。表 9-1 即为某地工业局所属企业某年生产性固定资产价值与工业总产值的相关表。

表9-1　企业生产性固定资产价值与工业总产值相关表　　　　单位：百万元

企业编号	生产性固定资产价值 x	工业总产值 y
1	3	15
2	3	20
3	5	25
4	6	25
5	6	30
6	7	30
7	8	29
8	9	36
9	9	37
10	10	40

从上表可以粗略看出，随着生产性固定资产增多，工业总产值有增加的趋势。

（2）相关图

在坐标图上，以横轴表示自变量，纵轴表示因变量，标出每对变量值的坐标点（散布点），表示其分布状况的图形即为相关图。相关图又称为散点图、散布图。通过相关图，可以大致看出两个变量之间有无相关关系及相关的形态、方向和密切程度。图9-2 即依据表9-1资料绘制的相关图。

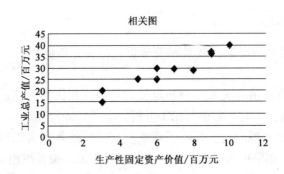

图9-2　相关图

① 强正相关。当变量 x 的数值增大时，变量 y 的数值也明显增大，相关点的分布集中呈直线形状。

② 弱正相关，当变量 x 的值增大时，变量 y 的值也增大，但其相关点的分布比较分散。

③ 强负相关。若变量 x 的数值增大时，变量 y 的数值显著减小，相关点的分布集中呈直线状。

④ 弱负相关。若变量 x 的数值增大时，变量 y 的数值趋于下降，但相关点的分布较松散。

⑤ 非线性相关（曲线相关）。当变量 x 的数值增大时，各相关点的分布呈曲线状。

⑥ 不相关。在图像上各相关点很分散，它说明变量 x 和变量 y 没有相关关系。

以上几种相关关系的相关图见图9-3。

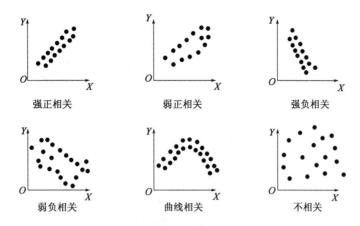

图9-3　几种主要的相关图

（3）相关系数

① 相关系数的概念与取值。相关系数是直线相关条件下，说明两个现象之间相关关系密切程度的统计分析指标。通常用 r 表示。相关系数比相关表、相关图更能概括表现线性相关的密切程度。

相关系数的取值范围，是在 -1 和 $+1$ 之间，即 $-1 \leqslant r \leqslant 1$；

$r > 0$ 为正相关，$r < 0$ 为负相关；

r 越接近于 $+1$ 或 -1，表示线性相关关系越强；

r 越接近于 0，表示线性相关关系越弱；

$r = 1$ 或 -1，则表示两个现象完全直线相关；

$r = 0$，则表示两个现象完全线性不相关。

需要注意的是，r 只表示 x 与 y 的直线相关密切程度，当 $|r|$ 很小甚至等于 0 时，并不一定表示 x 与 y 之间就不存在其他非直线类型的关系。

[知识卡片] 判断相关关系密切程度的标准	
$|r| < 0.3$	无线性相关
$0.3 \leqslant |r| < 0.5$	低度线性相关
$0.5 \leqslant |r| < 0.8$	显著线性相关
$|r| \geqslant 0.8$	高度线性相关

② 相关系数的计算。相关系数的计算公式有多种形式，其中最为常用的有积差法公式和简捷法公式。

积差法公式：

$$r = \frac{\sum (x - \bar{x})(y - \bar{y})}{\sqrt{\sum (x - \bar{x})^2 \sum (y - \bar{y})^2}} \tag{9-1}$$

式中，$\bar{x}$ 表示 x 数列的算术平均数；$\bar{y}$ 表示 y 数列的算术平均数。

该公式还可以变形为下面两种形式：

$$r = \frac{\sigma_{xy}^2}{\sigma_x \sigma_y}$$ (9-2)

式中，$\sigma_{xy}^2 = \dfrac{\sum (x - \bar{x})(y - \bar{y})}{n}$ 称为协方差；σ_x 为 x 数列的标准差；σ_y 为 y 数列的标准差。

$$r = \frac{\sum (x - \bar{x})(y - \bar{y})}{n \sigma_x \sigma_y}$$ (9-3)

简捷法公式：

$$r = \frac{n \sum xy - \sum x \sum y}{\sqrt{n \sum x^2 - (\sum x)^2} \cdot \sqrt{n \sum y^2 - (\sum y)^2}}$$ (9-4)

积差法公式中，当 $\bar{x}$、$\bar{y}$ 为除不尽的小数时，计算既麻烦又影响其准确性。因此在实际问题中，如果根据原始变量的数值计算相关系数，使用简捷法公式可有效地减少计算带来的误差。

【例9-1】 表9-2 是 10 家百货商店每人月平均销售额和利润率的资料，试用简捷法公式计算相关系数。

表9-2 商店人均销售额和利润率相关系数计算表

人均销售额（x）/千元	利润率（y）/%	x^2	y^2	xy
25	13.2	625	174.24	330.0
22	11.5	484	132.25	253.0
35	18.5	1225	342.25	647.5
10	5.6	100	31.36	56.0
15	9.7	225	94.09	145.5
30	16.3	900	265.69	489.0
12	7.8	144	60.84	93.6
13	7.8	169	60.84	101.4
9	6.6	81	43.56	59.4
29	16.5	841	272.25	478.5
200	113.5	4794	1477.37	2653.9

$$r = \frac{n \sum xy - \sum x \sum y}{\sqrt{n \sum x^2 - (\sum x)^2} \cdot \sqrt{n \sum y^2 - (\sum y)^2}}$$

$$= \frac{10 \times 2653.9 - 200 \times 113.5}{\sqrt{10 \times 4794 - 200^2} \cdot \sqrt{10 \times 1477.37 - 113.5^2}}$$

$$= 0.991$$

计算结果表明利润率和人均销售额之间存在高度的线性正相关关系。

③利用 Excel 计算相关系数。利用 Excel 计算相关系数有两种方法，一是函数 CORREL，见图9-4、图9-5；二是利用数据分析工具"相关系数"，见图9-6、图9-7、图9-8。

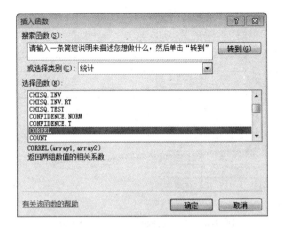

图 9-4 插入 CORREL 函数

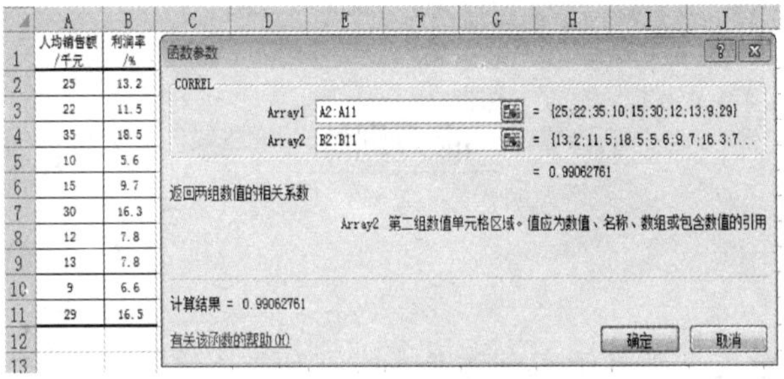

图 9-5 设置函数参数

图 9-6 选择分析工具"相关系数"

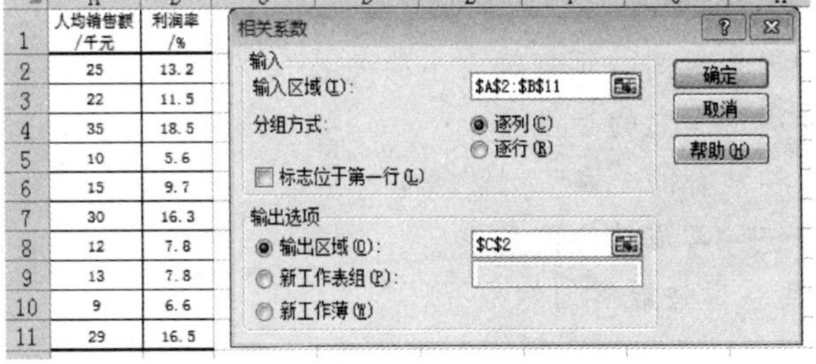

图 9-7 相关系数对话框

	A	B	C	D	E
1	人均销售额/千元	利润率/%			
2	25	13.2		列1	列2
3	22	11.5	列1	1	
4	35	18.5	列2	0.990628	1
5	10	5.6			
6	15	9.7			
7	30	16.3			
8	12	7.8			
9	13	7.8			
10	9	6.6			
11	29	16.5			

图 9-8 相关系数计算结果 (0.991)

★ **小训练:** 请同学们依据表 9-1 的资料自己尝试相关系数的计算,并对结果作出说明。

能力训练

一、判断题

1. 相关关系和函数关系都属于完全确定性的依存关系。   (   )
2. 如果两个变量的变动方向一致,同时呈上升或下降趋势,则二者是正相关关系。
                                              (   )
3. 假定变量 x 与 y 的相关系数是 0.8,变量 m 与 n 的相关系数为 -0.9,则 x 与 y 的相关密切程度高。   (   )
4. 当直线相关系数 $r=0$ 时,说明变量之间不存在任何相关关系。   (   )
5. 相关系数 r 有正负、有大小,因而它反映的是两现象之间具体的数量变动关系。
                                              (   )
6. 工人技术水平提高,使得劳动生产率提高。这种关系是不完全的正相关关系。
                                              (   )

二、单项选择题

1. 下面属于函数关系的是 (   )。
   A. 销售人员的工作时间与销售额大小的关系
   B. 圆周的长度决定于它的半径
   C. 家庭的收入和消费的关系
   D. 数学成绩与统计学成绩的关系
2. 以下关于相关关系说法最确切的是 (   )。
   A. 确定关系   B. 不确定关系
   C. 数量关系   D. 不确定的数量上的依存关系
3. 相关分析是研究 (   )。

A. 变量之间的数量关系   B. 变量之间相互关系的密切程度

C. 变量之间的变动关系   D. 变量之间的因果关系

4. 测定变量之间线性相关密切程度的代表性指标是（　　　）。

    A. 估计标准误差   B. 两个变量的协方差

    C. 相关系数   D. 回归系数

5. 相关系数 r 的取值范围（　　　）。

    A. $-1 \leqslant r \leqslant 1$ B. $-\infty < r \leqslant 1$

    C. $-1 < r < 1$ D. $0 \leqslant r \leqslant 1$

6. 若要证明两变量之间线性相关程度是高的，则计算出的相关系数应接近于（　　　）。

    A. $+1$ B. 0.5

    C. 0 D. ± 1

7. 下列关系中，属于正相关关系的有（　　　）。

    A. 合理限度内，施肥量和平均单产量之间的关系

    B. 产品产量与单位产品成本之间的关系

    C. 商品的流通费用与销售利润之间的关系

    D. 流通费用率与商品销售量之间的关系

8. 下列现象的相关密切程度最高的是（　　　）。

    A. 某商店的职工人数与商品销售额之间的相关系数 0.87

    B. 流通费用水平与利润率之间的相关关系为 -0.94

    C. 商品销售额与利润率之间的相关系数为 0.51

    D. 商品销售额与流通费用水平的相关系数为 -0.81

三、多项选择题

1. 下列哪些现象之间的关系为相关关系（　　　）。

    A. 家庭收入与消费支出   B. 圆的面积与半径

    C. 广告支出与商品销售额   D. 单位产品成本与利润

    E. 在价格固定情况下，销售量与商品销售额

2. 测定直线相关关系的方法有（　　　）。

    A. 编制相关表   B. 编制变量数列

    C. 计算相关系数   D. 绘制相关图

    E. 计算回归系数

3. 相关系数表明两个变量之间的（　　　）。

    A. 线性关系   B. 因果关系

    C. 变异程度   D. 相关方向

    E. 相关的密切程度

4. 关于相关系数，以下说法正确的有（　　　）。

    A. 两个变量都是随机的   B. 两个变量是对等关系

    C. 相关系数的正负号表明相关方向   D. 必须区分自变量和因变量

    E. 可能计算两个相关系数

9.2 一元线性回归分析

9.2.1 回归分析的概念

通过相关分析，可以判断现象间是否存在相关关系以及相关的密切程度和方向，但它并不能说明变量间的数量变动关系。因此要进一步明确变量间的数学关系，并进行合理预测，这就需要借助回归分析建立回归方程来完成。

回归分析是指对具有相关关系的现象，根据其变量之间的数量变化规律，选择合适的数学模型（称为回归方程式），近似地表示变量间的平均变化关系，并进行估算和预测的一种统计分析方法。

9.2.2 回归分析与相关分析的区别与联系

回归分析与相关分析是研究现象间相互联系的两种统计方法，既有区别又有联系。

（1）区别

① 相关分析所研究的变量是对等关系；回归分析所研究的变量不是对等关系，必须根据研究目的，先确定其中哪个是自变量，哪个是因变量。

② 对两个变量 x 和 y 来说，相关分析只能计算出一个相关系数；回归分析有时可以根据研究目的不同分别建立两个不同的回归方程。以 x 为自变量，y 为因变量，可以得出 y 对 x 的回归方程；以 y 为自变量，x 为因变量，可得出 x 对 y 的回归方程。

③ 相关分析要求两个变量都必须是随机变量；而回归分析要求自变量是可以控制的变量（给定的变量），因变量是随机变量。

（2）联系

① 相关分析是回归分析的基础和前提。如果缺少相关分析，没有说明现象间是否具有相关关系，没有对相关关系的密切程度作出判断，就不能进行回归分析，即便进行了回归分析，也会影响回归分析的可靠性。

② 回归分析是相关分析的深入和继续。仅仅说明现象间具有密切的相关关系是不够的，只有进行了回归分析，拟合了回归方程，才可能进行有关分析的回归预测，相关分析才有实际意义。

9.2.3 回归分析的内容

（1）判断现象之间有无相关关系、相关的形态及密切程度

通过编制相关表、绘制相关图、计算相关系数等，判断现象之间有无相关关系，是直线相关还是曲线相关，相关的密切程度如何，为回归分析提供依据。

（2）建立回归方程

根据现象间相关的形态，拟合回归方程。如果现象之间是直线相关，则建立直线方程；如果现象之间是曲线相关，则建立相应的曲线方程。回归方程是进行回归预测和推算的依据。

（3）根据回归方程进行估计和预测

回归方程揭示了现象间的变化关系，即自变量变化时，因变量一般会发生多大的变化。

假定现象在未来一段时间仍以回归方程显示的规律发展变化，给出自变量的数值，代入回归方程，就可以推测出因变量的结果。

（4）测定回归方程的代表性

将因变量的估计值与实际值对比，误差越大，说明回归方程式的代表性越小，估计的准确性越低；反之，说明回归方程式的代表性越大，估计的准确性越高。通常用估计标准误差来衡量回归方程的代表性或因变量估计值的准确程度。

9.2.4 一元线性回归分析

回归分析按照自变量的个数多少，分为一元回归和多元回归。一元回归只有一个自变量；多元回归有两个或两个以上的自变量。

回归分析按回归方程在坐标图中的形态不同，又分为线性回归与非线性回归。在坐标图中呈直线的为线性回归；呈曲线的为非线性回归或称曲线回归。

一元线性回归是回归分析中应用最广泛的形式，社会经济现象中的很多事物之间的关系比较接近于线性模型，且一元线性回归分析又是一般回归分析的基础，多元回归分析或非线性回归分析都是在一元线性回归分析的理论基础上发展起来的，因此，本书着重介绍一元线性回归分析的方法。

（1）一元线性回归分析应具备的条件

① 现象间确实存在数量上的相互依存关系。

② 现象间的关系是直线关系。

③ 具备一组自变量与因变量的对应资料。

（2）建立一元线性回归模型

一元线性回归模型的一般形式是：

$$\hat{y} = a + bx$$

式中 $\hat{y}$——因变量 y 的估计值，即根据回归方程推算的因变量的理论值；

x——自变量；

a——直线在 y 轴上的截距；

b——直线斜率，也称为回归系数，表明 x 每变动一个单位时，因变量 y 的平均变动值。

a、b 为确定一元线性回归模型的两个待定参数，可以通过数学中的最小二乘法求得，其计算公式为：

$$\begin{cases} b = \dfrac{n \sum xy - (\sum x)(\sum y)}{n \sum x^2 - (\sum x)^2} \\ a = \dfrac{\sum y}{n} - b \cdot \dfrac{\sum x}{n} = \bar{y} - b\,\bar{x} \end{cases} \tag{9-5}$$

【例9-2】 现根据表9-3生产性固定资产价值与工业总产值资料，说明其求解过程。

表9-3 回归直线模型待定参数计算表   单位：百万元

企业编号	生产性固定资产价值 x	工业总产值 y	x^2	xy	$\hat{y}$
1	3	15	9	45	17.7941
2	3	20	9	60	17.7941
3	5	25	25	125	23.8529
4	6	25	36	150	26.8824

续表

企业编号	生产性固定资产价值 x	工业总产值 y	x^2	xy	$\hat{y}$
5	6	30	36	180	26.8824
6	7	30	49	210	29.9118
7	8	29	64	232	32.9412
8	9	36	81	324	35.9706
9	9	37	81	333	35.9706
10	10	40	100	400	39.0000
合计	66	287	490	2059	287.0000

第一步，根据资料绘制相关图，观察两个变量间的相关形态、密切程度，并拟合恰当的回归模型。相关图如图9-2。

从图9-2可以看出，生产性固定资产价值与工业总产值存在着比较紧密的线性相关关系，因此可以拟合直线回归模型 $\hat{y} = a + bx$。

第二步，计算待定参数 a 和 b。

根据表9-3中合计栏求出公式中所需要的数据：

$$n = 10, \quad \sum x = 66, \quad (\sum x)^2 = 4356, \quad \sum x^2 = 490$$
$$\sum y = 287, \quad \sum xy = 2059$$

将上述资料代入公式，求解 a 和 b 的数值：

$$b = \frac{10 \times 2059 - 66 \times 287}{10 \times 490 - 4356} = 3.0294$$

$$a = \frac{287}{10} - 3.0294 \times \frac{66}{10} = 8.706$$

第三步，将 a 和 b 的数值代入公式，得出工业总产值对生产性固定资产的回归直线方程：

$$\hat{y} = 8.706 + 3.0294x$$

式中，$a = 8.706$，是回归直线在 y 轴上的截距；$b = 3.0294$，表示生产性固定资产每增加一个单位（百万元），工业总产值平均增加 3.0294 个单位（百万元）。

回归直线模型确定后，将各企业的生产性固定资产价值依次代入模型，即可求得各企业工业总产值的理论值，填入表9-3 $\hat{y}$ 栏。如：

企业1：$\hat{y} = 8.706 + 3.029 \times 3 = 17.7941$（百万元）
企业10：$\hat{y} = 8.706 + 3.029 \times 10 = 39.0000$（百万元）

利用回归直线模型可以进行预测。如某企业下一年生产性固定资产计划为 4 百万元，在其他条件相对稳定时，可以预测其工业总产值为：

$$\hat{y} = 8.706 + 3.029 \times 4 = 20.8236 \text{（百万元）}$$

（3）估计标准误差

估计标准误差 S_y 是用来说明回归方程代表性大小的统计分析指标。可简称为估计标准差或估计标准误，其计算原理与标准差基本相同。估计标准误差说明理论值（回归线）的代表性。若估计标准误差小，表明回归方程准确性高，代表性大；反之，估计不够准确，代表性小。

$$S_y = \sqrt{\frac{\sum (y - \hat{y})^2}{n - 2}} = \sqrt{\frac{\sum y^2 - a \sum y - b \sum xy}{n - 2}} \tag{9-6}$$

【例9-3】 现根据表9-3生产性固定资产价值与工业总产值资料计算估计标准误差。由资料计算得 $\sum y^2 = 8781$，将相关数据代入公式

$$S_y = \sqrt{\frac{\sum y^2 - a\sum y - b\sum xy}{n-2}} = \sqrt{\frac{8781 - 8.706 \times 287 - 3.0294 \times 2059}{10-2}} = 2.368 \text{（百万元）}$$

计算结果表明，工业总产值的实际值与估计值的平均离差为2.368百万元。

利用Excel进行一元线性回归分析，介绍两种最常用的方法。

一是使用"回归"分析工具。步骤如图9-9至图9-11所示。

图9-9 选择"回归"分析工具

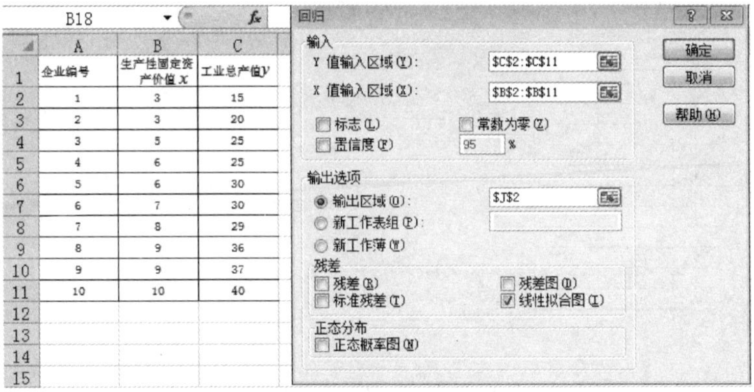

图9-10 设置回归对话框

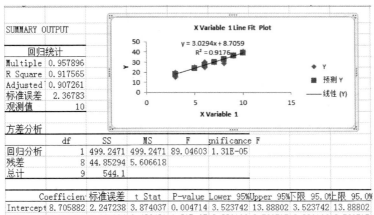

图9-11 回归计算结果

第一步，将表9-3资料输入到 Excel 工作表中，并按生产性固定资产价值排序。

第二步：打开"回归"对话框，在 Y 值输入区域输入"＄C＄2：＄C＄11"，在 X 值输入区域输入"＄B＄2：＄B＄11"。在输出选项中选择"新工作组表"单击"确定"得出输出结果。

在上面的输出结果中，包括三部分内容：回归统计、方差分析、回归系数表。

第一部分回归统计中的 Multiple R 0.957896 即相关系数；标准误差 2.36783 即估计标准误差；观测值 10 即观测项数。

第二部分回归系数表中的 Intercept 8.705882 即截距；X Variable1 3.029412 即回归系数 b。因此，回归方程为：

$$\hat{y} = 8.706 + 3.0294x$$

其中以生产性固定资产价值为自变量，工业总产值为因变量。说明生产性固定资产价值每增加1个单位，工业总产值增加0.896个单位。

二是利用 INTERCEPT 函数和 SLOPE 函数计算回归参数 a 和 b，如图9-12、图9-13所示。

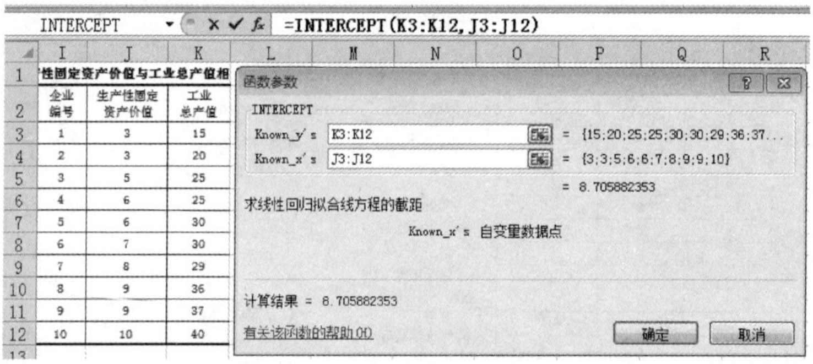

图9-12　INTERCEPT 函数计算截距

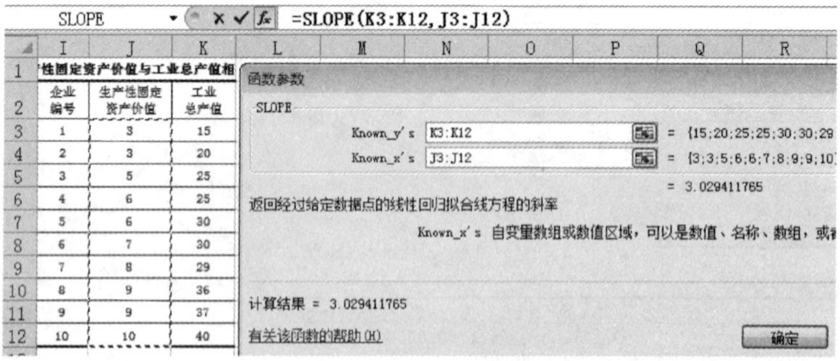

图9-13　SLOPE 函数计算斜率

★ **小训练：** 请同学们依表9-1中资料练习一元线性回归分析的方法和步骤。

能力训练

一、判断题

1. 回归系数和相关系数都可以判断现象之间相关关系的密切程度。　　　　（　　）

2. 可以用回归系数来判断现象之间的相关方向。　　　　　　　　　　　　（　　）

3. 回归系数 b 的符号与相关系数 r 的符号，可以相同也可以不相同。　　（　　）

4. 在直线回归分析中，两个变量是对等的，不需要区分因变量和自变量。（　　）

5. 相关系数越大，则估计标准误差值越大，从而直线回归方程的精确性越低。（　　）

二、单项选择题

1. 回归分析中的两个变量（　　　）。

　　A. 都是随机变量　　　　　　　　　　B. 关系对等

　　C. 都是给定的　　　　　　　　　　　D. 自变量是给定的，因变量是随机的

2. 年劳动生产率 x（千元）和工人工资的关系如下：$\hat{y} = 10 + 70x$，这意味着年劳动生产率每提高 1 千元时，工人工资平均（　　　）。

　　A. 增加 70 元　　　　　　　　　　　B. 减少 70 元

　　C. 增加 80 元　　　　　　　　　　　D. 减少 80 元

3. 回归系数和相关系数的符号是一致的，其符号均可用来判断现象（　　　）。

　　A. 线性相关还是非线性相关　　　　　B. 正相关还是负相关

　　C. 完全相关还是不完全相关　　　　　D. 单相关还是复相关

4. 某校经济管理类的学生学习统计学的时间（x）与考试成绩（y）之间建立线性回归方程 $\hat{y} = a + bx$。经计算，方程为 $\hat{y} = 200 - 0.08x$，该方程参数的计算（　　　）。

　　A. a 值是明显不对的　　　　　　　B. b 值是明显不对的

　　C. a 值和 b 值都是不对的　　　　D. a 值和 b 值都是正确的

5. 在回归直线 $\hat{y} = a + bx$，$b < 0$，则 x 与 y 之间的相关系数为（　　　）。

　　A. $r = 0$　　　　　　　　　　　　　B. $r = 1$

　　C. $0 < r < 1$　　　　　　　　　　　D. $-1 \leqslant r < 0$

6. 在回归直线 $\hat{y} = a + bx$ 中，b 表示（　　　）。

　　A. 当 x 增加一个单位时，y 增加 a 的数量

　　B. 当 y 增加一个单位时，x 增加 b 的数量

　　C. 当 x 增加一个单位时，y 的平均增加量

　　D. 当 y 增加一个单位时，x 的平均增加量

7. 估计标准误差是反映（　　　）。

　　A. 平均数代表性的指标　　　　　　　B. 相关关系的指标

　　C. 回归直线的代表性指标　　　　　　D. 序时平均数代表性指标

三、多项选择题

1. 对于一元线性回归分析来说（　　　）。

A. 两变量之间必须明确哪个是自变量，哪个是因变量

B. 回归方程是据以利用自变量的给定值来估计因变量的平均可能值

C. 可能存在着 y 对 x 和 x 对 y 的两个回归方程

D. 回归系数只有正号

E. 依据回归方程预测时，要求自变量是给定的

2. 可用来判断现象相关方向的指标有 （   ）。

A. 相关系数   B. 回归系数

C. 回归方程参数 a D. 估计标准误差

E. x、y 的平均数

3. 单位成本（元）对产量（千件）变化的回归方程为 $\hat{y} = 78 - 2x$，这表示 （   ）。

A. 产量为 1000 件时，单位成本 76 元

B. 产量为 1000 件时，单位成本 78 元

C. 产量每增加 1000 件时，单位成本下降 2 元

D. 产量每增加 1000 件时，单位成本下降 78 元

E. 当单位成本为 72 元时，产量为 3000 件

4. 在直线相关和回归分析中 （   ）。

A. 据同一资料，相关系数只能计算一个

B. 据同一资料，相关系数可以计算两个

C. 据同一资料，回归方程只能配合一个

D. 据同一资料，回归方程随自变量与因变量的确定不同，可能配合两个

E. 回归方程和相关系数均与自变量和因变量的确定无关

5. 确定直线回归方程必须满足的条件是 （   ）。

A. 现象间确实存在数量上的相互依存关系

B. 相关系数 r 必须等于 1

C. y 与 x 必须同方向变化

D. 相关系数 r 必须大于 0

E. 现象间存在着较密切的直线相关关系

6. 当两个现象完全线性相关时，下列统计指标值可能为 （   ）。

A. $r = 1$ B. $r = 0$

C. $r = -1$ D. $S_y = 0$

E. $S_y = 1$

7. 在直线回归分析中，确定直线回归方程的两个变量必须是 （   ）。

A. 一个自变量，一个因变量   B. 均为随机变量

C. 对等关系   D. 不对等关系

E. 一个是随机变量，一个是可控制变量

8. 某农贸市场上青鱼的价格 y（元）与上市量 x（万千克）的相关模型为 $\hat{y} = 14 - 0.95x$，则下述说法正确的是 （   ）。

A. $a = 14$ 表示青鱼的最高价不会突破 14 元/千克

B. $b = -0.95$ 表示青鱼价格与上市量密切相关

C. $b = -0.95$ 表示青鱼上市量每增加 1 万千克，价格平均下降 0.95 元

D. 价格上升 1 元，上市量增加 0.95 千克

E. 青鱼价格与上市量呈负相关关系

四、综合分析题

1. 有 10 个同类企业的生产性固定资产年平均价值和工业总产值资料如下：

企业生产性固定资产价值与工业总产值资料

企业编号	生产性固定资产价值/万元	工业总产值/万元
1	318	524
2	910	1019
3	200	638
4	409	815
5	415	913
6	502	928
7	314	605
8	1210	1516
9	1022	1219
10	1225	1624
合计	6525	9801

要求：

（1）说明两变量之间的相关方向；

（2）建立直线回归方程；

（3）计算估计标准误差；

（4）估计生产性固定资产（自变量）为 1100 万元时总产值（因变量）的可能值。

2. 检查 5 位同学统计学的学习时间与成绩分数如下表：

学生学习时间与考试成绩资料

每周学习小时数	考试成绩
4	40
6	60
7	50
10	70
13	90

要求：

（1）计算学习时数与学习成绩之间的相关系数；

（2）建立直线回归方程；

（3）计算估计标准误差。

3. 某种产品的产量与单位成本的资料如下：

某产品产量与单位成本资料

产量 x/千件	单位成本 y/（元/件）
2	73
3	72
4	71
3	73
4	69
5	68

要求：

（1）计算相关系数，判断其相关的方向和程度；

（2）建立直线回归方程；

（3）指出产量每增加 1000 件时，单位成本平均下降了多少元？

4. 通过统计调查，取得 10 对母女的有关资料如下：

母女身高调查资料

序号	母亲身高 x/cm	女儿身高 y/cm
1	158	159
2	159	160
3	160	160
4	161	163
5	161	159
6	155	154
7	162	159
8	157	158
9	162	160
10	150	157

要求：

（1）绘制相关图，判断母女身高之间的相关形式；

（2）计算母女身高之间的相关系数；

（3）确定回归方程；

（4）母亲身高 170cm，女儿身高可能是多少？

（5）计算估计标准误差。

5. 设某公司下属十个门市部有关资料如下：

门市部销售额与销售利润率相关资料

门市部编号	职工平均销售额/万元	销售利润率/%
1	6	12.6
2	5	10.4
3	8	18.5
4	1	3.0
5	4	8.1

续表

门市部编号	职工平均销售额/万元	销售利润率/%
6	7	16.3
7	6	12.3
8	3	6.2
9	3	6.6
10	7	16.8

要求:

(1) 判断职工销售额与销售利润率之间的相关形式及紧密程度。

(2) 确立适宜的回归模型。

【任务解析】

　　判断广告费投入与销售额之间有无必然联系，首先需要对其进行定性分析。广告投入因其能提高企业及产品的知名度，与销售额的相关关系必然存在，其相关关系如何？正相关还是负相关？相关的紧密程度如何？回答这些问题需要进行相关分析。

　　相关分析方法有三，一是将资料按月均广告费投入排序后编制相关表，二是绘制相关图，三是计算相关系数。方法一有助于判断相关方向，但在相关的形态及紧密程度的判断上不直观。方法二无论是在相关方向还是相关形态或者相关的紧密程度的判断上都能很直观地反映出来，因此被广泛采用。方法三仅限于判断直线相关形态的方向和紧密程度。该资料通过方法二、方法三都能判断出广告投入与销售额之间存在高度线性正相关关系。因此，增加广告费投入，一般会带来销售额的增加。

　　接下来需要分析二者之间的变动关系，即每增加1万元的广告费投入销售额会平均增加多少。这就是一元线性回归分析。一元线性回归分析中的关键就是确定线性回归方程的截距和斜率。确定方法主要有两种，一是使用统计分析工具"回归"，二是使用统计函数"IN-TERCEPT"和"SLOPE"。

　　请同学们参照相关知识自己完成具体分析。

◆◆知识图谱◆◆

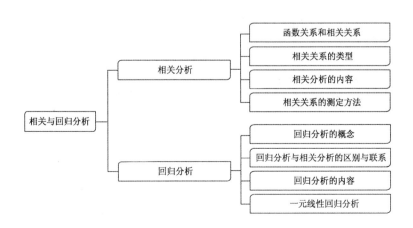

附　录

附录一　随机数字表

53	74	23	99	67	61	32	28	69	84	94	62	67	86	24	98	33	41	19	95	47	53	53	38	09
63	38	06	86	54	99	00	65	26	94	02	82	90	23	07	79	62	67	80	60	75	91	12	81	19
35	30	58	21	46	06	72	17	10	94	25	21	31	75	96	49	28	24	00	49	55	65	79	78	07
63	43	36	82	69	65	51	18	37	88	61	38	44	12	45	32	92	85	88	65	54	34	81	85	35
98	25	37	55	26	01	91	82	81	46	74	71	12	94	97	24	02	71	37	07	03	92	18	66	75
02	63	21	17	69	71	50	80	89	56	38	15	70	11	48	43	40	45	86	98	00	83	26	91	03
64	55	22	21	82	48	22	28	06	00	61	54	13	43	91	82	78	12	23	29	06	66	24	12	27
85	07	26	13	89	01	10	07	82	04	59	63	69	36	03	69	11	15	83	80	13	29	54	19	28
58	54	16	24	15	51	54	44	82	00	62	61	65	04	69	38	18	65	18	97	85	72	13	49	21
34	85	27	84	87	61	48	64	56	26	90	18	48	13	26	37	70	15	42	57	65	65	80	39	07
03	92	18	27	46	57	99	16	96	56	30	33	72	85	22	84	64	38	56	98	99	01	30	98	64
62	95	30	27	59	37	75	41	66	48	86	97	80	61	45	23	53	04	01	63	45	76	08	64	27
08	45	93	15	22	60	21	75	46	91	98	77	27	85	42	28	88	61	08	84	69	62	03	42	73
07	08	55	18	40	45	44	75	13	90	24	94	96	61	02	57	55	66	83	15	73	42	37	11	61
01	85	89	95	66	51	10	19	34	88	15	84	97	19	75	12	76	39	43	78	64	63	91	08	25
72	84	71	14	35	19	11	58	49	26	50	11	17	17	76	86	31	57	20	18	95	60	78	46	75
88	78	28	16	84	13	52	53	94	53	75	45	69	30	96	73	89	65	70	31	99	17	43	48	76
45	17	75	65	57	28	40	19	72	12	25	12	74	75	67	60	40	60	81	19	24	62	01	61	16
96	76	28	12	54	22	01	11	94	25	71	96	16	16	88	68	64	36	74	45	19	59	50	88	92
43	31	67	72	30	24	02	94	08	63	38	32	36	66	02	69	36	38	25	39	48	03	45	15	22
50	44	66	44	21	66	06	58	05	62	68	15	54	35	02	42	35	48	96	32	14	52	41	52	48
22	66	22	15	86	26	63	75	41	99	58	42	36	72	24	58	37	52	18	51	03	37	18	39	11
96	24	40	14	51	23	22	30	88	57	95	67	47	29	83	94	69	40	06	07	18	16	36	78	86
31	73	91	61	19	60	20	72	93	48	98	57	07	23	69	65	95	39	69	58	56	80	30	19	44
78	60	73	99	84	43	89	94	36	45	56	69	47	07	41	90	22	91	07	12	78	35	34	08	72
84	37	90	61	56	70	10	23	98	05	85	11	34	76	60	76	48	45	34	60	01	64	18	39	96
36	67	10	08	23	98	93	35	08	86	99	29	76	29	81	33	34	91	58	93	63	14	52	32	52
07	28	59	07	48	89	64	58	89	75	83	85	62	27	89	30	14	78	56	27	86	63	59	80	02
10	15	83	87	60	79	24	31	66	56	21	48	24	06	93	91	98	94	05	49	01	47	59	38	00
55	19	68	97	65	03	73	52	16	56	00	53	55	90	27	33	42	29	38	87	22	13	88	83	34
53	81	29	13	39	35	01	20	71	34	62	33	74	82	14	53	73	19	09	03	56	54	29	56	93
51	86	32	68	92	33	98	74	66	99	40	14	71	94	58	45	94	19	38	81	14	44	99	81	07
35	91	70	29	13	80	03	54	07	27	96	94	78	32	66	50	95	52	74	33	13	80	55	62	54
37	71	67	95	13	20	02	44	95	94	64	85	04	05	72	01	32	90	76	14	53	89	74	60	42
93	66	13	83	27	92	79	64	64	72	28	54	96	53	84	48	14	52	98	94	56	07	93	89	30

02	96	08	45	65	13	05	00	41	84	93	07	54	72	59	21	45	57	09	77	19	48	56	27	44
49	83	43	48	35	82	88	33	69	96	72	36	04	19	76	47	45	15	18	60	82	11	08	95	97
84	60	71	62	46	40	80	81	30	37	34	39	23	05	38	25	15	35	71	30	88	12	57	21	77
18	17	30	88	71	44	91	14	88	47	89	23	30	63	15	56	34	20	47	89	99	82	93	24	98
79	69	10	61	78	71	32	76	95	62	87	00	22	58	40	92	54	01	75	25	43	11	71	99	31
75	93	36	57	83	56	20	14	82	11	74	21	97	90	65	96	42	68	63	86	74	54	13	26	94
38	30	92	29	03	06	28	81	39	38	62	25	06	84	63	61	29	08	93	67	04	32	92	08	09
51	28	50	10	34	31	57	75	95	80	51	97	02	74	77	76	15	48	49	44	18	55	63	77	09
21	31	38	86	24	37	79	81	53	74	73	24	16	10	33	52	83	90	94	76	70	47	14	54	36
29	01	23	87	88	58	02	39	37	67	42	10	14	20	92	16	55	23	42	45	54	96	09	11	06
95	33	95	22	00	18	74	72	00	18	38	79	58	69	32	81	76	80	26	92	82	80	84	25	39
90	84	60	79	80	24	36	59	87	38	82	07	53	89	35	96	35	23	79	18	05	98	90	07	35
46	40	62	98	82	54	97	20	56	95	15	74	80	08	32	16	46	70	50	80	67	72	16	42	79
20	31	89	03	43	38	46	82	68	72	32	14	82	99	70	80	60	47	18	97	63	49	30	21	30
71	59	73	05	50	08	22	23	71	77	91	01	93	20	49	82	96	59	26	94	66	39	67	98	60

附录二　标准正态分布概率度表

t	$F(t)$	t	$F(t)$	t	$F(t)$	t	$F(t)$
0.00	0.0000	0.19	0.1507	0.38	0.2961	0.57	0.4313
0.01	0.0080	0.20	0.1585	0.39	0.3035	0.58	0.4381
0.02	0.0160	0.21	0.1663	0.40	0.3108	0.59	0.4448
0.03	0.0239	0.22	0.1741	0.41	0.3182	0.60	0.4515
0.04	0.0319	0.23	0.1819	0.42	0.3255	0.61	0.4581
0.05	0.0399	0.24	0.1897	0.43	0.3328	0.62	0.4647
0.06	0.0478	0.25	0.1974	0.44	0.3401	0.63	0.4713
0.07	0.0558	0.26	0.2051	0.45	0.3473	0.64	0.4778
0.08	0.0638	0.27	0.2128	0.46	0.3545	0.65	0.4843
0.09	0.0717	0.28	0.2205	0.47	0.3616	0.66	0.4907
0.10	0.0797	0.29	0.2282	0.48	0.3688	0.67	0.4971
0.11	0.0876	0.30	0.2358	0.49	0.3759	0.68	0.5035
0.12	0.0955	0.31	0.2434	0.50	0.3829	0.69	0.5098
0.13	0.1034	0.32	0.2510	0.51	0.3899	0.70	0.5161
0.14	0.1113	0.33	0.2586	0.52	0.3969	0.71	0.5223
0.15	0.1192	0.34	0.2661	0.53	0.4039	0.72	0.5285
0.16	0.1271	0.35	0.2737	0.54	0.4108	0.73	0.5346
0.17	0.1350	0.36	0.2812	0.55	0.4177	0.74	0.5407
0.18	0.1428	0.37	0.2886	0.56	0.4245	0.75	0.5467

t	$F(t)$	t	$F(t)$	t	$F(t)$	t	$F(t)$
0.76	0.5527	1.13	0.7415	1.50	0.8664	1.87	0.9385
0.77	0.5587	1.14	0.7457	1.51	0.8690	1.88	0.9399
0.78	0.5646	1.15	0.7499	1.52	0.8715	1.89	0.9412
0.79	0.5705	1.16	0.7540	1.53	0.8740	1.90	0.9426
0.80	0.5763	1.17	0.7580	1.54	0.8764	1.91	0.9439
0.81	0.5821	1.18	0.7620	1.55	0.8789	1.92	0.9451
0.82	0.5878	1.19	0.7660	1.56	0.8812	1.93	0.9464
0.83	0.5935	1.20	0.7699	1.57	0.8836	1.94	0.9476
0.84	0.5991	1.21	0.7737	1.58	0.8859	1.95	0.9488
0.85	0.6047	1.22	0.7775	1.59	0.8882	1.96	0.9500
0.86	0.6102	1.23	0.7813	1.60	0.8904	1.97	0.9512
0.87	0.6157	1.24	0.7850	1.61	0.8926	1.98	0.9523
0.88	0.6211	1.25	0.7887	1.62	0.8948	1.99	0.9534
0.89	0.6265	1.26	0.7923	1.63	0.8969	2.00	0.9545
0.90	0.6319	1.27	0.7959	1.64	0.8990	2.02	0.9566
0.91	0.6372	1.28	0.7995	1.65	0.9011	2.04	0.9587
0.92	0.6424	1.29	0.8030	1.66	0.9031	2.06	0.9606
0.93	0.6476	1.30	0.8064	1.67	0.9051	2.08	0.9625
0.94	0.6528	1.31	0.8098	1.68	0.9070	2.10	0.9643
0.95	0.6579	1.32	0.8132	1.69	0.9090	2.12	0.9660
0.96	0.6629	1.33	0.8165	1.70	0.9109	2.14	0.9676
0.97	0.6680	1.34	0.8198	1.71	0.9127	2.16	0.9692
0.98	0.6729	1.35	0.8230	1.72	0.9146	2.18	0.9707
0.99	0.6778	1.36	0.8262	1.73	0.9164	2.20	0.9722
1.00	0.6827	1.37	0.8293	1.74	0.9181	2.22	0.9736
1.01	0.6875	1.38	0.8324	1.75	0.9199	2.24	0.9749
1.02	0.6923	1.39	0.8355	1.76	0.9216	2.26	0.9762
1.03	0.6970	1.40	0.8385	1.77	0.9233	2.28	0.9774
1.04	0.7017	1.41	0.8415	1.78	0.9249	2.30	0.9786
1.05	0.7063	1.42	0.8444	1.79	0.9265	2.32	0.9797
1.06	0.7109	1.43	0.8473	1.80	0.9281	2.34	0.9807
1.07	0.7154	1.44	0.8501	1.81	0.9297	2.36	0.9817
1.08	0.7199	1.45	0.8529	1.82	0.9312	2.38	0.9827
1.09	0.7243	1.46	0.8557	1.83	0.9328	2.40	0.9836
1.10	0.7287	1.47	0.8584	1.84	0.9342	2.42	0.9845
1.11	0.7330	1.48	0.8611	1.85	0.9357	2.44	0.9853
1.12	0.7373	1.49	0.8638	1.86	0.9371	2.46	0.9861

t	$F(t)$	t	$F(t)$	t	$F(t)$	t	$F(t)$
2.48	0.9869	2.66	0.9922	2.84	0.9955	3.20	0.9936
2.50	0.9876	2.68	0.9926	2.86	0.9958	3.40	0.9993
2.52	0.9883	2.70	0.9931	2.88	0.9960	3.60	0.99968
2.54	0.9889	2.72	0.9935	2.90	0.9962	3.80	0.99986
2.56	0.9895	2.74	0.9939	2.92	0.9965	4.00	0.99994
2.58	0.9901	2.76	0.9942	2.94	0.9967	4.50	0.999993
2.60	0.9907	2.78	0.9946	2.96	0.9969	5.00	0.999999
2.62	0.9912	2.80	0.9949	2.98	0.9971		
2.64	0.9917	2.82	0.9952	3.00	0.9973		

参考文献

［1］ 刘泽，严瑜. 统计学基础 ［M］. 北京：人民邮电出版社，2013.

［2］ 王苹香，周晓艳，王琪. 统计学原理 ［M］. 第2版. 北京：人民邮电出版社，2016.

［3］ 余群英. 现代统计技术 ［M］. 北京：机械工业出版社，2006.

［4］ 岂爱妮，史翠云. 统计学基础 ［M］. 北京：电子工业出版社，2010.

［5］ 李爱强. 统计学基础 ［M］. 北京：北京邮电大学出版社，2012.

［6］ 袁威. 统计学原理 ［M］. 北京：清华大学出版社，2016.

［7］ 黄立华. 统计学原理 ［M］. 北京：清华大学出版社，2011.

［8］ 卢国红，杨柳. 统计学基础 ［M］. 南京：南京大学出版社.2012.

［9］ 查尔斯·惠伦. 赤裸裸的统计学 ［M］. 曹木宾，译. 北京：中信出版社，2013.

［10］ 杰弗里·班尼特，威廉·L. 布里格斯，马里奥·F. 崔奥拉. 妙趣横生的统计学 ［M］. 胡晖，徐斌，译.
北京：人民邮电出版社，2016.